高等院校“十三五”规划教材

GUOJI MAOYI SHIWU
国际贸易实务

主　编　何科鹏　王　艳

西北工業大學出版社
西　安

【内容简介】 本书按照高职教育要求，以高素质技能性人才培养目标为出发点编写，编写采用项目化的模式，一个模块一个知识点，重点突出，主题鲜明，强调理论实际一体化。全书共分6个模块，分别是国际贸易与国际贸易理论认知、国际贸易流程及交易前期准备、国际贸易磋商及合同签订、出口贸易合同履行、进口贸易合同履行、国际贸易方式。本书在理论的基础上突出实践技能的运用，既便于课堂教学，又便于相关从业人员参考。

本书作为高职高专院校经济管理专业的基础教材，也可供其他专业的对国际贸易有兴趣者自学使用。

图书在版编目（CIP）数据

国际贸易实务 / 何科鹏，王艳主编. — 西安 ：西北工业大学出版社，2018.4

ISBN 978-7-5612-5974-0

Ⅰ.①国… Ⅱ.①何… ②王… Ⅲ.①国际贸易—贸易实务 Ⅳ.①F740.4

中国版本图书馆 CIP 数据核字（2018）第 092988 号

策划编辑： 刘庆保
责任编辑： 季 强

出版发行： 西北工业大学出版社
通信地址： 西安市友谊西路 127 号 **邮编：** 710072
电 话： (029) 88493844 88491757
网 址： www. nwpup. com
印 刷： 北京佳顺印务有限公司
开 本： 787 mm×1 092 mm 1/16
印 张： 13. 75
字 数： 352 千字
版 次： 2018 年 4 月第 1 版 2020 年 7 月第 2 次印刷
定 价： 42.00 元

前　言

国际贸易实务是各高职高专院校国际经济与贸易专业的一门必修课程，是对外经济贸易从业人员进修提高所必需的课程，也是外销员、报关员、报检员、国际货运代理人、国际商务单证员等全国性职业资格统考的必考科目。

国际贸易实务作为国际贸易专业的核心课程之一，在培养高素质的国际贸易应用型、技能型人才方面起着重要的作用。为了培养国际贸易应用型紧缺人才，以适应国际市场竞争的迫切需要，编者根据国家最新颁布的有关法律法规，并结合国际贸易惯例，按照任务驱动型教学需要编写了本教材。本教材采用项目化教学法的思路，以国际贸易业务全过程为主线，坚持贴近学生专业实际、贴近职业活动实际的基本原则，采用贯穿项目训练综合能力的培训课程模式，培养学生从事国际贸易业务的能力。

本教材遵循国际贸易业务的一般程序，以世嘉贸易公司为载体，通过世嘉贸易公司业务员从事的外贸业务活动作为切入点，精心设计了6个模块、13个任务，把国际贸易业务知识与技巧巧妙地融合在各个任务中。每个模块都包括技能目标、知识目标、工作任务、理论知识和任务实施五个部分，旨在强化训练学习者掌握贸易前的准备、业务洽谈、合同的磋商和订立、合同的履行等技能，满足就业上岗的需要。

编写时，编者就明确了教材中每个模块的工作任务在总体目标中的位置，以及每个项目的能力训练目标。这样才能使得学生的学习更加有针对性。全书在编写上侧重于实际操作，加强了实用技能的训练，充分体现了项目化教学的理念。

本教材在编写思路、内容体系、实务训练安排等方面均有较大的创新，重点突出实际应用技能和操作技能，深入浅出，通俗易懂，文字简练，实用性强，可读性好，符合高职院校课堂教学和实践技能训练的要求。

同时，编者在编写此书时，参阅了众多国际贸易专家、学者的著作，借鉴了很多专家的研究成果，在此一并表示衷心的感谢。由于时间和水平的限制，书中难免存在不足之处，敬请专家、同仁和广大读者提出宝贵的建议。

编　者

目　录

模块一　国际贸易与国际贸易理论认知

模块二　国际贸易流程及交易前期准备

模块三　国际贸易磋商及合同签订

模块四　出口贸易合同履行

模块五　进口贸易合同的履行

模块六　国际贸易方式

模块一

国际贸易与国际贸易理论认知

技能目标

1. 理解国际贸易相关基本理论
2. 具有运用国际贸易相关理论，对时事案例进行分析的能力

知识目标

1. 掌握国际贸易的有关概念，了解国际贸易的分类并明确其研究对象和任务
2. 了解自由贸易理论的发展及其政策主张
3. 了解保护贸易理论的发展及其政策主张

工作任务

对时事案例进行分析

理论知识

单元一　国际贸易概述

一、国际贸易的基本概念

国际贸易 (International Trade)：亦称“世界贸易”（World Trade)，泛指世界各国之间、各地区之间、各国与各地区之间的商品和劳务（或货物、知识和服务）的交换，是世界分工的表现形式，反映了世界各国及各地区在经济上的相互联系。它由各国、各地区的对外贸易构成，是世界各国、各地区对外贸易的总和。国际贸易在奴隶社会和封建社会就已出现，并随生产的发展而逐渐扩大。到资本主义社会，其规模空前扩大，具有世界性的特点。

对外贸易 (Foreign Trade)：亦称“国外贸易”或“进出口贸易”，是指一个国家或地区与另一个国家或地区之间的商品和劳务的交换。这种贸易由进口和出口两个部分组成。对输入商品或劳务的国家（地区）来说，就是进口；对输出商品或劳务的国家（地区）来说，就是出口。

国际经济合作：指生产要素的跨国界流动和合理配置。

进口（Import）：一个国家从其他国家购进商品和服务的贸易活动称为进口。

出口（Export）：一个国家向其他国家输出本国商品和服务的贸易活动称为出口。

需要注意的是，进口和出口是商品和劳务的交换活动，那么不属于交易性质的商品和劳务的输入输出，就不属于进口和出口范畴。如外国馈赠而运进的货物，本国在国外举行展览而运出的货物都不能列为进出口货物。

净出口（Net Export）：在一定时期（通常为一年），一国或一地区的出口总额大于其进口总额时，其出口总额与其进口总额的差额。

净进口（Net Import）：在一定时期（通常为一年），一国或一地区的进口总额大于其出口总额时，其进口总额与其出口总额的差额。

国际贸易值（额）（Value of International Trade）：用货币来表示的一定时期内各国和地区的对外贸易总值。它反映出某一时期内的国际贸易总金额，通常用美元表示。

需要注意的是，国际贸易值的计算和各国对外贸易值的总和的计算是不同的。对于一个国家而言，出口值加上进口值之和就是该国的对外贸易值的总和。但计算国际贸易值时，却不能简单地累加。因为一国的出口就是另一国的进口，两者相加无疑是重复计算。因此，在统计国际贸易值时，采用的办法是把各国的出口值汇总起来，因为各国的出口总值是按离岸价格来统计的，不包括运输和保险费等，比较合理。因此，国际贸易值是一定时期内各国出口值之和。

国际贸易量（Quantum of International Trade）：用进出口商品的实物计量单位表示的、反映国际贸易规模的指标。

贸易差额（Balance of Trade）：一个国家在一定时期内（通常为一年）出口总值与进口总值的差额。

1. 贸易差额的三种形式

（1）**贸易顺差**（Favourable Balance of Trade）：出口总值大于进口总值的差额，又称为出超（Trade Surplus）

（2）**贸易逆差**（Unfavourable Balance of Trade）：进口总值大于出口总值，又称为入超（Trade Deficit）

（3）**贸易平衡**（Equilibrium of Trade）：出口总额与进口总额相等。由于出口总额与进口总额刚好相等的情况在现实中几乎不可能出现，所以在出口总额与进口总额大体相等时，则称之为贸易基本平衡。

2. 贸易差额的经济影响

贸易差额是衡量一国对外贸易状况的重要指标，在一个国家或地区的经济发展中，对外贸易是出超好还是入超好要根据具体情况而定。

（1）单纯从国际收支的角度来看，贸易顺差表明一国或一地区在对外贸易收支上处于有利地位，贸易逆差则表明一国或一地区在对外贸易收支上处于不利地位，顺差比逆差好。

（2）长期存在顺差，意味着大量的资源被输出到国外，得到的只是资金积压。

（3）巨额顺差会使本国或本地区货币升值，不利于扩大出口，且会造成同其他国家或地区贸易关系的紧张。

（4）发达国家保持贸易顺差有利于缓和需求不足的矛盾，促进国内经济的发展。

（5）发展中国家在经济高速增长过程出现贸易逆差是难免的，有利于利用外部资源进行国

内经济建设，但长期严重的贸易逆差会妨碍经济的持续发展。

对外贸易地区分布 (Region of Foreign Trade)：又称对外贸易地理方向，从一个国家或地区的角度来看，其对外贸易地区分布是指该国或该地区在一定时期的对外贸易值的国别地区分布情况，即该国或该地区在一定时期的出口商品是流向哪些国家或地区的市场，进口商品是从哪些国家或地区流入的。通常用各国家或地区在该国进口总额或出口总额或进出口总额中所占的比重来表示。由于对外贸易地区分布清楚地表明了一国或一地区与其他国家或地区经济交往的广度和深度，因而可为国家制定对外贸易政策，保证重点市场，开拓新市场提供重要的决策依据。从整个世界的角度看，国际贸易地区分布是指国际贸易值的国别地区分布情况，通常是计算各国或地区的进出口贸易额在世界总进出口额中所占的比重，用来表明各国、各地区在国际贸易中所占的地位。

贸易商品结构 (Composition of Trade)：贸易商品结构有广义与狭义之分。

广义的贸易商品结构指货物和服务在贸易中分别所占的比重。狭义的贸易商品结构仅指各类货物在贸易中所占的比重。从一个国家或地区的角度来看，其对外贸易商品结构是指一定时期内进出口贸易中各类货物的构成情况。通过对一国或一地区对外贸易商品结构的分析，可以了解该国的产业结构，经济发展水平及其在国际分工中的地位。从整个世界的角度看，国际贸易商品结构指一定时期内各类货物在国际贸易中的构成情况。通过对国际贸易商品结构的分析，可以了解世界经济的发展水平。

3. 对外贸易依存度（Ratio of Dependence on Foreign Trade）

对外贸易依存度又称贸易系数（Coefficient of Trade），是指一国或一地区在一定时期内进出口贸易总额在其国内生产总值 GDP 中所占的比重，它表明一国或一地区国民经济对进出口贸易的依赖程度，同时也表明其对外贸易在国民经济中的地位。

对外贸易依存度有 3 种表示方法：

$$①\text{出口依存度}=\frac{\text{全年出口总值}}{\text{（本国的）当年 GDP（或 GNP）}}\times 100\%$$

$$②\text{进口依存度}=\frac{\text{全年进口总值}}{\text{（本国的）当年 GDP（或 GNP）}}\times 100\%$$

$$③\text{对外贸易依存度}=①+②=\frac{\text{全年进出口总总值}}{\text{（本国的）当年 GDP（或 GNP）}}\times 100\%$$

二、国际贸易的作用

国际贸易对参与贸易的国家乃至世界经济的发展都具有重要作用，具体表现在以下几方面。

1. 调节各国的市场供求关系

调节各国或各地区的市场供求关系，互通有无始终是国际贸易的重要功能。由于受生产水平、科学技术和生产要素分布状况等因素的影响，世界各国或各地区生产能力和市场供求状况存在着一定程度的差异。各国国内或各地区内部既存在产品供不应求的状况，又存在着各种形式的产品过剩的状况。而通过国际贸易不仅可以增加国内短缺产品的市场供给量，满足消费者的需求，而且还为各国国内市场的过剩产品提供了新的出路，在一定程度上缓解了市场供求的矛盾，从而调节了各国或各地区的市场供求关系。

2. 促进生产要素的充分利用

在当今世界上，劳动力、资本、土地、技术等生产要素在各个国家或地区的分布往往是不

平衡的，有的国家或地区劳动力富余而资本短缺，有的国家或地区资本丰裕而土地不足，有的国家或地区土地广阔而耕作技术落后。如果没有国际贸易，这些国家或地区国内生产规模和社会生产力的发展，都会受到其短缺的生产要素的制约，一部分生产要素将闲置或浪费，生产潜力得不到发挥。通过国际贸易，这些国家或地区就可以采取国际劳务贸易、资本转移、土地租赁、技术贸易等方式，将国内或地区内富余的生产要素与其他国家或地区的生产要素进行交换，从而使短缺生产要素的制约得以缓解或消除，富余生产要素得以充分利用，扩大生产规模，加速经济发展。

3. 发挥比较优势，提高生产效率

各国或地区参与国际贸易的重要基础是利用比较利益和比较优势进行国际分工和国际贸易，可以扩大优势商品生产，缩小劣势商品生产，并出口优势产品从国外换回本国或本地区居于劣势的商品，从而可在社会生产力不变的前提下提高生产要素的效能，提高生产效率，获得更大的经济效益。

4. 提高生产技术水平，优化国内产业结构

在当今世界，各国或地区普遍通过国际贸易引进先进的科学技术和设备，以提高国内或地区内的生产力水平，加快经济发展。同时，通过国际贸易，使国内或地区内的产业结构逐步协调和完善，促使整个国民经济协调发展。

5. 增加财政收入，提高国民福利水平

国际贸易的发展，可为一国或一地区政府开辟财政收入的来源。政府可从对过往关境的货物征收关税、对进出口货物征收国内税、为过境货物提供各种服务等方面获得大量财政收入。在美国联邦政府成立初期，关税收入曾占联邦财政收入的90%。至今，关税和涉外税收仍然是一些国家或地区特别是发展中国家财政收入的重要来源。国际贸易还可以提高国民的福利水平。它可以通过进口短缺而又是迫切需要的商品，或者进口价格更低廉、质量更好、式样更新颖、特色更突出的商品，来使国内或地区内消费者获得更多的福利。此外，国际贸易的扩大，特别是劳动密集型产品出口的增长，将为国内或地区内提供更多的就业机会，间接增加国民福利。

6. 加强各国经济联系，促进经济发展

世界各国或地区广泛开展国际贸易活动，不仅把生产力发展水平较高的发达国家或地区联系起来，而且也把生产力发展水平较低的广大发展中国家或地区引入国际经济生活之中。国际市场的竞争活动，也促使世界总体的生产力发展进一步加快，这不仅促进了发达国家或地区经济的进一步发展，也促进了不发达国家和地区的经济发展。

三、国际贸易特点

1. 国际贸易属跨国交易，情况错综复杂，困难远远大于国内贸易

这主要表现在：法律、风俗习惯不同，语言不通，贸易障碍多，交易技术复杂，市场调查不易，了解贸易对手资信困难，交易接洽不便等。国际贸易涉及两个不同国家或地区，在法律体系方面可能存在的差异和冲突，受到有关国家或地区对外贸易政策、措施、法律等的制约，其所涉及的问题远比国内或地区内贸易复杂。

2. 国际贸易面临的风险远比国内贸易大

例如，信用风险、汇兑风险、运输风险、人格风险、政治风险、商业风险等。

3. 国际贸易是一项具有涉外性质的商务活动，函电往来为主要业务沟通方式

国际贸易因受地域的限制，交易双方多以电话、电邮、电传为主要沟通方式，此举大大提高了沟通的效率。

4. 国际贸易易受国际局势变化的影响，具有不稳定性

国际货物买卖还会受到交易双方所在国家或地区的政治、经济以及其他客观条件的影响，因而较国内或地区内贸易具有更大的不稳定性，尤其是在当前国际局势动荡不定，市场竞争和贸易摩擦越演越烈，各国或各地区货币汇率浮动频繁，货价经常波动，经济、金融危机此起彼伏的情况下，从事国际贸易的难度也越来越大。

5. 国际货物买卖线长面广，中间环节多，营销手段及参与者多于国内

国际货物买卖交易除了买卖双方外，往往还需要得到国内外的运输、保险、海关、检验与检疫和银行等部门的协作、配合，接受其监督或管理，关系错综复杂。

6. 国际货物买卖重视合同的签订和履行

所有的交易都应签订合同并由双方共同履行，国际贸易更是如此。

四、国际贸易的分类

（一）直接贸易、间接贸易、转口贸易、过境贸易

按照商品的移动方向不同，国际贸易可分为直接贸易、间接贸易、转口贸易、过境贸易。

直接贸易（Direct Trade）：指商品直接由生产国销往消费国，没有第三国的中间商参与的贸易活动。

间接贸易（Indirect Trade）：指通过第三国的中间商或更多中间环节，把商品从生产国运销到消费国的贸易活动。

转口贸易（Entrepot Trade）：间接贸易中第三国商人所从事的把商品从生产国销到消费国的贸易活动。转口贸易的经营方式大体上可分为两种：①间接转口，把商品从生产国输入进来，然后由该国商人销往商品的消费国。②直接转口，转口商人仅参与商品的交易过程，但商品还是从生产国直接运往消费国。从事转口贸易的大多数是地理位置优越、运输便利、信息灵通、贸易限制少的国家或地区，如新加坡、中国香港等。

过境贸易（Transit Trade）：指贸易货物在运输途中经过一国国境的情况。例如，A 国经过 B 国国境向 C 国运送贸易商品，对于 B 国而言，就是过境贸易。过境贸易又可分为两种：①间接过境贸易，外国商品进入国境之后，先暂时存放在海关仓库内，然后再提出运走；②直接过境贸易，运输外国商品的船只、火车、飞机等，在进入本国境界后并不卸货，而在海关等部门的监督下继续输往国外。

过境贸易与转口贸易的区别在于：

过境贸易中第三国不直接参与商品的交易过程，转口贸易则须由转口商人来完成交易手续。过境贸易通常只收取少量的手续费，如印花税等，而转口贸易则以营利为目的，要有一个正常的商业加价。

（二）货物贸易和服务贸易

国际贸易按照商品的形态不同，可分为货物贸易和服务贸易。

货物贸易（Commodity Trade）：物质商品的进出口，由于物质商品是看得见、摸得着的，因此货物贸易又常被称为有形贸易（Visible Trade）。

服务贸易（Services Trade）：是指服务贸易提供者从一国或一地区境内，通过商业现场或自然人的商业现场向消费者提供服务，并获取外汇收入的过程。与有形贸易相对应，服务贸易又被称作无形贸易（Invisible Trade）。

货物贸易与服务贸易的联系与区别如下：

货物贸易和服务贸易是密切联系在一起的，货物贸易启动了服务贸易，而服务贸易又促进了货物贸易的发展。在现代国际贸易中，双方有时密不可分。按照传统的观念，国际服务贸易具有无形性、易逝性及生产与消费同时性的特点。但随着科学技术的发展及服务业水平的提高，许多服务已日益融合到货物之中，甚至构成货物总价值的绝大部分。如此，服务被“物质化”并具备了可储存性，生产和消费也得以分开，而这种服务被称为物化服务。如计算机软件技术服务被“物化”到软盘中，购买软件技术的服务可通过购买软盘来进行，并可以长期使用。

货物贸易与服务贸易之间存在着一个重要区别，这就是货物的进出口要通过海关手续，从而表现在海关的贸易统计上，它是国际收支的主要构成部分，而服务贸易不经过海关手续，通常不显示在海关的贸易统计上，但它也是国际收支的一部分。

（三）易货贸易与自由结汇贸易

按照贸易清偿工具的不同，国际贸易可分为自由结汇贸易和易货贸易。

自由结汇贸易（Free Liquidation Trade）：在国际贸易中，以货币作为清偿手段的，称为自由结汇贸易，或叫做现汇贸易（Spot Exchange Trade）。作为清偿手段的货币必须能在国际金融市场上自由兑换。

易货贸易（Barter Trade）：是指以经过计价的货物作为清偿工具的贸易活动。易货贸易也称为换货贸易、对销贸易。

（四）总贸易与专门贸易

按照统计进出口的标准不同，国际贸易可分为总贸易和专门贸易。

总贸易（General Trade）：是以货物经过国境作为统计进出口的标准，即进入国境的商品一律列为总进口；凡离开国境的商品一律列为总出口。这意味着将过境贸易纳入了统计范围。采用总贸易体系统计进出口的国家和地区包括中国、日本、英国、加拿大、澳大利亚等。

专门贸易（Special Trade）：是以货物经过关境作为统计进出口的标准。只有进入关境的商品才列为进口，称为专门进口；离开关境的商品则列为出口，称为专门出口。这意味着未将过境贸易纳入统计范围。采用专门贸易体系统计进出口的国家和地区有德国、法国、意大利、瑞士等。

五、国际贸易实务的研究对象

国际贸易实务主要研究国际性商品交换的具体运作过程，包括该过程经历的环节、操作方法和技能，应遵循的法律和惯例等行为规范。具体地说，包括以下几个方面。

1. 国际贸易惯例与原则

国际贸易惯例与原则是指，长期以来国际贸易形成的惯例和需要贸易方共同遵守的原则。

2. 国际贸易条件

(1) 商品条件：包括商品品质、数量、包装及商品检验。商品条件用来约束出口方应提交什么商品及怎样的商品，并要避免在此产生的争议。

(2) 价格条件：往往与国际贸易术语联系起来加以确定。因为价格构成与贸易术语是密切相关的。另外，价格条件还包括佣金和折扣等。

(3) 装运条件：包括装运时间、地点、运输方式、是否分批装运、运输单据等。装运条件用来确定出口方怎样把商品交给进口方。

(4) 保险条件：考虑到商品在国际运输中可能会遇到风险，因而需要办理保险，以把运输风险转嫁给保险公司。那么，运输保险由哪一方办理、投保什么险别、保险费哪一方支付，这需要在贸易商之间商定。

(5) 支付条件：包括支付的工具、支付方式等。支付条件用来确定进口方如何向出口方按价款支付，并保证付款。

(6) 争议和违约处理条件：包括索赔、不可抗力和仲裁。

3. 国际贸易程序

(1) 国际贸易准备阶段：开展国际市场调研、制订国际贸易计划以及对将要进行的一笔交易进行成本、价格及经济效益核算。

(2) 交易磋商：主要是谈判过程，其中包括询盘、发盘、还盘、接受。

(3) 订立合同：双方达成一致，签订书面合同。

(4) 履行合同和违约处理：主要是怎样去履行合同，在履行合同中要注意哪些问题，怎样避免违约，如果发生了违约事件，又该如何去处理等。

4. 国际贸易方式

国际货物买卖有多种方式，常用的有经销、代理、寄售、易货贸易、“三来一补”、招标与投标、拍卖、对销贸易和期货交易等。每一种贸易方式都有其特定的含义和做法，只有明确把握和灵活运用各种不同的贸易方式，才能有效促进出口贸易的发展，增强出口商品的竞销能力。

单元二 自由贸易理论

自由贸易理论的演变与发展大致可分为3个阶段：第一阶段是在18世纪60年代到19世纪60年代的资本主义自由竞争时期，第一次产业革命使得自由贸易理论开始出现，这一时期的自由贸易理论通常称之为古典学派的自由贸易理论；第二阶段是在19世纪中叶到第二次世界大战结束，资本主义进入垄断时期，第二次产业革命的发生使自由贸易理论的发展出现了重大转折，这一时期的自由贸易理论可称之为现代学派的自由贸易理论；第三阶段的自由贸易理论是指第二次世界大战以后的自由贸易理论，第三次科技革命的出现带来了自由贸易理论的创新和全面发展。

一、古典学派自由贸易理论

古典学派的自由贸易理论以亚当·斯密的绝对成本论、大卫·李嘉图的比较成本论和约翰·穆勒的相互需求原理为发展主线。

1. 绝对优势理论

绝对优势理论（Theory of Absolute Advantage），又称绝对成本说（Theory of Absolute Cost）、地域分工说（Theory of Territorial Division of Labor）。该理论将一国内部不同职业之间、不同工种之间的分工原则推演到各国之间的分工，从而形成其国际分工理论。绝对优势理论是最早主张自由贸易的理论，由英国古典经济学派主要代表人物亚当·斯密创立。

亚当·斯密（1723—1790）是英国产业革命前夕工场手工业时期的经济学家。产业革命是指从工场手工业转向机械大工业的过渡，在这一过程中，封建主义和重商主义是实现这一变革的障碍。亚当·斯密代表工业资产阶级的要求，在他1776年出版的代表作《国民财富的性质和原因的研究》（简称《国富论》）中猛烈抨击了重商主义，鼓吹自由放任，系统地提出了绝对成本说。亚当·斯密因此成为自由贸易理论的首先倡导者和鼻祖。

所谓绝对成本，是指某两个国家之间生产某种产品的劳动成本的绝对差异，即一个国家所耗费的劳动成本绝对低于另一个国家。

亚当·斯密的绝对成本说主要阐明了如下内容。

（1）分工可以提高劳动生产率，增加国民财富。斯密认为，交换是出于利己心并为达到利己目的而进行的活动，是人类的一种天然倾向。人类的交换倾向产生分工，社会劳动生产率的巨大进步是分工的结果。他以制针业为例说明其观点。根据斯密所举的例子，分工前，一个粗工每天至多能制造20枚针；分工后，平均每人每天可制造4 800枚针，每个工人的劳动生产率提高了几百倍。由此可见，分工可以提高劳动生产率，增加国民财富。

（2）分工的原则是成本的绝对优势或绝对利益。斯密进而分析到，分工既然可以极大地提高劳动生产率，那么每个人专门从事他最有优势的产品的生产，然后彼此交换，则对每个人都是有利的。即分工的原则是成本的绝对优势或绝对利益。他以家庭之间的分工为例说明了这个道理。他说，如果一件东西购买所花费用比在家内生产的费用少，就应该去购买而不要在家内生产，这是每一个精明的家长都知道的格言。裁缝不为自己做鞋子，鞋匠不为自己裁衣服，农场主既不打算自己做鞋子，也不打算自己缝衣服。他们都认识到，应当把他们的全部精力集中用于比邻人有利地位的职业上，用自己的产品去交换其他物品，会比自己生产一切物品得到更多的利益。

（3）国际分工是各种形式分工中的最高阶段，在国际分工基础上开展国际贸易，对各国都会产生良好效果。斯密由家庭推及国家，论证了国际分工和国际贸易的必要性。他认为，适用于一国内部不同个人或家庭之间的分工原则，也适用于各国之间。国际分工是各种形式分工中的最高阶段。他主张，如果外国的产品比自己国内生产的要便宜，那么最好是输出在本国有利的生产条件下生产的产品，去交换外国的产品，而不要自己去生产。他举例说，在苏格兰可以利用温室种植葡萄，并酿造出同国外一样好的葡萄酒，但要付出比国外高 30 倍的代价。他认为，如果真的这样做，显然是愚蠢的行为。每一个国家都有其适宜于生产某些特定产品的绝对有利的生产条件，如果每一个国家都按照其绝对有利的生产条件（即生产成本绝对低）去进行专业化生产，然后彼此进行交换，则对所有国家都是有利的，世界的财富也会因此而增加。

（4）国际分工的基础是有利的自然禀赋或后天的有利条件。斯密认为，有利的生产条件来源于有利的自然禀赋或后天的有利条件。自然禀赋和后天的条件因国家而不同，这就为国际分工提供了基础。因为有利的自然禀赋或后天的有利条件可以使一个国家生产某种产品的成本绝对低于别国，从而在该产品的生产和交换上处于绝对有利地位。各国按照各自的有利条件进行分工和交换，将会使各国的资源、劳动和资本得到最有效的利用，将会大大提高劳动生产率，增加物质财富，并使各国从贸易中获益。这便是绝对成本说的基本精神。

2. 相对优势理论

基于绝对成本论的研究成果和重大陷阱，李嘉图以比较成本论补充和发展了这一学说，回答了绝对成本理论所没有解决的问题。李嘉图指出：当一国同另一国相比，其在两种产品的生产中均处在绝对劣势（优势）时，只要它在两种产品上的比较成本同另一个国家相比是有差别的，则仍有资格（必要）参与自由贸易。

比较成本理论的核心观点就是，每个国家都会有一种比较优势，或者说是相对优势，都能通过贸易获得比较利益。这里的比较优势，就是更大的绝对优势和更小的绝对劣势，即“两优相权取其重，两劣相权取其轻”之理。

关于贸易利益的分配问题，英国经济学家穆勒运用相互需求原理作出了一定的解释。首先，他运用比较优势原理，说明实际贸易条件必定介于两国国内两种商品交换比例所确定的上下限之间，超出上限或下限，国际贸易都不会发生。其次，他得出结论，实际的贸易条件取决于贸易国各自对对方商品的相对需求强度。外国对本国商品的需求强度大于本国对外国商品的需求强度，实际贸易条件就接近于外国国内这两种商品的交换比例，这个实际的贸易条件对本国就有利。反之，如本国对外国商品的需求强度大于外国对本国商品的需求强度，则实际贸易条件就接近于本国国内这两种商品的交换比例，这个实际的贸易条件对外国就有利。

二、现代学派自由贸易理论

现代学派的自由贸易理论以赫克歇尔和俄林提出的生产要素禀赋学说以及其后提出的与生产要素禀赋说相背离现象的里昂惕夫之谜为发展主线。

1. 生产要素禀赋学说

该理论又称为赫-俄模型。1919 年，瑞典经济学家伊·菲·赫克歇尔（Eil F. Heckscher）提出了生产要素禀赋论的基本观点，指出产生比较优势差异必备的两个条件。

1930 年代，这一论点被他的学生戈特哈德·贝蒂·俄林（Beltil G. Ohlin）充实论证，其代表作《地区间贸易和国际贸易》进一步发展了生产要素禀赋理论，因而这一理论又称为 H-O 理论。与古典贸易模型的单要素投入不同，H-O 模型以比较优势为贸易基础并有所发展，在两种或两种以上生产要素框架下分析产品的生产成本，用总体均衡的方法探讨国际贸易与要素变动的相互影响。

其核心内容为：在两国技术水平相等的前提下，产生比较成本的差异有两个原因，一是两国间的要素充裕度不同；二是商品生产的要素密集度不同。因此各国应该集中生产并出口那些充分利用本国充裕要素的产品，以换取那些密集使用其稀缺要素的产品，各种要素的价格将会因商品和生产要素的移动以及进一步发展或因其中一种遇到较小阻力而趋于均等化，这样的贸易模式使参与国的福利都得到改善。

2. 里昂惕夫悖论

在早期，里昂惕夫对赫-俄原理确信不疑，按照这个理论，一国拥有较多的资本，就应生产和输出资本密集型产品，而输入较稀缺的劳动力要素生产的劳动密集型产品。基于以上认识，他利用投入-产出分析方法对美国的对外贸易商品结构进行具体计算，其目的是对赫-俄原理进行验证。结果发现，作为世界上资本最充裕的国家，美国出口的是劳动密集型产品，进口的是资本密集型产品，即要素充裕度差异不能有效地决定贸易方式。这一由里昂惕夫发现的赫-俄理论与贸易实践巨大背离的现象使美欧国际贸易学术界大为震惊，被人们称为里昂惕夫之谜或里昂惕夫悖论。里昂惕夫之谜引发了西方经济学界大规模的辩论和验证，由此带来了二战以后自由贸易理论的创新和发展。

三、二战以后的自由贸易理论

二战后，国际贸易的产品结构和地理结构出现了一系列新变化。同类产品之间以及发达工业国之间的贸易量大大增加，产业领先地位不断转移，跨国公司内部化和对外直接投资兴起，都与传统比较优势理论认为的贸易只会发生在劳动生产率或资源禀赋不同的国家间的经典理论是相悖的。古典与新古典国际贸易理论都假定产品市场是完全竞争的，这与当代国际贸易的现实也不相吻合，在这样的国际环境下，新贸易理论应运而生。

（一）新生产要素理论

新生产要素理论赋予了生产要素除土地、劳动和资本以外更丰富的内涵，该理论认为生产要素还包括自然资源、技术、人力资本、研究与开发、信息、管理等新型生产要素，相应的研究应该从新要素的角度说明国际贸易的基础和贸易格局的变化。

1. 自然资源理论

1959 年，美国学者凡涅克（J. Vanek）提出了以自然资源的稀缺解释里昂惕夫悖论的观点，认为美国进口自然资源的开发或提炼是耗费大量资本的，会使进口替代产品中的资本密集度上升。扣除资源的影响，美国资本密集型产品的进口就会小于其出口。

2. 人力资本理论

人力资本理论以基辛（D. B. Keesing）、凯南（P. B. Kenen）、舒尔茨（T. W. Schultz）为代表，该理论对 H-O 理论作了进一步扩展，将人力资本作为一种新的生产要素引入。

通过对劳动力进行投资，提高其素质和技能，进而提升劳动生产率。人力资本充裕的国家在贸易结构和流向上，往往趋于出口人力资本或人力技能要素密集的产品。

3. 研究与开发学说

格鲁伯（W. Gruber）、维农（R. Vernon）等经济学家们认为研究与开发也是一种生产要

素，一个国家出口产品的国际竞争能力和该种产品中的研究与开发要素密集度之间存在着很高的正相关关系，各国研究与开发能力的大小，可以改变它在国际分工中的比较优势，进而改变国际贸易格局。

4. 信息要素

信息虽然是一种无形资源，但它能够创造价值。现代信息技术对生产的影响越来越强，对信息的利用状况会影响一个国家的比较优势，从而改变一国的国际分工和国际贸易地位。

（二）偏好相似理论

1961 年，林德（S. B. Linder）在《论贸易和转变》一书中提出了偏好相似理论，第一次从需求方面寻找贸易的原因。他认为，生产要素禀赋学说只适用于解释初级产品贸易，工业品双向贸易的发生是由相互重叠的需求决定的。

（三）动态贸易理论

动态贸易理论主要从动态角度分析国际贸易产生与发展的原因。

1. 技术差距理论

技术差距理论又称为创新与模仿理论，M. V. 波斯纳（Michael V. Posner）和胡弗鲍尔（G. G. Hufbauer）将技术作为一个独立的生产要素，侧重从技术进步、创新、传播的角度分析国际分工的基础，扩展了资源禀赋论中要素的范围。

技术差距指一国以技术创新和控制技术外流形成的一种动态贸易格局，会对各国要素禀赋的比率产生影响，从而影响贸易格局的变动。

2. 产品生命周期理论

雷蒙德·弗农（Raymond Vernon）将市场营销学中的产品生命周期理论与技术进步结合起来阐述国际贸易的形成和发展。1966 年他在《产品周期中的国际投资与国际贸易》一文中指出，美国企业对外直接投资与产品生命周期有密切关系。

这一产品生产的国家转移理论，假设国家间信息传递受到一定的限制、生产函数可变以及各国的消费结构不同，指出产品在其生命周期的不同阶段对生产要素的需要是不同的，而不同国家具有的生产要素富饶程度决定了该国的产品生产阶段和出口状况。

产品生命周期理论将比较优势论与资源禀赋论动态化，很好地解释了战后一些国家从某些产品的出口国变为进口国的现象。

3. “技术外溢”与“干中学”学说

这种观点将技术作为内生变量，罗默（Paul M. Romer）提出的“干中学”式的技术进步，大部分是从技术外溢中获得的，即从贸易或其他经济行为中自然输入了技术。

经克鲁格曼（Krugman）论证，若引进国将外溢国的技术用于比较优势产业，则对两国均有利；反之对两国均不利。假设国内技术外溢的速度高于国际技术外溢，国家原先的领先产业有加速发展的可能，原有的比较优势会增强。技术的传播使各国的差异不断扩大，强调了技术变动对国际贸易的动态影响。

4. 动态比较优势理论

林毅夫等提出，一个国家的产业和技术结构从根本上取决于国内要素禀赋，其升级是产业结构升级的基础。

该理论认为，资本存量的变化对一国要素禀赋的影响最大。资本存量的增加来自于积累，积累取决于储蓄倾向和经济剩余的规模。制度性决定的储蓄倾向是固定的，因而影响资本存量的关键是经济剩余的规模。如果一国的产业和技术结构能够充分利用其资源禀赋的优势，则其生产成本就较低，竞争能力就较强，进而创造更多的经济剩余，积累量也就越大。因此，通过发挥比较优势能够较快地实现资源结构的升级，从而加快产业结构升级。

（四）产业内贸易理论

产业内贸易理论又称差异化产品理论，以不完全竞争市场和规模经济为前提，从动态角度出发考虑需求情况，更符合实际。由于产业内贸易规模的不断扩大，20 世纪 80 年代以来许多经济学家陆续建立模型对这一问题从不同角度进行探讨。

1. 新张伯伦模型

在产业内贸易理论的发展过程中，克鲁格曼的模型具有开创性作用，他将迪克西特（Dixit）和斯蒂格利茨（Stiglitz）提出的将差异产品和内部规模经济考虑在内的垄断竞争模型推广到开放条件下，创立了“新张伯伦模型”。

模型证明了当市场结构从完全竞争变为不完全竞争，达到规模报酬递增阶段的时候，即使两国间没有技术和要素禀赋差异，产品水平差异性和规模经济也可推动国际贸易，增加两国的福利。

2. 兰卡斯特模型

这一基于简单的水平差异产品的产业内贸易模型，以产品特性和消费者偏好的唯一占优选择性为基础解释两国贸易。

兰卡斯特（Lancaster）认为，在具有相同特点的经济体之间，如果不存在贸易壁垒和运输成本，在规模收益最大化和消费偏好差异的影响下，两个经济体间仍能进行产业内分工和贸易。

3. 新赫克歇尔-俄林模型

新赫克歇尔-俄林模型基于垂直产品差异，弗尔维（Falvey）等人通过对 H-O 模型假设前提的调整，将产品差异与劳动和资本等要素通过不同组合建立一种联系，但仍用要素禀赋来预测贸易，因而该模型又称为“新要素比例学说”。

这一理论认为，资本相对充裕的国家出口同种产品中资本密集的高质量品种，劳动力相对充裕的国家则出口劳动密集的低质量品种，由此形成的产业内贸易实质上还是垂直分工的结果，在对传统贸易理论的最小偏离下，同时解释了产业间和产业内的贸易模式。

4. 布兰德-克鲁格曼模型

为解释标准化产品产业内贸易现象，布兰德（Brander）和克鲁格曼构造了一个“相互倾销模型”（差别垄断模型）。

模型指出各国开展贸易的原因只在于垄断或寡头垄断企业的市场销售战略，国际贸易的结构既不受要素禀赋、产品成本差别的限制，也不受生产者和消费者对差异产品追求的限制。

此模型表明，贸易是扩大竞争的一种方式，不完全竞争的企业可以通过贸易向别国的国内市场倾销以扩大销售，即使存在运输成本，也会存在双向贸易，并由两国间需求弹性的预期差异决定贸易量。这就为两国相互倾销的行为提供了解释途径。

5. 垂直差异产业内贸易模型

与新 H-O 模型所不同的是，垂直差异产业内贸易模型以寡头垄断市场假定为前提。弗尔维研究认为，一个产业包括依质量高低排列的一个“产品链”，即垂直差异性产品。

弗尔维和凯克斯基（H. Kierzkowski）建立的 F-K 模型表明，在完全的垂直型产业内贸易与完全没有这类贸易之间有许多过渡类型，垂直型产业内贸易的程度与特性依赖于要素禀赋、技术和收入分配情况对不同国家的相对影响。

费莱姆（Flamand）和赫尔普曼（Helpman）建立的费-赫模型提出了另一种观点。假设有两国均生产某种产品，生产效率不同，劳动是唯一的生产要素。国际分工以产品差异性的形式体现，一国在生产高质量的产品方面具有比较优势，另一国相反。决定产品质量的是劳动投入，这里指“人力资本”。如果两国生产结构和消费结构不吻合，就可能发生产业内贸易。

（五）国家竞争优势理论

哈佛大学教授迈克尔·波特（Michael E. Porter）提出这一理论，从企业参与国际竞争这一微观角度解释国际贸易，弥补了比较优势理论在有关问题论述中的不足。

波特认为，一国的竞争优势就是企业与行业的竞争优势，一国兴衰的根本原因在于它能否在国际市场中取得竞争优势。而竞争优势的形成有赖于主导产业形成优势、提高劳动生产率，其源泉就是国家具有适宜的创新机制和充分的创新能力。

波特提出的“国家竞争优势四基本因素、两辅助因素模型”中，生产要素、需求状况、相关产业和支持产业、企业战略结构和竞争对手、政府、机遇都是国家竞争优势的决定因素。

波特根据以上各大要素建立了钻石模型，说明了各个因素间如何相互促进或阻碍一个国家竞争优势的形成。从发展阶段来看，一个国家优势产业的发展可分为四个不同阶段，即生产要素推动阶段、投资推动阶段、创新推动阶段，财富推动阶段。

该理论对当今世界的经济和贸易格局进行了理论上的归纳总结。

单元三　保护贸易理论

贸易保护主义的经济学理论的发展经历了 5 个基本阶段：重商主义阶段、幼稚工业保护阶段、凯恩斯主义阶段、战略性政策阶段和新保护主义阶段。重商主义者托马斯·孟从贵金属或财富积累的角度，汉密尔顿、李斯特从产业发展的角度，梅纳德·凯恩斯从宏观经济稳定的角度，都对一国保护贸易作出了比较详尽的阐述。新贸易保护理论开始于 20 世纪 70 年代，从公平贸易的角度对一国保护贸易进行了解释。

一、重商主义

“重商主义”（Mercantilism）产生于 16 世纪中叶，盛行于 17～18 世纪中叶，它是历史上第一种比较有系统的经济思想。这种思想的要点是，相信货币的重要性，把贵金属看作财富的标志，因为金银（特别是黄金）可以用来交换货物，为人所普遍接受与重视。重商主义者认为，一个国家拥有金银越多，这个国家便越富，因而千方百计要求获得金银，所以重商主义亦称“重金主义”。重商主义者认为，一个国家本土或殖民地如果没有金银矿可开采，就得循其他途径获得金银，这主要是靠对外贸易，因为国内贸易无法使国外金银流入，只有从事对外贸易，争取贸易的有利差额，国外金银才能滚滚而来。而要维持贸易出超，就得奖励输出限制输入，前者采用给出口补助金的办法，后者采用提高关税的办法。重商主义的发展有两个历史阶段，一是早期的“货币差额论”；二是晚期的“贸易差额论”。无论是早期还是晚期的重商主义，它们都强调货币是财富的唯一表现形式，并认为只有从对外贸易差额中增加一国的货币财富，还主张积极保护工商业，促进对外贸易的发展。

二、幼稚工业保护理论

传统贸易保护的理论和政策主要指幼稚工业保护论，它的思想至今还被很多国家所沿用。幼稚工业保护理论是由亚历山大·汉密尔顿提出的，后来由德国经济学家弗里德里希·李斯特进行了系统的阐述。汉密尔顿明确提出了征收保护关税的重要性，认为该保护理论目的是保护本国处在成长过程中的产业。在汉密尔顿看来，制造业对国民经济的发展具有特别重要的意义，它不仅能够使特定的生产部门发展起来，还会产生连带效应，使相关部门也得到发展，从而给一个国家带来生产力，或生产能力和生产技术水平的提高。但是，保护不仅是有产业选择的，还有时间的限制。他认为，当某一特定的工业成长起来以后，就需要拆掉贸易保护的壁垒。

李斯特将国家作为其理论体系的出发点和基础，他认为，亚当·斯密所倡导的自由贸易是在假定世界成为一个大家庭的前提下各国所获得的利益，但是目前各国之间的利益是有区别的，甚至是相互冲突的。相反地，贸易保护制度可以认为是促进各国实现最后联合，也就是促进真正贸易自由的最有效方法。他指出：“保护关税如果使价值有所牺牲的话，它却使生产力有了增长，足以抵偿损失而有余。”他认为，“财富的生产力比之财富本身，不晓得要重要多少倍”，因此与其实行自由贸易而获得财富，还不如通过保护发展本国的工业，以获得产生财富的生产力。

李斯特也同汉密尔顿一样，并非主张一国要采取持久的贸易保护政策，而是要使得保护政策随着时期的不同而变化，他指出，各国应按照自己的发展程度来改进自身的制度，在第一阶段对比较先进的国家实行自由贸易，以此手段使自己脱离未开化状态；在第二阶段实行限制政策，促使本国工业、渔业、航海业和对外贸易的发展；在第三阶段当财富和力量已达到很高程度后，再逐步恢复自由贸易原则。因此，李斯特的贸易保护是对那些处于成长过程中的产业在特定发展阶段上的保护，这种保护无疑只是为了该产业的成长。这是李斯特贸易保护论的核心。

三、凯恩斯主义的贸易保护论

凯恩斯的贸易保护是一种完全不同于处在经济发展过程中的国家为走向工业化而采取的贸易保护论，而是建立在已经实现了工业化的国家试图寻求经济稳定增长基础上的贸易保护理论。

凯恩斯认为，一国的国民收入水平取决于需求水平。然而私人的消费需求、私人的投资需求不足以维持经济资源的充分就业。边际消费倾向、资本的边际效率和货币的灵活偏好使需求不能达到充分就业的状态。基于这个出发点，凯恩斯认为政府不仅要利用宏观经济政策干预国内的经济，实现内部平衡，还要干预对外贸易，以便使进出口有利于国民收入水平的稳定提高。凯恩斯认为重商主义有其合理性，该合理性在于一国可以通过保护贸易增加国内的就业。

在凯恩斯的世界里，关税能使进口品相对于国内产品更为昂贵，从而引导人们的需求从进口产品转向国内产品，这样在收入水平一定的条件下，收入将更多地花费在国内产品上。关税通过对外国产品的需求向国内产品的转移，使进口曲线向下移动，这样接着就能刺激对国内产品的需求，增加国内的国民收入。可见，在凯恩斯经济中，关税变成了调解总需求的一个工具：关税增加，刺激经济；而关税的削减，会抑制经济；关税趋于增加国内收入与就业而降低外国的收入与就业的水平。

四、战略性贸易保护理论

在传统贸易理论描述的完全竞争的世界中，行为主体多而各自的规模小，因此无法决定经济的结果。在这种市场上，经济决策主要依据商品价格、质量和特点等变量。而在战略环境仅由少数几个大行为主体组成的卖方寡头（即不完全）的市场上，强有力的行为主体可以对市场结果产生重大的影响。只有几个重要参与者构成的战略环境，要求每一方十分重视其他各方的政策和反应。

战略性贸易理论向传统的自由贸易理论发出了挑战，因为它断言："积极的贸易政策"比自由贸易政策更有益于国家。首先，积极的国家政策可以攫取卖方寡头环境产生的"租金"，国家可以帮助本国公司获得规模效益或其他类似利益。其次，由于技术创新成为国际竞争的主要因素，比较利益基本上是人为的，以及从一个工业到另一个工业的外溢效应已经存在；同时，一个部门创造的知识可以使其他部门受益，并提高整个国家的技术水平，所以政府应当支持和保护这些产生租金、并被认为对国际竞争具有战略价值的工业部门。

战略性关税政策有两个基本模型：①"夺取进口商垄断利润的关税政策模型"，该模型由布兰德（Brander）和斯宾塞（Spencer）于1981年提出。他们认为，当本国市场由外国垄断厂商控制时，一国可以用关税政策限制外国厂商销售的垄断高价，迫使其自动吸收部分压低下来的价格；同时关税还可以激励本国潜在生产者进入已被占领的市场，打破外国垄断局面。此外运用关税还可起到从外国垄断者手中提取垄断利润或租金，防止租金流失的作用。②"以进口保护促进出口的关税政策"模型，由克鲁格曼提出，他认为在寡头垄断和规模经济条件下，利用关税和其他贸易政策对市场的保护，不但可以夺取垄断租金，还可以充分发挥国内企业的"边干边学效应"，促进产业发展和壮大，最终"国内产品可潮水般涌向国外市场"。

五、新贸易保护主义

20世纪70～80年代国际贸易体制的结构性变化导致了新的保护主义的出现，贸易管理在一个前所未有的增长和稳定中进行。从对象上看，传统贸易保护主义保护的是幼稚的工业或弱小的新兴工业，而新贸易保护主义还保护陷入结构性危机的产业部门，如农业、纺织、服装、钢铁、汽车、造船、家电等行业。保护的另一个重点是尖端技术。

新保护主义最重要的表现是，政府利用自愿出口限制和有秩序的销售安排。自愿出口限制通常集中在几个关键部门，例如纺织、电子、皮革品、钢铁，特别是汽车工业部门。这些自愿出口限制的部门一般以全球生产能力过剩为特点，通常也是工会组织强大、工人就业的主要部门。这些劳动力密集部门的比较优势，过去曾是发达国家经济增长的源泉，现在迅速转移到新兴工业化国家，在新兴工业化国家这些部门仍旧提供重要的出口机会。此外，新保护主义还蔓延到服务业和高技术产业中。有秩序的销售安排是灰色区域措施之一，指进口国与出口国之间就有关商品所作的在数量上有控制地进行销售的安排。一般是先由各进口国与出口国进行多边会谈，商定原则，然后按原则逐个分别进行双边会谈，达成双边的自动限额协议，即出口国“自愿”限制其商品在一定时期内对进口国的出口量，以免发生“市场紊乱”。

新保护主义另一个重要方面是它对国际贸易结构和世界工业分布的影响。非关税壁垒和自愿出口限制的主要目标，是日本和亚洲新兴工业化国家。反过来，这些限制对市场结构、贸易和国际工业分布，已经产生 3 个相互有些矛盾的影响：①它们促使了买方寡头市场，市场卡特尔化（卡特尔化是指生产某种商品的若干企业，为垄断某一特定市场而组成的企业联合。）阻止了新公司进入市场；②目标国被迫提高某条生产线的技术水平，以便制造出附加价值更高的出口商品；③使工业部门扩散，特别是通过跨国公司直接投资，把工业扩散到尚未受到自愿出口限制或有秩序的销售协议限制的发展中国家去。具有讽刺意味的是，这种变动结果在于，自愿出口限制往往扩大到技术水平更高的部门以及更多的出口国，并且促使各种阻止转运的条例增加。结果，越来越多的工业部门出现了全球性生产能力过剩，新保护主义继续进入更多的产品领域和出口国家。

新保护主义的另一个影响，是改变贸易谈判机制，并增加歧视的范围，这是违背无条件最惠国待遇原则的。进入 20 世纪 90 年代随着 WTO 对自愿出口限制和有秩序的销售安排的限制，保护主义转向更多地使用反倾销、反补贴和技术壁垒等措施。

任务实施

任务　轮胎特保案分析

一、任务目标

1. 了解自由贸易理论和贸易保护理论
2. 了解贸易政策的导向
3. 能够使用贸易理论对当今的贸易热点问题进行分析

二、案例引入

（一）案例简介

新华网华盛顿 2009 年 9 月 11 日电，美国白宫当地时间 11 日在一份声明中表示，美国对中

国产轮胎实施35%的限制性关税。白宫在声明中说:"奥巴马总统今日签署一项决定,对中国输入美国乘用车与轻型卡车轮胎连续3年加征特别从价关税,以此规范因轮胎进口而被扰乱的市场秩序。"

(二)本案的意义

本案是美国奥巴马政府对中国发起的首例特保调查。根据中方统计,2008年中国对美国轮胎出口金额约22亿美元。此案遭到中美业界的广泛反对。中国商务部官员就此案多次与美方相关部门进行交涉。此前,美国布什政府曾对中国发起6起特保调查,最终均未采取特保措施。目前,我国轮胎年出口量占总产量的40%以上,如果削减输入美国轮胎半数产量,就意味我国会出现12%的剩余轮胎产能。此外,根据WTO规则,如果奥巴马批准了对中国的特保制裁,相关国家可以直接援引美国的制裁方案。

(三)本案的影响

1. 造成22亿美元损失完全抵消行业出口平均利润率

涉及金额达22亿美元,裁决一旦通过,将会对中国企业造成巨大的影响,目前中国轮胎年出口量占总产量(约5.5亿条)的一半(约2.8亿条)以上,而北美地区的销量就占国内轮胎总产量的1/4,即约为1.4亿条。按照2008年产量计算,如果削减中国输美轮胎半数产量,那么就意味着中国会出现近12%的剩余轮胎产能,即出现6 600万条的巨大过剩量。

2. 或将引发美国贸易保护潮

此次美国一旦决定加收特别关税,或将使美国对华实施特保措施的势头高涨,更多的特保调查将接踵而来,同时也会引起其他WTO成员仿效,遏制和限制中国产品出口。在中国出口下滑趋势非常严峻形势下,如何积极应对美国的特保调查,以保障出口稳定回升,是政府和企业面临的"最大荆棘"。

3. 其他国家跟风,将成世界经济标志性事件

据巴西媒体2009年6月19日报道,巴西外贸委员会18日决定对进口自中国的客车和货车轮胎征收反倾销税,未来将可能对进口自中国的轻型轿车轮胎征收反倾销税。据报道,在过去的6个月里,巴西已经对中国生产的规格为20英寸、22英寸、22.5英寸(1英寸=0.0254米)的客、货车轮胎征收每千克1.33美元的"临时"反倾销税。

注:何谓"特保"

"特保"是"特定产品过渡性保障机制"和"特殊保障措施"的简称。《中华人民共和国加入WTO议定书》规定:中国产品在出口有关WTO成员国时,如果数量增加幅度过大,以至于对这些成员的相关产业造成"严重损害"或构成"严重损害威胁"时,那么这些WTO成员可单独针对中国产品采取保障措施。"特保"实施的期限为2001年12月11日至2013年12月11日。

三、任务完成

（一）完成步骤

（1）小组代表阐述自由贸易理论的核心思想。
（2）小组代表阐述保护贸易理论的核心思想。
（3）阐述各种理论学派的政策主张。
（4）分组讨论轮胎特保案的起因和背景及现状，并探索其实质以及对我国的影响。
（5）每小组形成案例分析报告。

（二）检查标准

检查标准如表1—1所示。

表1—1 检查标准

检 查 标 准	总 分	实 际 得 分
自由贸易核心思想表述准确，语言清晰流畅	20	
对保护贸易的核心思想表述准确，语言清晰流畅	20	
对各种贸易理论所主张的贸易政策表述清晰明确	20	
对“轮胎特保案”的分析清晰准确，观点具有说服力	20	
案例分析理论运用得当，文稿规范，论点鲜明，论据翔实，结论恰当	20	

模块二

国际贸易流程及交易前期准备

技能目标

1. 具有完成外贸公司出口业务全套流程的操作能力

2. 具有在进出口业务中正确运用贸易术语，预防风险并根据业务情况合理选用贸易术语达成交易的能力

3. 具有根据业务背景进行商品的出口报价、价格换算、正确选择计价货币，正确使用佣金和折扣的能力

知识目标

1. 掌握国际贸易的出口业务流程

2. 掌握《2000 通则》中 13 种贸易术语的内涵及各种贸易术语的责任、费用和风险的划分

3. 掌握国际货物的价格构成、价格的换算方法，佣金和折扣的计算方法

工作任务

1. 出口业务流程操作

2. 贸易术语的选用

3. 报价实务

理论知识

单元一　国际贸易流程

国际贸易是一个复杂的过程，涉及的部门多，环节多，范围广，手续烦琐。它要求对外贸易的从业人员不仅要熟练地掌握国家对外贸易政策和外贸专业知识，还应该熟知进出口交易的环节。为了便于学习国际贸易业务的有关知识，本模块将介绍出口贸易业务流程及有关知识。总体来说，出口业务程序大体可分为交易前的准备、交易磋商与签订合同和履行合同三个阶段。

一、交易前的准备

交易前的准备工作主要有申请进出口许可证、行情调研、目标市场选择、制订出口商品经营方案等。

（一）申请进出口许可证

我国对部分产品的进出口实行许可证管理制度，比如大宗的资源性商品，以及有配额限制的商品。因此，在进行国际贸易业务时，从业人员首先要清楚其经营的商品是否属于许可证管辖范围，并据此办理有关手续。

（二）行情调研

行情调研是为了获得与贸易有关的各种信息。通过对信息的分析，得出国际市场行情特点，判定贸易的可行性并进而制订贸易计划。

行情调研范围和内容包括：经济调研，市场调研和客户调研。

1. 经济调研

经济调研的目的在于了解一个国家或地区的总体经济状况、生产力发展水平、产业结构特点、国家的宏观经济政策、货币制度、经济法律和条约、消费水平和基本特点等。总之，通过对经济大环境的总体了解，预估可能的风险和效益情况，以此尽量保障对外贸易在总体环境好的国家和地区间开展。

2. 市场调研

市场调研主要是针对某一具体选定的商品，调查其市场供需状况、国内生产能力、生产的技术水平和成本、产品性能、特点、消费阶层和高潮消费期、产品在生命周期中所处的阶段、该产品市场的竞争和垄断程度等内容。其目的在于确定该商品贸易是否具有可行性、获益性。

3. 客户调研

客户调研在于了解欲与之建立贸易关系的国外厂商的基本情况。基本情况包括国外厂商的历史、资金规模、经营范围、组织情况、信誉等级等其自身总体状况，还包括它与世界各地其他客户和与我国客户开展对外经济贸易关系的历史和现状。只有对国外厂商有了一定的了解，才可以与之建立外贸联系。我国对外贸易实际工作中，常有因对对方情况不清楚，匆忙与之进行外贸交易活动而造成重大损失的事件发生。因此在交易磋商之前，一定要对国外客户的资金和信誉状况有十足的把握，不可急于求成。

调研信息的主要来源有：①一般性资料，如一国官方公布的国民经济总括性数据和资料，内容包括国民生产总值、国际收支状况、对外贸易总量、通货膨胀率和失业率等；②国内外综合刊物；③委托国外咨询公司进行行情调查；④通过我国外贸公司驻外分支公司和商务参赞处，在国外进行资料收集；⑤利用交易会、各种洽谈会和客户来华做生意的机会了解有关信息；⑥派遣专门的出口代表团、推销小组等进行直接的国际市场调研，获得第一手资料。

（三）目标市场选择

进行市场调研的重要目的之一，就是要选择适当的目标销售市场，以便确定我国某项商品出口的地理方向和市场布局。在选择市场时，首先，必须注意贯彻对外贸易方针政策，特别是国别政策。在符合政策原则的前提下，也应注意出口经营的经济效益，其中包括销售数量的多少、价格的高低、现汇还是记账贸易等因素。其次，要根据各种商品的具体情况和对商品的经营意图，对销售市场进行细致的布局，既要考虑到当前的现状又要考虑到未来的发展趋势。最后，在安排销售市场时，应根据不同市场的特点，既要注意巩固传统市场，又要不断开辟新市场。总之，对市场的选择安排，应做到全面考虑，合理布局。

（四）制订出口商品经营方案

一个外贸企业在分析、选定自己的目标市场后，就要针对目标市场的需求及影响市场销售的各种因素，最有效地利用自身的人力、物力资源，扬长避短，设计企业最佳的综合销售方案，即出口经营方案。它是交易有计划、有目的顺利进行的前提，出口商品经营方案一般包括以下内容。

1. 国内货源情况

如生产地、主销地，商品的特点、品质、规格、包装、价格、产量、库存情况。

2. 目标市场情况

如市场容量、生产、消费、贸易的基本情况，主要进出口国家的交易情况，今后可能发展变化的趋势，对商品品质、规格、包装、性能、价格等各方面的要求，国外市场经营该商品的基本做法和销售渠道。

3. 市场安排、物色客户

在第一步行情研究、信息分析的基础上，选择最有利的出口地区和合作伙伴。

4. 经营历史情况

如我国出口商品目前在国际市场上所占地位、主要销售地区及销售情况、主要竞争对手、经营该种商品的主要经验和教训等。

5. 经营计划安排和措施落实

如销售数量和金额，增长速度，采用的贸易方式，支付手段、结算办法，销售渠道，运输方式等交易条件计划的选择和确定，成本和经济效益的核算等。

经营方案的好与坏直接影响贸易能否顺利进行，对业务的整体实施有着非常重要的作用。其中，报价及交易条款的准备是外贸从业人员必备的专业技能之一。

二、交易磋商和签订合同

在确定目标客户之后，就要对相关的交易条件进行磋商。交易磋商是进出口业务的一个重要环节，是合同成立的基础和依据。交易磋商是买卖双方就买卖某种货物的各项交易条件进行洽商，最后达成协议、签订合同的过程。

（一）交易磋商

在国际货物买卖合同商定过程中，一般包括询盘、发盘、还盘和接受 4 个环节，其中发盘和接受是达成交易、合同成立不可缺少的两个基本环节和必经的法律步骤。

1. 询盘

询盘又称询价，是指交易的一方为购买或出售某种商品，向对方口头或书面发出的探询交易条件的过程。其内容可繁可简，可只询问价格，也可询问包括价格在内的有关的交易条件。

询盘对买卖双方均无约束力，接受询盘的一方可给予答复，亦可不作回答。但作为交易磋商的起点，收到询盘的一方应迅速作出答复。具体方式通常有买方询盘与卖方询盘。

（1）买方询盘，是买方主动发出的向国外厂商询购所需货物的函电。在实际业务中，询盘一般多由买方向卖方发出。买方询盘过程中应注意的问题有：

①对多数大路货商品，应同时向不同地区、国家和厂商分别询盘，以了解国际市场的总体行情，争取最佳贸易条件。

②对规格复杂或项目繁多的商品，不仅要询问价格，而且要求对方告之详细规格、数量等，以免往返磋商、浪费时间。

③询盘对发出人虽无法律约束力，但要尽量避免询盘而无购买诚意的做法，否则容易丧失信誉。

④对垄断性较强的商品，应提出较多品种，要求对方一一报价，以防对方趁机抬价。

（2）卖方询盘，是卖方向买方发出的征询其购买意见的函电。卖方对国外客户发出询盘大多是在市场处于动荡变化及供求关系反常的情况下，探听市场虚实、选择成交时机，主动寻找有利的交易条件。

2. 发盘

发盘又称发价，是指交易的一方向另一方提出一定交易条件，并表示愿意按照提出的交易条件达成买卖该项货物的交易约定并签订合同的一种口头或书面的表示。

发盘人可以是买方，也可以是卖方。发盘有实盘和虚盘之分，前者有约束力，后者无约束力，有关的详细内容将在后文中再作介绍。

3. 还盘

还盘又称还价，是受盘人不同意或不完全同意发盘中的内容或条件而提出自己的修改意见或条件的表示。还盘中的任何一点改动，都意味着对原发盘的拒绝。

还盘只能由受盘人在原发盘的有效期内做出，其他任何人无还盘权力。发盘人对于受盘人的还盘，要仔细分析，弄清实质性变动和对方的真实意图，并作出相应答复。

若原发盘人对还盘内容和条件又作出新的修改，则称为再还盘，有时又构成新的发盘。一笔交易的成立，往往要经过多次还盘和再还盘的过程。

4. 接受

接受是指受盘人在发盘有效期内无条件全部同意发盘的全部内容，并愿意签订合同的一种口头或书面的表示。接受可由买方表示，也可由卖方作出，但必须是合法的受盘人，而且接受表示必须在发盘有效期内送达发盘人，接受的表示必须明确。

（二）订立合同

订立合同是对以往磋商过程中双方达成的协议、共同接受的交易条件的最终书面确认。合同具有法律效力，一经订立，以后的贸易活动都应与合同条款一致。

实盘虽然对双方都有约束力，但仍应通过合同的方式加以确认。《中华人民共和国合同法》规定：当事人采用合同书形式订立合同的，自双方当事人签字或者盖章时合同成立；当事人采用信件、数据电文等形式订立合同的，可以在合同成立之前要求签订确认书，签订确认书时合同成立。

随着我国对外开放的日益扩大，各国商人通过函电与我国企业建立业务关系，探询业务的函件越来越多。我们对国外商人发来的函电，必须及时认真地进行研究，迅速、妥善地处理，并给予恰当的答复，才能不断地促进企业的业务发展，最终达成交易。因此，撰写交易磋商函电和起草贸易合同是外贸从业人员必备的专业技能之一。

三、履行合同

买卖双方经过交易磋商、达成协议后要签订书面合同，该合同是约束双方权利和义务的依据。在国际贸易中，买卖合同一经依法有效成立，有关当事人必须履行合同规定的义务。因为履行合同是当事人双方共同的责任。

在出口合同的履行过程中包括备货、报验、催证、审证、改证、租船订舱、报关、投保、装船和结汇等多种环节。其中又以货（备货）、证（催证、审证、改证）、船（租船订舱）、款（制单结汇）4个环节最为重要。我国出口合同多属于CIF或CFR条件和即期信用证支付方式的合同。下面以采用CIF贸易术语和即期信用证支付方式的合同为例，分述出口合同履行的过程。

（一）备货

出口合同的履行，备货是关键。备货工作是指卖方根据出口合同的规定，按时保质保量地准备好应交的货物，并做好申请报验和领证工作。其主要内容包括：及时向供货部门或生产企业进行逐一的交代、检查和督促，核实应交货物的品质、规格、数量和交运时间，并进行必要的包装以及刷制唛头等工作。为了能使履约的各个环节有条不紊地进行，在备货交运过程中应注意以下几点。

（1）货物的品质、规格。应按合同的要求严格核实，必要的时候应进行加工整理，以保证货物的品质、规格与合同或信用证规定的一致。

（2）货物的数量。应保证满足合同或信用证对数量的要求，备货的数量应适当留有余地，万一装运时发生意外或损失，以备调换和适应舱容之用。

（3）货物的包装。所备货物的包装必须符合出口合同的规定，合同中有关包装的规定通常包括内外包装的方式方法、用料和重量等。随着技术的进步，自动仓储环境处理的货物越来越多，货物在运输和仓储过程中，通常由传送带根据条形码自动扫描分拣。因此，应注意根据仓储的要求，严格按统一尺寸对货物进行包装或将货物放置标准尺寸的牢固托盘上，并预先正确印制合同，贴放条形码。

(4) 货物的包装标志。在货物运输过程中，为便于识别货物、装卸、运输、仓储、检验和交接工作的顺利进行，会在货物的包装上书写，压印、刷制各种有关的标志，这种标志称为包装标志。在包装标志的刷制过程中，一定要按买卖双方约定的式样，要求图形和文字清晰、醒目、位置适当，涂料不易脱落和防止错刷。

(5) 备货时间。货物备妥的时间应结合信用证规定的装运期和船期安排，以利于船货衔接。

（二）报验

在出口货物备齐后，要根据合同或信用证的要求向中国进出口商品检验检疫局申请检验，领取出口商品检验证书。

凡属国家规定，或合同规定必须经中国进出口商品检验局检验出证的商品，在货物备齐后，应向商品检验局申请检验，只有取得商检局发给合格的检验证书，海关才准放行。凡检验不合格的货物，一律不得出口。

申请报验的手续是，凡需要法定检验出口的货物，应填制“出口报验申请单”，向商检局办理证件取验手续。“出口报验申请单”的内容一般包括：品名、规格、数量（或重量）、包装、产地等项。如需有外文译文时，应注意中、外文内容一致。“出口报验申请单”还应附上合同信用证副本等有关单据，供商检局检验和发证时参考。

申请报验后，如出口公司发现“出口报验申请单”内容填写有误，或因国外进口人修改信用证以致货物规格有变动时，应提出更改申请，并填写“更改申请单”，说明更改事项和更改原因。

货物经检验合格，即由商检局发给检验证书，进出口公司应在检验证书规定的有效期内将货物出运。检验证书的有效期，一般货物是从发证之日起两个月内有效；鲜果、鲜蛋类为两星期，植物检疫为3个星期内有效；如超过有效期装运出口，应向商检局申请展期，并由商检局进行复验合格后才能出口。

（三）催证、审证、改证

1. 催证

在采用信用证方式结算货款的交易中，按时开立信用证是买方必须履行的重要义务。但是由于种种原因，买方不按合同规定按期开证的情况时有发生。对此，为保证按时履行合同，提高履约率，出口方有必要在适当的时候，提醒和催促买方按合同规定开立信用证。

催证是指买方没有按合同规定及时开立信用证，卖方以书面或口头形式向买方催促开证的情况。在实际业务中，有时国外进口商在遇到市场发生变化或资金发生短缺的情况时，往往会拖延开证。对此，出口方应催促对方迅速办理开证手续，特别是大宗商品交易或按买方要求而特制的商品交易，更应结合备货情况及时进行催证，必要时，也可请驻外机构或有关银行协助代为催证。

2. 审证

审证是指收到外国客户开来的信用证之后，对来证的各项条款逐一核对和审查，这是信用证业务中极其重要的一个环节。

在实际业务中，银行（通常指通知行）和出口企业共同承担审核信用证的任务，但其分工不同。就银行而言，侧重于审核信用证的政策性和真实性，如开证银行的政治背景、资信能力、付款责任和索汇路线等方面的内容。出口企业则侧重于审核信用证的各项条款，这项工作是安全结汇的重要保证。审证要点如下：

(1) 开证行付款责任的审查；

(2) 对信用证金额与货币的审查；

(3) 对商品的品质、规格、数量、包装等条款的审查；

(4) 对信用证规定的装运期、有效期和到期地点的审查；

(5) 对信用证规定单据的审查；

(6) 对其他特殊条款的审查。

3. 改证

在对信用证进行了全面细致的审核以后，如果发现问题，应区别问题的性质，分别同银行、运输、保险、商检等有关部门研究，作出恰当妥善的处理。凡是属于不符合我国对外贸易方针政策、影响合同执行和安全收汇的情况，我国外贸从业人员必须要求国外客户通过开证行对信用证进行修改，并坚持在收到银行修改信用证通知书后才能对外发货，以免发生货物发出而修改通知书未到的情况，造成工作上的被动和经济上的损失。

在办理改证工作中，凡需要修改的各项内容，应做到一次向国外客户提出，尽量避免由于考虑不周而多次提出修改要求。否则，不仅增加双方的手续和费用，而且对外容易造成不良影响。其次，对不可撤销信用证中任何条款的修改，都必须在有关当事人全部同意后才能生效，这是各国银行公认的惯例。

再次，对来证不符合规定的各种情况，还需作出具体分析，不一定坚持要求对方办理改证手续。只要来证内容不违反政策原则并能保证我国企业安全迅速收汇，我国外贸从业人员也可以灵活掌握。

总之，对国外信用证的审核和修改，是保证顺利履行合同和安全迅速收汇的必要前提，我国外贸从业人员必须给予足够的重视，认真作好审证工作。

（四）租船订舱

在 CIF 或 CFR 条件下，租船订舱是卖方的责任之一。在实际业务中，出口企业往往在备齐货物并审核信用证无误后，即开始着手办理租船或订舱、报关和投保等事宜。

出口企业在履行 CIF 出口合同时，对于出口货物数量较大需要整船载运的，则要对外办理租船手续；对出口货物数量不大，不需整船装运的，则安排洽订班轮或租订部分舱位运输。办理出口货物班轮运输的基本程序如下：

(1) 查看船期表，填写出口货物托运单；

(2) 船舶公司或其代理人签发装货单；

(3) 在取得出口许可证后，提货装船，获取大副收据；

(4) 缴纳运费，换取提单；

(5) 向进口方发装运通知。

在整个货运过程中，要与外运公司经常取得联系，密切配合，发现问题，共同研究解决，保证如期装船。

（五）报关

在进出口货物时，报关人以书面或电子数据交换方式向海关报告其进出口货物的情况，并随附有关货运和商业单据，申请海关审查放行的行为，即为报关。按照《中华人民共和国海关法》（以下简称《海关法》）规定，凡是进出国境的货物，必须通过设有海关的港口、车站、国际航空站进出，接受海关的监管，经过海关查验、放行后，货物才可提取或者装运出口。报关是通关程序的第一个环节，也是关键的环节。报关是放行和结关的前提和基础。

目前，我国的出口企业在办理报关时，可以自行办理报关手续，也可以通过专业的报关行或国际货运代理公司来办理。无论是自行报关还是由报关行来办理，都必须填写出口货物报关单，还需提供合同副本、商业发票、装箱单或重量单、商品检验证书及其他有关证件，向海关申报出口。出口货物报关一般需经过4个程序：申报、查验、纳税和放行。

1. 申报

出口企业按照实际出口的货物，及其实际情况填写“出口货物报关单”，连同出口许可证、出口合同副本、商业发票、装箱单、出口收汇核销单、商品检验证及其他有关证件，一并向装运口岸海关申报出口。

2. 查验

查验又称验关。海关在接受报关单位的申报并以已经审核的申报单证为依据，对进出口货物进行实际核查，以确定报关单位申报内容（货物性质、货物状况、数量、价值和原产地等）是否与实际进出口货物相符。通过查验，查实有无瞒报、伪报和申报不实等走私违规行为；通过查验，确定进口货物的税则归类号及适用税率，为征税、统计和后续管理提供可靠的监管依据。

3. 纳税

纳税指出口货物的发货人或其代理人在规定的期限内向海关缴纳税款。按照我国《海关法》的规定，发货人应在海关填发“税款缴纳证”次日起的14日内缴纳税款；逾期缴纳的由海关征收滞纳金。超过3个月未缴纳的，海关可以责令担保人缴纳税款，或者将货物变价抵缴；必要时通知银行在担保人或者发货人存款内扣缴。

4. 放行

海关在接受申报，经审核报关单据，查验实际货物，依法办理税费计征手续并收到税款后，在有关单据上签盖放行章或开具放行通知单，海关的监管行为即告结束。出口货物可由发货人装船起运出境，进口货物可由收货人提取和发运。

（六）投保

按CIF条件成交的出口合同，应由出口企业为货物办理保险。在货物装船前，须及时向保险公司办理投保手续，投保时要防止漏保和错保，以免遭受不必要的损失。投保的一般程序为：首先，由出口企业填写投保单，根据信用证的规定，逐项如实地表明货物名称、数量、险别、保额、起讫地点、保险期限、投保人名称等，然后交由保险公司签发正式保险单。货物投保后，在运输途中遇到承保范围的风险，投保人即可按照保险单规定的权利和义务向保险公司提出索赔。该保险单既是索赔的依据，也是向银行结汇必不可少的单据。

（七）结汇

出口企业在货物装运后，应立即按照信用证的要求，正确缮制各种单据，并在信用证规定的有效期和交单期内，将单据及有关证件送交银行，通过银行收取外汇。

我国出口结汇的办法有 3 种：收妥结汇、押汇和定期结汇。

收妥结汇，又称收妥付款，是指议付行收到外贸公司的出口单据后，经审查无误，将单据寄交国外付款行索取货款，待收到付款行将货款拨入议付行账户的贷记通知书时，即按当日外汇牌价，折成人民币给外贸公司。

押汇，又称买单结汇，是指议付行在审单无误情况下，按信用证条款买入受益人（外贸公司）的汇票和单据，从票面金额中扣除从议付日到估计收到票款之日的利息，将余款按议付日外汇牌价折成人民币，拨给外贸公司。议付行向受益人垫付资金买入跟单汇票后，即成为汇票持有人，可凭票向付款行索取票款。银行做出口押汇，是为了对外贸公司提供资金融通，有利于外贸公司的资金周转。

定期结汇，是议付行根据向国外付款行索偿所需时间，预先确定一个固定的结汇期限，到期后主动将票款金额折成人民币拨交外贸公司。

对于结汇单据，要求做到"正确、完整、及时、简明、整洁"。主要单据有汇票、商业发票、提单、保险单、产地证明书、普惠制单据、装箱单和重量单、检验证书。

（八）索赔和理赔

在出口合同履行过程中，如因国外买方未按合同规定履行义务，致使卖方遭受损失，可根据不同对象、不同原因以及损失大小，向对方提出索赔。在向国外提出索赔时，要本着实事求是的精神，尽可能通过友好协商的办法解决，做到既要维护自己的正当权益，又不影响双方的贸易关系。

如果卖方交货的品质、数量、包装不符合合同的规定，在国外买方享有复验权的情况下，国外客户即使已经支付货款，仍可向卖方提出索赔。在处理索赔时，应注意下列各点。

(1) 要认真细致地审核国外买方提出的单证和出证机构的合法性。对其检验的标准和方法也都要一一核对，以防买方串通检验机构弄虚作假或国外的检验机构检验有误。

(2) 要认真作好调查研究，弄清事实，分清责任。为此，必须会同生产部门和运输部门对商品品质、包装、储存、摆货、运输等方面进行周密调查，然后把单证材料和实际情况结合起来，进行分析研究，查清货物发生损失的环节、原因，并确定责任属于何方。如果属于船运公司或保险公司的责任范围，由船运公司或保险公司处理；如确实属于卖方的责任，卖方就应实事求是地予以赔偿。对国外商人提出的不合理要求，卖方必须根据可靠的资料，予以拒绝。

出口贸易流程，如图 2-1 所示 。

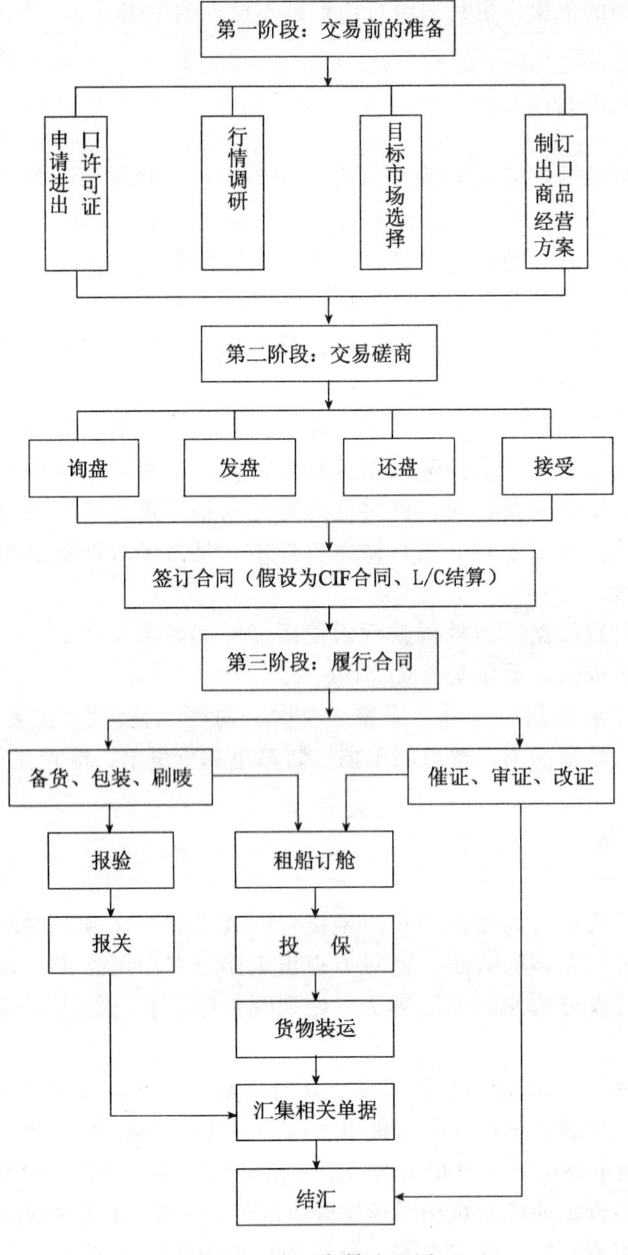

图 2-1　出口贸易流程图

单元二　国际贸易术语

国际贸易与国内贸易截然不同，国际贸易的买卖双方分处两国，可能相距遥远，在卖方交货和买方接货的过程中（例如装货卸货、运输保险、运输途中）可能发生风险。这就给谈判带来很多麻烦，影响达成交易的时间。为此，在国际贸易的长期实践中，逐渐形成了各种不同的贸易术语。在出口或进口贸易中，通过使用贸易术语，即可明确买卖双方在手续、费用和风险方面的责任划分，促进交易的达成。

一、贸易术语与国际贸易惯例

（一）贸易术语的含义及作用

在国际货物买卖过程中，由于交易双方空间距离较远，货物通常需要经过长途运输。在货物运输、交接过程中，需要办理进出口清关手续，安排运输和保险，支付各项税款和运杂费用。货物在装卸、运输过程中，还可能遭受自然灾害、意外事故和其他各种外来风险。上述有关问题由谁负责，费用由谁负担，风险如何划分，买卖双方在签订合同时必须予以明确。为了简化手续，缩短交易过程，并便于双方当事人成交，买卖双方需要采用专门的用语来概括地表明各自的权利和义务，贸易术语应运而生。贸易术语源于国际贸易惯例，是在长期国际贸易实践的基础上逐渐形成的。

1. 贸易术语的含义

贸易术语（Trade Terms）也称价格术语（Price Terms）是指用一个简短的概念或英文缩写字母表明商品的价格构成、买卖双方应承担的责任、支付的费用及风险的转移界限等问题的专门术语。

交货地点不同，卖方承担的风险、责任和费用也不相同。如果双方约定，在出口国内的商品产地交货，卖方只需按约定时间和地点将货物备妥，买方则应自行安排运输工具将货物从交货地点运往最终目的地，并承担期间的一切风险、责任和费用。按这样条件成交，货价自然很低。反过来，如果采取在进口国内的约定地点交货的贸易术语成交，卖方要承担在指定目的地将货物实际交给买方之前的一切风险，并且要负责办理货物从产地到目的地的运输、保险以及通关过境的手续，提交规定的单据，同时还要承担与之相关的费用。货价自然也要高得多。可见，贸易术语首先直接关系到商品的价格构成，也关系到双方风险、责任、义务划分，这也是许多人将贸易术语称为价格术语的原因。

2. 贸易术语的作用

使用不同的贸易术语意味着双方承担的责任、费用和风险不同，从而直接影响到定价的高低，所以贸易术语的使用在国际贸易中有着非常重要的作用，主要表现在以下几方面：

（1）简化交易手续，加速合同订立。由于每种贸易术语都有其特定的含义，因此在交易的磋商过程中，只要买卖双方商定采用何种贸易术语成交，双方就可明确各自在交易过程中应该承担的责任，还简化了交易手续，缩短了洽商交易的时间，从而有利于买卖双方迅速达成交易和订立合同。

（2）有利于买卖双方核算价格和成本。由于贸易术语能表示价格构成因素，所以，买卖双方确定成交价格时，必然要考虑采用的贸易术语中包含哪些从属费用，这就有利于买卖双方进行比价和加强成本核算。

（3）有利于买卖双方解决履约中的争议。买卖双方商订合同时，如对合同条款考虑欠周，可能使某些事项规定不明确或不完备，致使履约当中产生的争议不能依据合同的规定解决。在此情况下，可以援引有关贸易术语的一般解释来处理。

（二）国际贸易（术语）惯例

贸易术语的历史可以追溯到一百多年前并延续至今，但由于各民族之间存在文化背景上的不同，商业和贸易习惯存在极大的差异，不同的国家和地区在使用国际贸易术语时不可避免地存在较大的分歧，对同一种术语的理解和解释往往并不完全相同，这极大地影响了国际贸易术语的运用。为此，国际组织制定解释国际贸易术语的规则，将国际贸易业务中反复实践的习惯做法编纂成了有关贸易术语的国际贸易惯例。

国际贸易惯例就是指在国际贸易的长期实践中逐渐形成的一些有较为明确和固定内容的贸易习惯和一般做法，或者说是在长期的国际贸易中约定俗成的国际行为准则。惯例不是法律，不具有强制性，买卖双方有权在合同中制定不合惯例的规定。有关贸易术语的国际贸易惯例主要有3种。

1.《1932年华沙-牛津规则》

该规则是国际法协会专门为解释CIF合同而制定的。国际法协会于1928年在波兰首都华沙开会，制定了关于CIF买卖合同的统一规则，称之为《1928年华沙规则》，共包括22条。

在1930年的纽约会议、1931年的巴黎会议和1932年的牛津会议上，将此规则修订为21条，并更名为《1932年华沙—牛津规则》，沿用至今。这一规则对CIF合同的性质、买卖双方所承担的风险、责任和费用划分以及所有权转移的方式等问题都作了比较详细的解释。它在国际贸易中具有一定影响。同样，此规则并无绝对的约束力，只供买卖双方自愿采用，合同可以对规则加以修改或增加，如本规则与合同发生矛盾，应以合同为准，即合同效力优先于规则。

2.《1941年美国对外贸易定义修订本》

该惯例是由美国九个商业团体制定的。它最早于1919年在纽约制定，原名为《美国出口报价及其缩写条例》，后来于1941年在美国第27届全国对外贸易会议上对该条例作了修订，命名为《1941年美国对外贸易定义修订本》。解释的贸易术语共有六种。

（1）EX (Point of Origin)：原产地交货。

（2）FAS（Free Along Side Ship)：运输工具旁边交货。

（3）C&F（Cost & Freight)：成本加运费。

（4）CIF（Cost Insurance Freight)：成本加保险费、运费。

（5）EX DOCK（Named Port of Importation)：目的港码头交货。

（6）FOB（Free on Board)：运输工具上交货。

其中有些贸易术语与《2000年国际贸易术语解释通则》的解释有很大差别。《1941年美国对外贸易定义修订本》不仅在美国使用，在加拿大和一些拉丁美洲国家也有较大影响。由于其在FOB术语上的解释与其他国际贸易惯例有所不同，因此，外贸企业在与美洲国家进行贸易时要特别注意。

3.《2000年国际贸易术语解释通则》

《国际贸易术语解释通则》（以下简称《通则》）的英文简称是INCOTERMS，《通则》是国际商会为了统一对各种贸易术语的解释而制订的。最早的《通则》产生于1936年，后来为适应国际贸易业务发展的需要，国际商会先后进行过多次修改和补充。现行的《2000通则》是国际商会根据近10年来形势的变化和国际贸易发展的需要，在《1990年通则》的基础上修订产生的，并于2000年1月1日起生效。

在规定各种术语下买卖双方承担的义务时，《2000通则》在文字上作了一些修改，使其含义更加明确。如表2-1所示。

表2-1 《2000通则》对国际贸易术语的分类表

E组（起运术语）	EXW	EX Works	工厂交货
F组（主运费未付）	FCA	Free Carrier	货交承运人
	FAS	Free Along side Ship	装运港船边交货
	FOB	Free on Board	装运港船上交货
C组（主运费已付）	CFR	Cost and Freight	成本加运费
	CIF	Cost，Insurance and Freight	成本加运费、保险费
	CPT	Carriage Paid to	运费付至
	CIP	Carriage and Insurance Paid to	运费、保险费付至
D组（到达术语）	DAF	Delivered At Frontier	边境交货
	DES	Delivered Ex Ship	目的港船上交货
	DEQ	Delivered Ex Quay	目的港码头交货
	DDU	Delivered Duty Unpaid	未完税交货
	DDP	Delivered Duty Paid	完税后交货

E组：卖方在其所在处所将货物置于买方控制之下，即完成交货义务，卖方承担的费用、风险最小。

F组：由买方签订运输合同并指定承运人，卖方将货物交给买方指定的承运人或装上运输工具，即完成交货义务。

C组：卖方负责签订运输合同，支付正常的运费，承担交货前的损失或货物灭失的风险，在装运港将货物装上船或将货物交给承运人后即完成交货。

D组：卖方自负费用和风险将货物运至指定目的地，并将货物置于买方控制之下即完成就交货。

4. 国际贸易惯例的效力

国际贸易惯例对贸易实践具有重要的指导作用。由于国际贸易惯例本身不是法律，对贸易双方不具有强制性，故买卖双方有权在合同中作出与某项惯例不符的规定。但是如果双方都同意采用某种惯例来约束该项交易，并在合同中作出明确规定时，那么这项约定的惯例就具有了强制性。如果双方对某一问题没有作出明确规定，也未注明该合同适用某项惯例，在合同执行中发生争议时，受理该争议案的司法和仲裁机构也往往会引用某一国际贸易惯例进行判决或裁决。

二、《2000通则》中6种主要的贸易术语

《2000通则》中共有13种贸易术语，其中FOB、CFR、CIF是常用的贸易术语，仅适用于水上运输。随着集装箱、多式联运业务等运输方式的不断普及，向承运人交货的3种贸易术语FCA、CPT和CIP的使用也越来越多。下面着重介绍《2000通则》对这六种贸易术语的解释及

使用中应注意的问题。

（一）FOB

1. FOB的含义

FOB（Free on board）是在指定装运港船上交货。《2000通则》中对该术语的定义：当货物在指定的装运港越过船舷时，卖方就完成了交货的义务。卖方与买方之间承担风险是以"船舷为界"，即卖方承担货物越过船舷之前的风险，而买方承担货物越过船舷之后的风险。此术语只适用于海运和内河航运。如果合同当事人不采用越过船舷交货，则改用FCA术语更为适宜。

2. FOB术语中买卖双方的义务划分

（1）FOB中的卖方义务，具体义务如下：

①按合同规定的时间和装运港口，将合同规定的货物交到买方指派的船上，并及时通知买方；

②承担货物交至装运港船上、越过装运港船舷之前的一切费用和风险；

③自负风险和费用，取得出口许可证或其他官方批准证件，并且办理货物出口所需的一切海关手续。

④提交证明卖方已按规定交货的有关单据，或具有同等作用的电子信息。

（2）FOB中的买方义务，具体义务如下：

①订立从指定装运港口运输货物的合同，支付运费，并将船名、装货地点和要求交货的时间及时通知卖方；

②根据买卖合同的规定受领货物并支付货款；

③承担受领货物之后所发生的一切费用和风险；

④自负风险和费用，取得进口许可证或其他官方证件，并办理货物进口所需的海关手续。

注意交货地点、风险转移界限、办理运输和保险的义务及相关费用的负担、进出口报关的责任及费用的负担、移交与货物有关的单据和适用的运输方式等要点，学习其他贸易术语时也要注意这几点。

3. 使用FOB术语需注意的问题

（1）FOB方式中的船货衔接问题。按FOB成交的合同，派船接货是进口方的义务，一般应按合同规定的时间及时派船接货，并且事先应该将船的名称、到港时间通知出口方，让出口方作好交接货物的准备。而卖方应负责将合同规定的货物在规定的装运港和装运期限内装上买方指定的船只并及时通知买方。

（2）《1941年美国对外贸易定义修订本》和《2000通则》对FOB术语解释的区别。使用FOB贸易术语一定要注意国际惯例对FOB的解释有一定的区别，区别主要体现在：

①适用范围不同——《1941年美国对外贸易定义修订本》对FOB有6种解析。前4种是国内贸易；后2种是国际贸易；第5种是装运港交货；第6种相当于目的港交货（或目的地交货）。

如果和美国商人成交，又采用FOB条款进口，那就要在FOB的后面加上Vessel（船舶）字样。如不写明，就意味着可以在港口城市的任何地方交货，可以在火车上，也可以在飞机场。如果加了Vessel，这就指明了在港口交货。加拿大也有这个规定。

②办理出口手续（交纳出口关税）不同。FOB按国际商会的《2000通则》规定，出口手续

和交纳出口关税是由卖方办理，但按照《1941 年美国对外贸易定义修订本》的规定，FOB 条款成交，卖方不办理出口手续，不交纳出口关税，要由买方去办理。这一规定显然与《2000 通则》的解释大相径庭。因此，在采用 FOB 贸易术语时，应明确规定由卖方或买方负责办理出口手续并负担费用的问题。

③风险划分不同。按照国际商会《2000 通则》的规定，FOB 条款成交，风险划分是以装运港船舷为界；可是《1941 年美国的对外贸易定义修订本》则规定，以船舱作为界线。

(3) 按 FOB 出口慎防风险。按《2000 通则》中 FOB 条件成交的合同，在履行合同阶段，由买方负责租船订舱、办理运输，卖方只需将货物按时装上买方指定的船上，因此如果使用 FOB 出口货物务必慎防风险。应选择资信好的国外客户，以防外商和船方勾结，造成无单放货等风险，使我出口方蒙受经济损失。

(4) 关于装船费用的负担问题。按 FOB 成交时，应明确装货费由谁负担。为了明确装运费用由谁负担的问题，买卖双方往往要在 FOB 的后面附加条款，这就导致了 FOB 的变形。常见的变形有下列几种。

①FOB liner terms（班轮条件）；

②FOB under tackle（吊钩下交货）；

③FOB stowed（理舱费在内）；

④FOB trimmed（平舱费在内）；

⑤FOB stowed and trimmed（卖方承担包括理舱费和平舱费在内的各项装船费用）。

上述 5 种情况，① ②是卖方不承担装货费用；③④⑤是由卖方来承担装货费用。需要特别注意的是 FOB 的变形只是说明装货费用由谁承担的问题，但并不影响它的风险划分界限。

（二）CFR

1. CFR 的含义

CFR（Cost & Freight）是成本加运费，按此贸易术语成交，卖方只要将货物在装运港越过船舷，卖方即完成交货，并支付货物运至指定目的港所需的运费，但交货后货物灭失或损坏的风险，以及由于各种原因造成的任何额外费用都由买方承担。对于 CFR 的含义主要可以从以下几个方面进行理解：①CFR 的英文全称是 Cost and Freight，即成本加运费；②适用于水上运输；③风险转移在装运港货物越过船舷时；④交货地点在装运港口。

2. CFR 术语中买卖双方的义务划分

(1) CFR 术语中的卖方义务，具体义务如下：

①签订从指定装运港将货物运往约定目的港的合同；在买卖合同规定的时间和港口，将合同要求的货物装上船并支付至目的港的运费；装船后及时通知买方；

②承担货物在装运港越过船舷之前的一切费用和风险；

③自负风险和费用，取得出口许可证或其他官方证件，且办理货物出口所需的一切海关手续；

④提交证明卖方已按规定交货的有关单据，或具有同等作用的电子信息。

(2) 买方义务，具体义务如下：

①接受卖方提供的有关单据，受领货物，并按合同规定支付货款；

②承担货物在装运港越过船舷以后的一切风险；

③自负风险和费用，取得进口许可证或其他官方证件，并且办理货物进口所需的海关手续，支付关税及其他有关费用。

3. 使用CFR贸易术语时应注意的问题

（1）卖方应及时发出装船通知。在CFR术语下装船通知显得非常重要。CFR条件下，根据国际贸易惯例的解释和有些国家的法律规定，卖方在货物装船后必须及时向买方发出装船通知，以便买方及时办理保险手续，防止漏保。对此，买卖双方往往还要在合同中作出明确规定，如果卖方不及时发出装船通知，致使买方未能投保，卖方则须承担货物在运输途中的风险。英国《1893年货物买卖法》（1973年修订本）中规定，如果卖方未向买方发出装船通知，使买方及时办理货物保险，那么，货物在海运途中的风险被视为由卖方负担。就是说，如果货物在运输途中遭到损坏或灭失，由于卖方未发出装船通知使买方漏保，那么卖方就不能以风险在船舷转移为由免除责任。

（2）按CFR进口应慎防风险。按CFR条件成交的合同，在履行合同阶段，由买方办理运输，卖方办理保险，因此如果使用CFR进口货物务必慎防风险。应选择资信好的国外客户，并对船舶提出适当要求，以防外商和船方勾结，出具假提单，租用不适合航行的船舶等风险，使进口方蒙受经济损失。

（3）卸货费用的负担问题。

采用这一术语成交，卸货费用问题也容易引起纠纷，因此也有4个变形。

①CFR liner terms（CFR班轮条件）；

②CFR landed（CFR卸到岸上）；

③CFR ex tackle（CFR船舶吊钩下交货）；

④CFR ex ship's Hold（CFR目的港舱底交货）；

以上4种变形，①②③由出口方承担卸货费用，④由进口方来承担卸货费用。

（三）CIF

1. CIF术语的含义

CIF（Cost，Insurance and Freight），是成本、保险费和运费，是指卖方须在合同规定的装运期内在装运港将货物交至运往指定目的港的船上，负担货物越过船舷为止的一切货物灭失或损坏的风险。货物在装运港越过船舷，卖方即完成交货，并支付货物运至指定目的港所需的运费并负责办理货运保险，支付保险费。对于CIF的含义主要可以从以下几个方面进行理解：①CIF的英文全称是Cost，Insurance and Freight，即成本加保险费、运费；②适用于水上运输方式；③风险转移界限为装运港货物越过船舷时；④交货地点为装运港口。

2. CIF术语中买卖双方的义务划分

（1）CIF中卖方的义务，具体义务如下：

①负责租船订舱，签订从指定装运港承运货物的合同，在合同规定的时间和港口，将合同要求的货物装上船并支付至目的港的运费，装船后须及时通知买方；

②承担货物在装运港越过船舷之前的一切费用和风险；

③按照买卖合同的约定，自负费用办理海上货物运输保险；

④自负风险和费用，取得出口许可证或其他官方批准证件，并办理货物出口所需的一切海

关手续；

⑤ 提交证明卖方已按规定交货的清洁单据，或具有同等作用的电子信息。

(2) CIF 中买方的义务，具体义务如下：

①接受卖方提供的有关单据，受领货物，并按合同规定支付货款；

②承担货物在装运港越过船舷之后的一切风险；

③自负风险和费用，取得进口许可证或其他官方证件，并且办理货物进口所需的海关手续。

3. 使用 CIF 术语需注意的问题

第一，保险险别问题。在 CIF 条件下，保险应由卖方负责办理，但对应投保的具体险别，各国的惯例解释不一。因此，买卖双方应根据商品的特点和需要，在合同中具体订明。①如果合同中未作具体规定，则应按有关惯例来处理。按照《2000 通则》对 CIF 的解释，卖方只需投保最低的险别。②如买方要求投保战争险，一般都应由买方自费投保，卖方代为投保时，费用仍由买方负担。③卖方实质上是为买方利益办理的投保手续时，双方应尽量商量确定投保何种险别。

第二，租船订舱问题。依照对 CIF 贸易术语的一般解释，卖方应按通常的条件及惯驶的航线，租用通常类型的船舶。因此，除非买卖双方另有约定，对于买方提出的关于限制载运要求，卖方均有权拒绝接受。但在外贸实践中，为发展出口业务，考虑到某些国家的规定，如买方有要求，在能办到而又不增加额外费用情况下，也可考虑接受。

第三，象征性交货问题。象征性交货（Symbolic Delivery）是针对实际交货（Physical Delivery）而言的。前者指卖方只要按期在约定地点完成装运，并向买方提交合同规定的包括物权凭证在内的有关单证，就算完成了交货义务，无须保证到货。后者则指卖方要在规定的时间和地点，将符合合同规定的货物提交给买方或其指定人，而不能以交单代替交货。CIF 是典型的象征性交货的贸易术语。

第四，卸货费用问题。对此各国港口有不同的惯例，有的港口规定由船方负担，有的港口规定由收货人负担等。一般来讲，如使用班轮运输，班轮管装管卸，卸货费已包括在运费之内。大宗货物的运输要租用不定期轮船，故买卖双方应明确卸货费用由何方负担并在合同中订明，以免日后发生纠纷。明确卸货费用由谁负担的方法是在 CIF 贸易术语后面加列各种附加条件，这样就形成了如下几种变形：

(1) CIF liner terms（班轮条件），这一变形是指卸货费用按照班轮的做法来办，即买方不负担卸货费用，而由卖方或船方负担。

(2) CIF landed（CIF 卸至码头），这一变形是指由卖方承担将货物卸至码头上的各项有关费用，包括驳船费和码头费。

(3) CIF ex tackle（吊钩下交接），这一变形是指卖方负责将货物从船舱吊起卸到船舶吊钩所及之处（码头上或驳船上）的费用。在船舶不能靠岸的情况下，租用驳船费用和货物从驳船卸至岸上的费用，概由买方负担。

(4) CIF ex ship's hold（CIF 舱底交接），按此条件成交，货物运达目的港在船上办理交接后，自船舱底起吊直至卸到码头的卸货费用，均由买方负担。

(四) FCA

1. FCA 术语的含义

FCA (Free Carrier)，是指卖方必须在合同规定的交货期内在指定地将出口清关的货物交给买方指定的承运人监管，并负担货物被交由承运人监管之前的一切费用和货物灭失或损坏的风险。主要可以从以下几个方面来理解：①FCA 的英文全称为 Free Carrier，即货交承运人；②适用于各种运输方式；③风险转移界限为货交承运人；④交货地点为出口国内地、港口。

2. 买卖双方的基本义务

FCA 和 FOB 两种贸易术语均属于 F 组术语，这两种术语成交的合同均属于装运合同。买卖双方责任义务划分的基本原则是相同的。

(1) 卖方义务，具体义务如下：

①在合同规定的时间、地点，将合同规定的货物置于买方指定的承运人控制下，并及时通知买方；

②承担将货物交给承运人控制之前的一切费用和风险；

③自负风险和费用，取得出口许可证或其他官方批准证件，并办理货物出口所需的一切海关手续；

④提交证明卖方已按规定交货的相关单据，或具有同等作用的电子信息。

(2) 买方义务，具体义务如下：

①签订从指定地点承运货物的合同，支付有关的运费，并将承运人名称及有关情况及时通知卖方；

②根据买卖合同的规定受领货物并支付货款；

③承担受领货物之后所发生的一切费用和风险；

④自负风险和费用，取得进口许可证或其他官方证件，并且办理货物进口所需的海关手续。

3. 使用 FCA 应注意的问题

(1) 关于承运人和交货地点。《2000 通则》中有新规定，交货地点的选择直接影响到装卸货物的责任划分问题。如果双方约定的交货地点是在卖方所在地，卖方负责把货物装上买方安排的承运人所提供的运输工具即可；如果交货地点是在其他地方，卖方就要将货物运交给承运人，在自己所提供的运输工具上完成交货义务，而无须负责卸货。

(2) FCA 条件下风险转移的问题。FCA 的风险转移是以货交承运人为界，但由于指定交货地点不同，卖方的交货义务和风险划分也不同，因此买卖双方应在合同中约定货物交付给承运人的确切地点，并明确应以哪种方式交付给承运人，如对货物是否装入集装箱内进行特殊规定。

(3) 有关责任和费用的划分问题。以 FCA 条件成交时，在完成交货义务之前发生的一切费用，均由卖方负担。而在实际业务中，卖方交货时货物大都做了集合化或成组化处理，比如将货物转入集装箱或装上托盘。因此，卖方应考虑将货物集合化所需的费用也计算在成交价格中。

(五) CPT

1. CPT 术语的含义

CPT (Carriage Paid to) 即运费付至指定目的地，是指卖方自负费用订立将货物运至指定目的地的运输合同，在约定地点、规定日期或期限内，将货物交给承运人监管，负责办理出口手续，并承担货物交给承运人之前的一切费用和风险。对于 CPT 的理解主要可以从以下几个方面来理解：①CPT 的英文全称是 Carriage Paid to，即运费付至；②适用于包括多式联运在内的各种运输方式；③风险转移界限为货交承运人；④交货地点为出口国内地、港口。

2. 买卖双方的基本义务

(1) 卖方的义务，具体义务如下：

①订立将货物运往指定目的地的运输合同，并支付有关运费；

②在合同规定的时间、地点，将合同规定的货物置于承运人控制之下，并及时通知买方；

③承担将货物交给承运人控制之前的风险；

④自负风险和费用，取得出口许可证或其他官方批准证件，并办理货物出口所需的一切海关手续，支付关税及其他有关费用；

⑤提交证明卖方已按规定交货的相关单据，或具有同等作用的电子信息。

(2) 买方义务，具体义务如下：

①接受卖方提供的有关单据，受领货物，并按合同规定支付货款；

②承担自货物在约定交货地点交给承运人控制之后的风险；

③自负风险和费用，取得进口许可证或其他官方证件，并办理货物进口所需的海关手续，支付关税及其他有关费用。

3. 使用 CPT 术语应注意的问题

(1) 风险划分的界限问题：以货交承运人为界。CPT 术语虽然要求卖方负责办理货物的运输并支付运费，但并不要求卖方负担运输途中的风险和由此产生的额外费用。卖方只承担货物交给承运人控制之前的风险，在采用多式联运情况下，卖方只承担货物交给第一承运人之前的风险。

(2) 责任和费用的划分问题：正常运费以外的费用由买方承担。采用 CPT 术语时，由卖方指定承运人，自费订立运输合同，将货物运往指定目的地，并支付正常运费。正常运费之外的其他有关费用，一般由买方负担。

卖方将货物交给承运人之后，应向买方发出货物已经交付的通知，以便于买方在目的地办理货运保险和受领货物。如果双方未能确定买方受领货物的具体地点，卖方可以在目的地选择最适合其要求的地点。

(3) CPT 与 CFR 的异同点。相同点：①都属于装运合同（风险转移在前）；②卖方承担的风险都是在交货地点随着交货义务的完成而转移，卖方都要负责安排自交货地点至目的地的运输事项，并承担其费用。

不同点：①适用的运输方式不同；②交货地点和风险划分界限也不相同；③卖方承担的责任、费用以及需提交的单据等方面也有区别。

（六）CIP

1. CIP 术语的含义

CIP（Carriage and Insurance Paid to）即运费、保险费付至指定目的地，是指卖方自负费用订立将货物运至指定目的地的运输合同，自负费用办理货物运输保险，在约定地点、规定日期或期限内，将货物交给承运人控制，负责办理出口手续，并承担货物交给承运人之前的一切费用和风险。对于 CIP 的理解主要可以从以下几个方面来理解：①CIP 的英文全称为 Carriage and Insurance Paid to，即运费、保险费付至；②适用于任何运输方式；③风险转移界限为货交承运人；④交货地点为出口国内地、港口。

2. 买卖双方的义务

(1) 卖方的义务，具体义务如下：

①订立将货物运往指定目的地的运输合同，并支付有关运费；

②在合同规定的时间、地点，将合同规定的货物置于承运人的控制之下，并及时通知买方；

③承担将货物交给承运人控制之前的风险；

④按照买卖合同的约定，自负费用投保货物运输险；

⑤自负风险和费用，取得出口许可证或其他官方批准证件，并办理货物出口所需的一切海关手续，支付关税及其他有关费用；

⑥提交证明卖方已按规定交货的相关单据，或具有同等作用的电子信息。

(2) 买方义务，具体义务如下：

①接受卖方提供的有关单据，受领货物，并按合同规定支付货款；

②承担自货物在约定地点交给承运人控制之后的风险；

③自负风险和费用，取得进口许可证或其他官方证件，并且办理货物进口所需的海关手续，支付关税及其他有关费用。

3. 使用CIP术语应注意的问题

(1) 正确理解风险和保险问题。按CIP贸易术语成交，同CIF一样都面临保险和风险的问题。CIP中由卖方负责办理货运保险，并支付保险费，但是货物从交货地点运至目的地的运输途中的风险由买方承担。因此，卖方投保可以理解为代办性质。根据《2000通则》的解释，卖方应根据双方协商确定的险别投保，如果双方未在合同中规定保险险别，则由卖方根据国际惯例进行投保。国际惯例规定CIP要求卖方只要投保最低险别，保险金额在合同价格的基础上加成10%进行投保。

(2) CIF和CIP的区别。CIP和CIF同属于C组贸易术语，二者既有相似之处，又有一些区别，可概括如下。

相同点：①CIF和CIP价格构成中都包括了通常的运费和约定的保险费。②CIF和CIP都属于装运合同。

不同点：①CIF和CIP交货地点、风险划分界限以及卖方承担的责任和费用不同。②CIF仅适用于水上运输；CIP适合于任何的运输方式，如航空运输、陆上运输，还包括国际多式联运。

注：FOB、CFR、CIF和FCA、CPT、CIP的比较

FCA、CPT、CIP三种术语分别是在FOB、CFR、CIF三种常用贸易术语的基础上，为了适应多种运输方式的需要而产生的，其与三种常用贸易术语的相同之处表现在于：第一，均属于象征性交货方式，卖方保证按时交货，并不保证按时到货；第二，责任划分的基本原则是相同的。但两组贸易术语也存在区别，具体表现在以下几方面：

(1) 适用的运输方式不同。FOB、CFR、CIF三种术语仅适用于海运和内河运输，其承运人一般只限于船运公司，适用于大宗商品如农产品、矿产品运输。而FCA、CPT、CIP三种术语适用于各种运输方式，通常适用于集装箱运输和多式联运，其承运人可以是船运公司、铁路局、航空公司，也可以是安排多式联运的联合运输经营人。

(2) 交货和风险转移的地点不同。FOB、CFR、CIF三种术语的交货地点均为装运港船舷，风险均在货物由装运港越过船舷时从卖方转移至买方。而FCA、CPT、CIP的交货地点，则需视不同的运输方式由双方约定，它既可以是在卖方处所由承运人提供的运输工具上，也可以是在各种运输形式中承运人的运输工具上或收货站点，货物风险在卖方将货物交由承运人控制时，由卖方转移至买方。

(3) 装卸费用负担不同。在使用程租船（以整个航程为租赁期的船）运输，而船方又不愿承担装卸费时，如果采用 FOB、CFR、CIF 术语成交，买卖双方就需要进一步明确由谁负责装船或卸货的费用。在使用 FCA、CPT、CIP 术语时，则不存在这一问题，如果涉及海运并使用了程租船，则承运人收取的运费中已包含了货物在装运港装船和到达目的港时卸货的费用，故不存在进一步明确由谁承担装卸费用的问题。

(4) 运输单据不同。在 FOB、CFR、CIF 术语下，卖方一般应向买方提交已装船有关提单。而在 FCA、CPT、CIP 术语下，卖方提交的运输单据则视不同的运输方式而定。在海运和内河运输方式下，卖方应提供可转让的提单，或不可转让的海运提单和内河运单；在铁路、公路、航空运输或多式联运方式下，则应分别提供铁路运单、航空运单或多式联运单据。

(5) 保险险别不同。由于在 FOB、CFR、CIF 术语下，只会涉及水路运输的形式，故在投保时也只会为货物投保海洋运输险。而在 FCA、CPT、CIP 情况下，运输货物的形式多种多样，故投保的险别也会涉及海运、陆运、空运、邮包等众多的种类。

三、《2000 通则》中其他 7 种贸易术语

《2000 通则》所包括的贸易术语除上文介绍的 6 种主要术语外，还有 7 种其他术语。这些贸易术语在实际业务中一般较少采用，但在某些情况下，它们还是能够满足买方或卖方的特定要求的。因此可以由交易双方根据业务的具体情况，灵活选用。

（一）EXW

EXW（Ex Works）或 Ex Warehouse，Ex Mine，Ex Plantation，即工厂交货，是指卖方在其所在地（工厂、工场、仓库等）将货物提供给买方时，即履行了交货义务。采用 EXW 条件成交时，卖方承担的风险、责任以及费用都是最小的。EXW 术语适用于任何运输方式。

（二）FAS

FAS（Free Alongside Ship）是在指定装运港船边交货。该术语是 F 组的第二个贸易术语，也是出口国交货的术语之一。按照这个术语成交，卖方要在装运港买方指定的船边交货，就是装运港的码头，买方指定的船边，船舶吊钩下，货一交完就算完成交货任务。买卖双方的责任、费用与风险划分，以船边为界限。卖方不负责运输、保险，但国际惯例规定，如果买方确实有困难，卖方也可以代为办理。

（三）DAF

DAF（Delivered At Frontier）是边境交货。采用这个贸易术语成交，卖方在两个国家的边

境、双方确定的地点将完成出口清关手续的货物交给买方，即完成交货。买方接收货物之后，就要承担一切责任费用和风险。采用这个贸易术语成交，一定要在两个边境相连的国家或者地区才能使用，并且边境交货的地点要非常明确，特别是边境上如果有几个关口的地方，要选好一个作为交货的地点，以免引起纠纷。如果不是陆地相连的地方就不能采用这个贸易术语。

（四）DES

DES（Delivered Ex Ship）是在指定目的港船上交货。采用这个贸易术语成交，卖方负责将货物自装运港起运一直运到目的港，在规定的时间内，将未经进口清关的货物交给买方，即完成交货，责任、费用和风险才算转移。所以目的港的名称要规定得非常明确，事先卖方要将船名，船舶到港的时间通知买方，以便做好交接货物的工作。该贸易术语仅适用于水运。

（五）DEQ

DEQ（ Delivered Ex Quay）是在指定目的港的码头交货。按照 DEQ 这个术语成交，卖方要按合同规定把货物运到目的港，将货物卸到码头岸上，并且承担有关费用，将货物交给买方即完成交货。在此前，卖方事先要将船的名称和船舶到港的时间通知买方，目的就是为了做好交接货物的工作。货物交接完毕，买方就要承担责任费用风险，因为它是属于实际交货的一种。所以像这样的交货方式才是真正的到岸价。

（六）DDU

DDU（ Delivered Duty Unpaid）是在指定目的地未完税交货。卖方将货物运至进口国的指定地，可供买方收取时，即履行了交货义务。卖方必须承担货物运至该处的费用和风险。采用这一贸易术语，卖方需在规定的期限内，在目的地指定地点将货物置于买方的处置之下。但进口报关的手续及证件由买方负责办理，进口时征收的进口税和其他费用也由买方负担。买方不需负担由其未及时办理货物进口清关手续而引起的额外费用和风险。本术语可适用于各种运输方式。

（七）DDP

DDP（ Delivered Duty Paid）是在指定目的地完税后交货。卖方将货物运至进口国的指定地，供买方收取时，即履行了交货义务。卖方必须承担货物运至该处的风险和费用，包括关税和其他费用，并办理货物进口的清关手续。这个贸易术语是 13 个贸易术语中，卖方承担的责任、费用、风险最大的一种贸易术语。

DDP 术语是唯一需卖方办理进口清关手续的术语。本术语可适用于各种运输方式。

四、选用贸易术语时应注意的问题

在实际业务中，选用哪种贸易术语，直接关系到买卖双方的积极利益。因此，它是买卖双方都十分重视的问题，对于外贸企业而言，在选用贸易术语时应遵循以下原则。

（一）选用贸易术语时应考虑运输方式

买卖双方采用何种贸易术语，首先应考虑采用何种运输方式运送。在本身有足够运输能力或安排运输无困难，而且经济上又合算的情况下，可争取按自身安排运输的条件成交（如按FCA、FAS或FOB进口，按CIF、CFR或CIP出口）；否则，应酌情争取由对方安排运输的条件成交。

（二）选用贸易术语时应考虑运输风险

在国际贸易中，交易的商品一般需要通过长途运输，货物在运输过程中可能遇到各种自然灾害、意外事故等风险，特别是在遇到战争或正常的国际贸易遭到人为障碍与破坏的时期和地区，运输的风险更大。因此，买卖双方洽商交易时，必须根据不同时期、不同地区、不同运输路线和运输方式的风险情况，并结合购销意图来选用适当的贸易术语。

在我国对外贸易中，为了多创汇或少支付外汇及尽可能避免国际贸易诈骗等行为，一般情况下，进口采用FOB、出口采用CIF或CFR术语成交。

（三）考虑货源情况

国际贸易中货物品种很多，不同类别的货物具有不同的特点，在运输方面各有不同要求，故安排运输的难易不同，运费开支大小也有差异。这是选用贸易术语应考虑的因素。此外，成交量的大小，也直接涉及安排运输是否有困难和经济上是否合算的问题。当成交量太小，又无班轮通航的情况下，负责安排运输的一方势必会增加运输成本，故选用贸易术语时也应予以考虑。

（四）考虑运费因素

运费是货价构成因素之一，在选用贸易术语时，应考虑货物经由路线的运费收取情况和运价变动趋势。一般来说，当运价看涨时，为了避免承担运价上涨的风险，可以选用由对方安排运输的贸易术语成交，如按C组术语进口，按F组术语出口。但如因某种原因不得不采用按自身安排运输的条件成交（多数情况如此），则应将运价上涨的风险考虑到货价中去，以免遭受运价变动的损失。

（五）选用贸易术语时应考虑规避风险

为了避免进口方因为行情变化等原因不派船或不指派承运人，或者进口方指派的承运人无单放货，出口时尽可能采用出口方安排运输的方式成交，如CFR、CIF、CPT和CIP等；反之，为了避免出口方和船方或其他运输方勾结诈骗，在进口时尽可能采用由进口方安排运输的方式成交，如 FCA、FAS 和 FOB 等。

在选择贸易术语时要结合贸易合同中的其他交易条件协调使用，除了应考虑上述重要因素外，还应考虑外汇收支情况、国外港口的装卸条件和港口管理等综合因素。

单元三　国际货物价格

国际贸易商品的价格是国际货物销售合同中的主要条款之一，也是交易双方磋商的核心内容。在国际货物买卖中，如何确定进出口商品价格和规定合同中的价格条款，是交易双方最为关心的一个重要问题。在进出口交易中，商品价格的确定涉及商品作价的办法、商品的成本、费用与利润的核算，还与佣金、折扣有关。本单元重点讲授如何正确掌握进出口商品价格，合理采用各种作价办法，选用有利的计价货币，适当运用与价格有关的佣金和折扣，并订好合同中的价格条款。

一、价格的掌握

商品价格的确定是国际贸易中一项复杂而又非常重要的工作，为了做好这项工作，外贸人员必须正确贯彻我国进出口商品的作价原则，切实了解国际市场价格变动趋势，充分考虑影响价格的各种因素。

我国进出口商品在确定价格时要遵循下列作价原则。

（一）参考国际市场价格水平作价

国际市场价格是以商品的国际价值为基础，并在国际市场竞争中形成的。它是交易双方都能接受的价格，是确定进出口商品价格的客观依据。若其他条件无差异，要以高于国际市场价格卖出或以低于国际市场价格买进，会很困难或者不可能实现。所以，作价要以国际市场价格作为客观依据和参照标准。然而，国际市场价格水平不是一成不变的，随着市场供求和竞争的变化，国际市场价格水平也会上升或下降。因此，若要正确作价，就要及时了解和掌握国际市场的供求和竞争变化，对国际市场价格走势作出正确判断，从而对自己的成交价格作出调整，即提高价格或降低价格。然而，需要注意的是，目前并没有一个统一的国际市场价格。国际市场价格仅指在不同形态国际市场上的具有代表性的买卖价格。如商品交易所的价格、国际拍卖的价格、大量出口或进口某种商品的价格、广告宣传的价格等。

（二）要结合国别、地区政策作价

在参照国际市场价格水平的同时，还应结合我国的外贸政策，恰当运用国别、地区政策作价。

（三）要结合购销意图作价

进出口商品价格在国际市场价格水平的基础上，可根据购销意图来确定，即可略高于或低于国际市场价格。对于新产品，没有打开销路的商品，可按照低于国际市场的价格水平出售，以打开销路，开辟市场。对于竞争激烈的商品，可采用竞争性的价格。对于我国库存滞销的产品，可采取低价策略进行销售。对于我国一些独特的商品，如名贵的土特产、艺术品等，要掌握适当的高价。

国际市场价格受供求关系的影响而上下波动，因此在确定成交价格时，必须注意市场供求关系的变化和国际市场价格涨落的趋势，以作出相对正确的判断，合理确定进出口商品的成交价格。同时，还要考虑影响价格的各种具体因素。

1. 考虑商品的质量和档次

在国际市场上一般都是按质论价的，品质的优劣、档次的高低、包装的好坏、式样的新旧、商品品牌的知名度等都影响商品的价格。从我国的出口实际情况看，提高商品质量的意义尤为重要。

2. 考虑运输距离、交货地点和交货条件

国际货物买卖一般都要经过长途运输，运输距离的远近影响运费和保险费的开支，从而影响商品的价格。因此，在确定商品价格时必须核算运输成本，同时还必须考虑交货地点、交货条件和由此而产生的责任、费用和风险。例如，同一运输距离内成交的同一商品，按 CIF 条件成交与按 DEQ 条件成交，其价格显然是不同的。

3. 考虑季节性需求的变化和成交数量

在国际市场上某些节令性商品，如赶在节令前到货，抢行应市，则能卖上好价钱，过了节令的商品往往售价很低，甚至以低于成本的价钱出售。因此，要充分考虑利用季节性需求的变化，争取按有利的价格成交。同时，还要考虑商品的成交数量，因为成交量的大小会影响价格。不论成交多少，都是一个价格的做法是不当的。一般地，若成交量大时，在价格上应给予适当的优惠，或者采用数量折扣的办法等；反之，成交量过少，甚至低于起订量时，也可以适当地提高出售价格。

4. 考虑支付条件和汇率变动的风险

支付条件是否有利和汇率变动风险的大小都影响商品的价格。支付条件中包括支付方式和支付货币，价格的制定要与其相结合。例如，对于出口方来说，若确定的支付方式对已不利，那么价格可定得高一些。同一商品在其他交易条件相同的情况下，采取预付货款和凭信用证付款的方式，其价格应当有所区别。同时，价格还要与使用什么支付货币相结合，因为，货币的币值是随着汇率的变化而变化的，汇率是不稳定的，付出或收取的货币币值可能会上升或下降。所以，确定商品价格时，一般应争取采用对自身有利的货币成交，如采用不利的货币成交时，应当把汇率变动的风险考虑到货价中去，即适当提高出售价格或压低购买价格。

另外，交货期的远近、市场销售习惯和消费者的爱好等因素，对确定价格也有不同程度的影响，必须考虑周到和正确掌握。

二、货物价格的作价方法

在国际货物买卖中，作价的方法多种多样，交易中可以根据不同情况，分别采取以下作价方法。

（一）固定价格

我国进出口合同，绝大部分都是在双方协商一致的基础上，明确地规定具体价格，这也是国际上常见的做法。按照各国法律的规定，合同价格一经确定，就必须严格执行，任何一方都不得擅自更改。

采用固定作价方法有着明显的优势，即它明确、具体、肯定和便于核算。不过，由于资本主义商品市场行情的多变性，价格涨落不定也给固定作价带来了不可避免的劣势。在国际货物买卖合同中规定固定价格，就意味着买卖双方要承担从订约到交货付款以至转售时价格变动的风险。如果行市变动过于剧烈，这种做法还可能影响合同的顺利执行。一些不守信用的商人很可能为逃避巨额损失，而寻找各种借口撕毁合同。为了减少价格风险，在采用固定价格时，首先，必须对影响商品供需的各种因素进行仔细的研究，并在此基础上，对价格的前景作出判断，以此作为决定合同价格的依据，其次，对客户的资信进行了解和研究，慎重选择订约的对象。

国际商品市场的变化往往受各种临时性因素的影响，变幻莫测。特别是从20世纪60年代末期以来，由于各种货币汇价波动不定，商品市场变动频繁，巨涨暴跌的现象时有发生，在此情况下，固定价格给买卖双方带来的风险比过去更大，尤其是在价格前景捉摸不定的情况下，更容易使客户裹足不前。因此，为了减少风险，促成交易，提高合同的履约率，在合同价格的规定方面，也日益采取一些变通做法。

（二）非固定价格

1. 待定价格

待定价格是指合同中对价格不作明确的具体规定，仅规定在将来某个时间按照某种原则来商定价格。待定价格的使用，主要是因为某些货物的国际市场价格变动频繁，幅度较大；或交货期较远，买卖双方对市场趋势难以预测，但又有订约的意旨；于是约定了其他的贸易条件，而价格暂不作具体规定，留待将来某个时间来商定。待定价格有两种做法。

（1）在价格条款中明确规定定价时间和定价方法。例如，“在装船月份前50天，参照当地及国际市场价格水平协商议定正式价格”或“按提单日期的国际市场价格计算”。

（2）只规定作价时间。例如，“由双方在××××年××月××日协商确定价格”。这种办法由于未就作价方式作出规定，易给合同带来极大的不稳定性。因为缺乏明确的作价标准，后来在商定价格时双方可能会各持己见，难以达成协议。因此，这种做法只适用于双方有长期交往，已经形成比较固定的交易习惯的合同。

2. 暂定价

即在合同中先订立一个初步价格，作为开立信用证和初步付款的依据，待双方确定最后价

格后再进行最后清算，多退少补。

3. 部分固定作价，部分非固定作价

有时为了照顾双方的利益，解决双方在采用固定价格或非固定价格方面的分歧，也可采用部分固定价格、部分非固定价格的做法，或是分批作价的办法，交货期近的价格在订约时固定下来，余者在交货前一定期限内作价。

（三）采用非固定价格的利弊

非固定价格是一种变通做法，在行情变动剧烈或双方未能就价格取得一致意见时，采用这种做法有一定好处。表现在：

①有助于暂时解决双方在价格方面的分歧，先就其他条款达成协议，早日签约；

②解除客户对价格风险的顾虑，使之敢于签订交货期长的合同，早日确定数量、交货期，这样不但有利于巩固和扩大出口市场，而且有利于生产、收购和出口计划的安排；

③对进出口双方，虽不能完全排除价格风险，但对出口人来说，可以不失时机地做成生意，对进口人来说，可以保证一定的转售利润。

但应当看到，这种做法是先订约后作价，对合同的关键条款——价格是在订约后由双方按一定的方式来确定的。这就不可避免地给合同带来较大的不稳定性，存在着双方在作价时不能取得一致意见而使合同无法执行的可能，或由于合同作价条款规定不当而使合同失去法律效力的危险。

（四）采用非固定价格条款时应注意的问题

1. 酌情确定作价标准

为减少非固定价格条款给合同带来的不稳定因素，消除双方在作价方面的矛盾，明确订立作价标准就是一个重要的、必不可少的前提，作价标准可根据不同商品酌情作出规定。例如，以某商品交易公布的价格为准，或以某国际市场价格为准等。

2. 明确规定作价时间

关于作价时间的确定，可以采用下列几种做法：

（1）在装船前作价。一般是规定在合同签订后若干天或装船前若干天作价。采用此种作价办法，交易双方仍要承担自作价至付款转售时的价格变动风险。

（2）装船时作价。一般是指按提单日期的行市或装船月的平均价作价。这种做法实际上只能在装船后进行，除非有明确的客观的作价标准，否则卖方不会轻易采用，因为这需要卖方承担风险。

（3）装船后作价。一般是指在装船后若干天，甚至在船到目的地后才开始作价，采用这类做法，卖方承担的风险较大，故一般很少使用。

3. 非固定价格对合同成立的影响

在采用非固定价格的场合，由于双方当事人并未就合同的主要条件——价格取得一致，因此，就存在着按这种方式签订的合同是否有效的问题。目前，大多数国家的法律都认为，合同只要规定作价办法，即是有效的，有的国家法律甚至认为合同价格可留待以后由双方确立的惯常交易方式决定。《联合国国际货物销售合同公约》允许合同只规定“如何确定价格”，但对“如何确定价格”却没有个体规定或作进一步的解释。为了避免争议和保证合同的顺利履行，在采用非固定价格时，应尽可能将作价办法作出明确具体的规定。

（五）价格调整条款

在国际货物买卖中，有的合同除规定具体价格外，还规定有各种不同的价格调整条款。例如，“如卖方对其他客户的成交价高于或低于合同价格5%，对本合同未执行的数量，双方协商调整价格”。这种做法的目的是把价格变动的风险规定在一定范围之内，以提高买方经营的信心。

值得注意的是，在国际上，随着许多国家通货膨胀的加剧，有一些商品合同，特别是加工周期较长的机器设备合同，都普遍采用所谓“价格调整（修正）条款”，即要求在订约时只规定初步价格（Initial Price），同时规定如原料价格、工资发生变化，卖方保留调整价格的权利。

上述“价格调整条款”的基本内容，是按原料价格和工资的变动来计算合同的最后价格。在通货膨胀的条件下，它实质上是出口厂商转嫁国内通货膨胀、确保利润的一种手段。这种做法已被联合国欧洲经济委员会纳入它所制订的一些“标准合同”之中，而且其应用范围已从原来的机械设备交易扩展到一些初级产品交易，因而具有一定的普遍性。

由于这类条款是以工资和原料价格的变动作为调整价格的依据，因此，在使用这类条款时，就必须注意工资指数和原料价格指数的选择，并在合同中予以明确。

此外，在国际贸易中，人们有时也应用物价指数作为调整价格的依据，如合同期间的物价指数发生的变动超出一定的范围，价格作相应的调整，即使用价格调整条款时，合同价格变动的限度是有条件的。只要用来调整价格的各个因素在合同期间所发生的变化，从总体看没有超过约定的限度，合同原订的价格对双方当事人就仍然有约束力，双方必须严格执行。

三、货物价格的核算

（一）货物价格的成本核算

在价格掌握上，要注意加强成本核算，以提高经济效益，防止出现不计成本，不计盈亏和单纯追求成交量的偏向。尤其在出口方面，强调加强成本核算，掌握出口总成本、出口销售外汇净收入和人民币净收入的数据，并计算和比较各种商品出口的盈亏情况，更有现实意义。出口总成本是指出口商品的进货成本加上出口前的一切费用和税金。出口销售外汇净收入是指出口商品按FOB价出售所得的外汇净收入。出口销售人民币净收入是指出口商品的FOB价按当时的外汇牌价折成人民币的数额。

1. 出口商品盈亏率

出口商品盈亏率，是指出口商品盈亏额与出口总成本的比率。出口盈亏额是指出口销售人民币净收入与出口总成本的差额，前者大于后者为赢利，反之为亏损。具体公式如下：

$$出口商品盈亏率=\frac{(出口销售人民币净收入-出口总成本)}{出口总成本}\times 100\%$$

【例 2.1】某公司购买某商品的进货价为 68 000 人民币元，出口后外汇净收入为 10 000 美元。试问：该公司的该商品盈亏率是多少？（假设 1 美元＝7.18 人民币元）

根据上面公式可得

$$商品盈亏率=\frac{(10\ 000\times 7.18-68\ 000)}{68\ 000}\times 100\%\approx 5.59\%$$

从上面的例子可以看出出口商品的赢利不仅与生产过程的成本有关，而且与本币和进口国货币的比价有直接关系，如果出口国货币升值，在其他因素不变的前提下，则出口商品的总成本上升，市场竞争力下降。

2. 出口商品换汇成本

它是以某种商品的出口总成本与出口所得的外汇净收入之比，得出用多少人民币换回一美元。出口商品换汇成本如高于银行的外汇牌价，则出口为亏损；反之，则说明出口赢利。具体公式如下：

$$出口商品换汇成本=\frac{出口总成本（人民币）}{出口销售外汇净收入（美元）}$$

【例 2.2】某出口公司出口某产品，进货价为 30.2 人民币元/打，出口价为 4.5 美元/打，试计算该商品的换汇成本。银行的外汇牌价为 1 美元＝7.18 人民币元。

$$出口换汇成本（每打）=\frac{30.2}{4.5}\approx 6.71$$

即每打用 6.71 人民币元可换回 1 美元。6.71 低于银行的外汇牌价，表示该公司出口有盈余。

3. 出口创汇率

出口创汇率，是指加工后成品出口的外汇净收入减去原料外汇成本后与原料外汇成本的比率。如原料为本国产品，其外汇成本可按原料的 FOB 出口价计算。如原料是进口的，则按该原料的 CIF 价计算。具体公式如下：

$$出口创汇率=\frac{(成品出口外汇净收入-原料外汇成本)}{原料外汇成本}\times 100\%$$

【例 2.3】某公司从外国进口棉花，经过加工制成棉布后出口。已知进口棉花的费用为 335 000美元，加工后复出口外汇净收入为 525 000 美元。试问该批货物的出口创汇率是多少？

根据上面的公式可得

$$该批货物的出口创汇率=\frac{(525\ 000-335\ 000)}{335\ 000}\times 100\%\approx 56.72\%$$

这说明进口 1 美元的原料加工后再出口，其成品商品价值相当于 1.567 2，增值 56.72%。

（二）计价货币的选择

计价货币是指合同中规定用来计算价格的货币。支付货币（Money of Payment）是在合同中双方约定的、可用来清偿按计价货币表示的货款的等值货币。

在国际贸易中，计价货币通常与支付货币为同一种货币，但也可以计价货币是一种货币，而支付货币是另一种货币或另几种货币。如果合同中的价格只用一种货币来表示的，没有规定其他支付货币，那么这种货币既是计价货币，也是支付货币。

一般来说，出口（或构成债权）时最好选择“硬币”（即有升值趋势的货币），这样对出口商无风险。例如，美国出口商向日本出口一批商品，计价 1 500 000 日元，即期汇率为 1 美元＝

150 日元，到期应收回 10 000 美元。然而到期支付时，汇率变成 1 美元＝125 日元，美出口商到期可收回 12 000 美元，比签订合同时多收入 2 000 美元。而进口（或构成债务）时选择“软货币”（即有贬值趋势的货币）。例如，我国一公司借入 10 000 欧元，合 103 000 人民币元（即期汇率 1 欧元＝10.30 人民币元）。但到期时欧元下跌，汇率为 1 欧元＝10.20 人民币元，此时购买 10 000 欧元支付借款只需 102 000 人民币元，节省 1 000 人民币元。

如果为达成交易而不得不采取对自己不利的货币，则可设法用下述两种办法补救。一是根据该种货币今后可能的变动幅度，相应调整对外报价；二是在可能条件下，争取订立保值条款，以避免计价货币汇率变动的风险。

按国际上的一般习惯做法，如两种货币的汇率是按付款时的汇率计算，则不论计价和支付用的是什么货币，都可以按计价货币的量收回货款。对卖方来说，如果计价货币是硬币，支付货币是软币，基本上不会受损失，可起到保值的作用；如果计价货币是软币，支付货币是硬币，它所收入的硬币就会减少，对卖方不利，而对买方有利。

如果计价货币和支付货币的汇率在订约时已经固定，那么，在计价货币是硬币，支付货币是软币的条件下，卖方在结算时所收入的软币所代表的货值往往要少于按订约日的汇率应收入的软币所代表的货值，也就是说对买方有利，对卖方不利。反之，如果计价货币是软币，支付货币是硬币，则对卖方有利，对买方不利。

（三）货币的报价折算

在国际贸易中经常会遇到货币换算的问题。采用哪种汇率进行换算，如何进行换算，在对外报价中是非常重要的，否则会造成损失。以我国的进出口业务为例，如对外报价时以人民币报出，外商来电要求改为美元报出；或我国企业以美元报出，对方要求以英镑报出，那么应报多少？或者接到外方报价单、价格是以英镑报出，如何与其他货币的报价进行比较，这些都涉及货币的换算问题。目前，国际上经常使用的换算方法有以下三种。

1. *本币折算成外币对外报价*

在进出口业务中，出口商原来以本国货币作为计价货币对外报价或计算应该获得的收入，但外国进口商要求将本币报价改为外币报价，以便于他计算成本和比较可接受的价格，这就要求出口商准确报出外币价格。这时出口商应该用银行公布的外汇牌价中的买入价将本币折成外币。银行买入价就是银行买入外汇的价格。

已知本币价格和银行的外币/本币买入价时，外币价的计算公式为

$$\text{外币价}=\frac{\text{本币价}}{\text{外币/本币买入价}}$$

【例 2.4】某设备公司出口一台仪器的原报价为 10 000.00 人民币元/套，假设当天美元兑人民币的外汇牌价为：1 美元＝7.169 6 人民币元（7.169 6 为买入价），现外国进出口商要求改美元报价，该如何报？

计算方法如下：

$$\frac{10\,000.00\text{ 人民币元}}{7.169\,6\text{（外币/本币买入价）}}\approx 1\,394.78\text{ 美元}$$

即改报美元，应报 1 394.78 美元。

出口商将本币折外币按买入价折算的原因在于：出口商原收取本币，现改收外币，则需将外币卖给银行，换回本币；出口商卖出外币，即是银行买入外汇，应按买入价换算。

2. 外币折算成本币对外报价

这种情况适用于出口商原来的商品底价为外币报价，现在根据外国客户的要求改报本币。出口商将外币折算为本币报价或核算本币收入时，应根据银行牌价的卖出价来计算。其公式为

本币报价＝外币报价×外币/本币卖出价

【例 2.5】某公司某种商品出口报价为：每打 15 美元 CIF London。如以人民币报出应报多少？已知美元兑人民币外汇牌价为：1 美元＝7.198 4 人民币元（7.198 4 为卖出价）。

其计算方法如下：

15×7.198 4＝106.48 人民币元

即改报人民币为 106.48 元。

这里应注意，由外币改报本币，用卖出价相乘。其道理是：出口商原希望收外币，现改收本币，则需用本币向银行买外币。出口商的买入外汇，即银行的卖出，故按银行卖出价折算。

3. 由一种外币折算成另一种外币对外报价

这种情况是指在国际贸易中，当一国出口商报出一种外币（设为甲国货币），外国进口商可能要求出口商改用他所希望的货币报价（设为乙国货币）。这时出口商遵循的原则是：无论是在直接标价法下还是间接标价法下，将外汇市场甲国货币视为本币，然后根据前面讲过的方法来计算，即外币折本币，均用卖出价；本币折外币，均用买入价。

【例 2.6】某公司某种出口商品对外报价为：每盒 300 英镑 CIF London，现应外商要求改为以美元报出，应报多少？（英镑兑人民币外汇牌价为：100 英镑＝1 395.1 人民币元；美元兑人民币外汇牌价为：100 美元＝716.96 人民币元）。

计算方法如下：

首先要求出 1 英镑等于多少美元，然后用求得的数额乘以原报价数即可。

1 英镑＝1 395.1/716.96＝1.945 9 美元

1.945 9×300＝583.77 美元

即改报应为 583.77 美元。

以上三种方法是币值之间相互改报经常使用的基本方法。其他形式的改报，如各种货币的改报和选择，都是以这三种方法为基础的。

（四）不同价格之间的换算

在国际贸易中，不同的贸易术语表示其价格构成因素不同。如 FOB 术语不包括从装运港至目的港的运费和保险费；CFR 术语中则包括从装运港至目的港的通常运费；CIF 术语中除包括从装运港至目的港的通常运费外，还包括保险费。当一方按照某种贸易术语报价，另一方要求按其他贸易术语报价时，则需要对不同的贸易术语进行价格换算。

1. FOB 价换算为 CFR 价、CIF 价

CFR 价＝FOB 价＋运费

CIF 价＝（FOB 价＋运费）×（1－投保加成×保险费率）

2. CFR 价换算为 FOB 价、CIF 价

FOB 价＝CFR 价－运费

CIF 价＝CFR 价/（1－投保加成×保险费率）

3．CIF 价换算为其他价

FOB 价＝ CIF 价×（1－保险费率×投保加成率）－运费

CFR 价＝CIF 价×（1－保险费率×投保加成率）

4．FCA 价换算为 CPT 价、CIP 价

CPT 价 ＝ FCA 价＋运费

CIP 价＝（FCA 价＋运费）×（1－投保加成×保险费率）

5．CPT 价换算为 FCA 价、CIP 价

FCA 价＝ CPT 价－运费

FCA 价＝CIP 价×（1－投保加成×保险费率）－运费

3．保险金额和保险费的计算

（1）保险金额（Insured Amount）。所谓保险金额，是指一个保险合同项下保险公司承担赔偿或给付保险金责任的最高限额，即投保人对保险标的的实际投保金额；同时又是保险公司收取保险费的计算基础。

按照国际保险市场的习惯做法，出口货物的保险金额一般按 CIF 货价另加 10％计算，也可以与被保险人约定不同的加成率，但一般不超过 30％。保险金额计算的公式是

保险金额＝CIF 货值×（1＋加成率）＝ CIF 货值×投保加成

（2）保险费（Premium）。投保人按约定方式缴纳保险费是保险合同生效的条件。保险费率（Premium Rate）是由保险公司根据一定时期、不同种类的货物的赔付率，根据不同险别和目的地确定的。保险费的计算公式是

保险费＝保险金额×保险费率

四、佣金和折扣的计算

在价格条款中，有时会涉及佣金和折扣。价格条款中所规定的价格，可分为包含有佣金或折扣的价格和不包含这类因素的净价。包含有佣金的价格，在业务中通常称为“含佣价”。

（一）佣金

1．佣金的含义

佣金（Commission）又称经手费，是买方或卖方给予代理人或经纪人以及中间商的对其介绍交易、代买代卖商品或提供服务的报酬。它直接关系到商品的价格。佣金分为明佣和暗佣，明佣是指在合同中明确规定佣金率；暗佣则是指不在合同中表示佣金，而由双方另行约定。在我国的外贸实践中，正确和灵活地运用佣金，可调动中间商推销和经营货物的积极性，从而扩大销售。

2．佣金的规定方法

（1）在商品价格中包括佣金时，通常应以文字来说明。例如“每公吨 200 美元 CIF 旧金山包括 2％佣金”。

（2）也可以在贸易术语上加注佣金的缩写英文字母“C”和佣金的百分比来表示。例如，

“每公吨 200 美元 CIF C 2%旧金山”。

(3) 商品价格中所包含的佣金除用百分比表示外，也可以用绝对数来表示。例如：“每公吨付佣金 25 美元。”

如中间商为了从买卖双方获取“双头佣金”或为了逃税，有时要求在合同中不规定佣金，而另按双方暗中达成的协议支付。佣金的规定应合理，其比率一般掌握在 1%～5%之间，不宜偏高。

3. 佣金的计算与支付方法

在国际贸易中，计算佣金的方法不一，有的按成交金额约定的百分比计算，也有的按成交商品的数量来计算，即按每一单位数量收取若干佣金计算。

在我国进出口业务中，计算方法也不一致，有按成交金额和成交商品的数量计算的方式。在按成交金额计算时，有的以发票总金额作为计算佣金的基数，有的则以 FOB 总值为基数来计算佣金，如按 CIFC 成交，而以 FOB 值为基数计算佣金时，则应从 CIF 价中减去运费和保险费，求出 FOB 值，然后以 FOB 值乘以佣金率，即得出佣金额。

关于计算佣金的计算如下：

单位货物佣金额 = 含佣价×佣金率

净价 = 含佣价 − 单位货物佣金额

上述公式也可写成：

净价 = 含佣价×（1 − 佣金率）

含佣价 = 净价/（1−佣金率）

佣金的支付一般有两种做法：一种是由中间代理商直接从货价中扣除佣金；另一种是在委托人收清货款之后，再按事先约定的期限和佣金比率，另行付给中间代理商。在支付佣金时，应防止错付、漏付和重付等事故发生。

（二）折扣

1. 折扣的含义

折扣（Discount Rebate）是指卖方给予某特定买方的价格折让（或称价格优惠），即卖方在原价基础上给买方一定的减让。凡在价格条款中明确规定折扣率的，称为“明扣”；凡交易双方就折扣问题已达成协议，而在价格条款中不明示折扣的，称为“暗扣”。折扣和佣金一样，都是市场经济的产物，正确运用折扣，有利于调动买方的积极性和扩大销路。

2. 折扣的规定方法

在国际贸易中，折扣通常在规定价格条款时，用文字明确表示出来。

(1) 例如“每公吨 200 美元 CIF 伦敦，折扣 3%”（U. S. ＄200 per metricton CIF London including 3% discount）此例也可以这样表示“每公吨 200 美元 CIF 伦敦，减 3%折扣”（U. S. ＄200 per metricton CIF London less 3% discount）。

(2) 折扣也可以用绝对数来表示。例如，每公吨折扣 6 美元。

在实际业务中，有用 CIFD 或 CIFR 来表示 CIF 价格中包含折扣的现象。这里的 D 和 R 是 Discount 和 Rebate 的首字母。鉴于贸易术语中加注的 D 或 R 含义不清，可能引起误解，故最好不使用此缩写语。

3. 折扣的计算与支付方法

折扣通常是以成交额或发票金额为基础计算出来的。具体公式为

单位货物折扣额 = 原价（或含折扣价）× 折扣率

卖方实际净收入 = 原价 − 单位货物折扣额

折扣一般是在买方支付货款时预先予以扣除；也有的折扣金额不直接从货价中扣除，而按暗中达成的协议另行支付给买方，这种做法通常在给暗扣或回扣时采用。

五、买卖合同的价格条款

（一）报价的组成

合同中的价格条款，一般包括商品的单价和总值两项基本内容，至于确定单价的作价办法和与单价有关的佣金、折扣的运用，也属价格条款的内容，商品的单价通常由 4 个部分组成，即包括计量单位、单位价格金额、计价货币和贸易术语。在价格条款中可规定“每公吨 200 美元，CIF 伦敦”。总值是指单价与成交商品数量的乘积，即一笔交易的货款总金额。

【例 2.7】下列出口单价的写法是否正确？

（1）USD 3.68 CIFC HONGKONG。

（2）300 英镑每箱 CFR USA。

（3）USD Per Ton FOB London。

（4）Fr98.50 Per Doz FOBD2%。

（5）DM28.85 CIFC2% Shanghai。

（二）拟定价格条款的注意事项

（1）合理确定商品的单价，防止作价偏高或偏低。

（2）根据经济意图和实际情况，在权衡利弊的基础上选用适当的贸易术语。

（3）争取选择有利的计价货币，以免遭受币值变动带来的风险。如采用不利的计价货币时，应当加订保值条款。

（4）灵活运用各种不同的作价办法，以避免价格变动风险。

（5）参照国际贸易的习惯做法，注意佣金和折扣合理运用。

（6）如交货品质和数量约定有一定的机动幅度，则对机动部分的作价也应一并规定。

（7）如包装材料和包装费另行计价时，对其计价办法也应一并规定。

（8）单价中涉及的计量单位、计价货币、装卸地名称，必须书写正确、清楚，以利合同的履行。

任务实施

任务一　出口业务流程操作

一、任务目标

1. 熟悉国际贸易中出口业务的流程及各个流程中的内容
2. 能进行外贸公司出口业务的全套流程操作

二、案例引入

世嘉国际贸易公司（SHIJIA INTERNATIONAL TRADING CO.，LTD.）成立于 2006 年，是一家拥有进出口经营权的外贸公司。公司经营范围广泛，与多家供应商有固定的业务往来，信誉良好。现我公司拟出口一批服装，请以我公司的业务员的身份完成这笔出口业务的全套流程。

三、任务完成

（一）工具准备

（1）设定出口业务中的主要部门，并安排好负责人。

（2）准备合同、信用证、发票、装箱单、报检单、报关单、托运委托书、投保单、汇票、出口收汇核销单等相关单据。

（二）完成步骤

（1）进行分组并设定角色。

（2）小组成员根据已经制好的单据模拟全套流程。

①交易前期准备

②交易磋商、谈判并签订合同

③履行合同：出运货物并收取货款

（三）检查标准

检查标准如表 2-2 所示。

表 2-2　检查标准

检 查 标 准	分　值	实 际 得 分
国际贸易出口流程图绘制准确，各项工作先后顺序符合实际业务情况	20	
对出口流程讲述清楚，语言表达清晰准确，条理清晰	30	
出口业务流程操作程序正确	30	
出口业务单据走向清晰、正确	20	

任务二　贸易术语的选用

一、任务目标

1.《2000 通则》中 13 种贸易术语的内涵及各种贸易术语的责任、费用和风险的划分

2. 能够在进出口业务中正确运用贸易术语，预防风险

3. 能够根据业务情况合理，选用贸易术语达成交易

二、案例引入

世嘉贸易有限公司在业务发展过程中遇到了如下问题，请根据所学知识对我公司的 3 个业务进行分析，并提出合理化建议，帮助公司克服困难，扩大业务范围。

业务一：我出口公司对日商报出大豆实盘，每公吨 150 美元 CIF 大阪，发货港口是上海，现日商要求改报 FOB 大连价，我出口公司对价格应如何调整？如果最后按 FOB 条件签订合同，买卖双方在所承担的责任、费用和风险方面有什么差别？

业务二：我公司从北京拟向美国纽约 A、B 公司出口某商品 50 000 箱，B 公司提出按 FOB 新港条件成交，而 A 公司则提出采用 FCA 北京的条件成交，试分析 A 公司和 B 公司各自提出上述成交条件的原因。

业务三：我公司同德国某进口公司预达成一笔核桃仁交易，经过磋商，各项交易条件基本确定，其中使用的价格条件为 CIFHAMBURG ，由于该货品季节性强，主要在 12 月份的圣尼古拉节上销售，对方要求在合同中明确：卖方须于 10 月份在中国上海装运，并保证货物于 11 月底之前到达德国汉堡，否则，买方有权撤销合同，并要求损害赔偿。请分析卖方能否满足对方的要求？

由于核桃仁属于季节性商品，且中国并非其唯一产地，买方提出这样的要求也有其合理性，作为我司的业务员欲达成这笔交易可采取什么措施？

三、任务完成

（一）完成步骤

（1）将学生分组，每组 6 人。
（2）小组成员对 3 个任务分别进行分析讨论。
（3）小组成员对 3 个任务分别提出建议和方案。
（4）小组之间交流建议和方案。

（二）检查标准

检查标准如表 2-3 所示。

表 2-3　检查标准

检查标准	分值	实际得分
对《2000 通则》中 13 种贸易术语的内涵及各种贸易术语的责任，费用和风险的划分理解准确	40	
在进出口业务中能够根据业务情况合理选用贸易术语，预防风险	20	
对我司的业务分析清楚，有说服力，有借鉴性	40	

任务三　报价实务

一、任务目标

1. 能够根据业务背景进行商品的出口报价
2. 能够根据客户的不同要求进行不同价格术语的换算
3. 能够熟练选择计价货币、使用佣金和折扣。

二、案例引入

世嘉贸易有限公司现有以下几项业务，请根据所学知识对我公司的以下业务进行价格核算，以确保业务的达成，并保证我公司的合理利润。

业务一：我公司欲从日本进口一批商品，日商报价每公吨 460 美元 CIF 深圳，进口方要求改报英镑 FOB 价格条件，日商报价每公吨 182 英镑 FOB 大阪，(设 100 英镑＝223.35 美元，运费保险费占货价 10%)，问哪种价格对进口方有利?

业务二：我公司出口某商品 100metric ton，每公吨 1 500 美元 FOB 上海，现客户要求改报 CFRC4 London 价，已经查到该批货物的运费为 180 美元/公吨。请作出报价。

业务三：我公司向香港客户出口水果罐头 200 箱，每箱 132.6 港币 CIF 香港，客户要求改报 CFR 香港 5%佣金价，设保险费为 CIF 价的 2%，在保持原报价格不变的情况下，试求：

(1) CFRC5%香港价应报多少?

(2) 出口 200 箱应付给客户多少佣金?

业务四：我公司向国外某客户发盘，报价为每千克 150 美元 CFR 鹿特丹，对方回电要求改报 FOB 中国口岸价，并含 5%佣金。经查：自中国口岸至鹿特丹的运费为每千克 1.05 美元，如要保持外汇净收入不变，按买方要求应报何价?

业务五：我公司向外报价某商品每公吨 1 800 美元 FOB 大连，对方要求改报 CFRC5 纽约价，已知大连至纽约的运费为每公吨 17 美元，应改报何种价格才能保证净收入不变?(佣金按 FOB 净价计算)

业务六：我公司向外商的报价为每公吨 600 美元 CFR 新加坡，含 2%的折扣，成交数量为 300 公吨，计算我公司扣除折扣后的总收入是多少?

公司业务实际操作：我公司欲出口一个 20ft (20“按 25 立方计算) 的集装箱内衣，纸箱装，每箱 20 套，纸箱尺码和毛重分别为 65cm×60cm×59cm 和 18 公斤，供货价格为 46.22 元/套，出口包装费每纸箱为 15 元，商检费、仓储费、报关费、国内运杂费、业务费、港口费及其他各种税费每个集装箱约为 1 950 元，20 英尺 (1 英尺＝0.304 8 米) 集装箱的国外运费约为每箱 1 200美元，如果按 CIF 成交，出口方按成交金额的 110%投保一切险，费率为 0.5%。现假设(汇率为 8.3 元人民币兑换 1 美元)：

(1) 出口方欲获得 10%的利润 (按成交金额计算)，试计算该货的 FOB 价和 CIF 价。

(2) 如果外商欲获得 3%的佣金，CIFC3 价应为多少?

(3) 如果外商在出口方所报的 CIF 价基础上还价 10%，出口方利润还有多少?

(4) 如外商坚持所还价格，而出口方又想保持 10%的利润不变，供货价应不高于每套多少元?

三、任务完成

(一) 完成步骤

(1) 将学生分组，每组 6 人。

(2) 小组成员对公司的业务分别进行核算，并进行讨论。

(3) 小组成员针对公司的几笔业务作出报价。

(4) 小组之间交流。

(5) 每小组为世嘉贸易公司开拓一笔业务，并作出相应的成本和报价准备。

（二）检查标准

检查标准如表 2-4 所示。

表 2-4　检查标准

检查标准	分值	实际得分
对国际贸易术语理解准确并能够进行价格换算	20	
在价格换算过程中能准确地进行货币兑换	20	
对佣金理解准确并对相关业务分析准确	20	
对折扣理解准确并对相关业务分析准确	20	
能够对公司的综合业务进行报价操作	20	

模块三

国际贸易磋商及合同签订

技能目标

1. 具有根据谈判记录、往来函电或其他信息确定交易条件的能力
2. 具有规范、准确、完整缮制进出口合同的能力
3. 具有对进出口合同条款进行审核修改的能力

知识目标

1. 理解掌握交易磋商主要环节的特点及其内容
2. 重点掌握构成有效发盘和接受的法律要求
3. 熟悉进出口合同的格式、结构及基本内容

工作任务

1. 交易磋商
2. 签订合同

理论知识

单元一 交易磋商

交易磋商（Business Negotiation）在业务中又称贸易谈判，是指进出口双方就商品的各项交易条件进行谈判，以期达成交易的过程。在国际货物买卖中，交易磋商占有十分重要的地位，是整个外贸业务活动中最为重要的环节，是签订合同不可缺少的前期基础性工作。签订合同是交易磋商的主要目的和圆满结果。

一、交易磋商的形式

买卖双方在交易磋商时可以采用多种形式。常见的有两种：口头磋商和书面磋商。

（一）口头磋商

口头磋商即面对面磋商，通常适合于交易双方初次进行交易，或交易内容复杂、条件多的情况。口头谈判比较规范，便于谈判双方就某些问题和难点反复磋商，最后达成一致；同时使谈判双方相互了解，增进感情，产生互惠要求，因此有利于建立长期的伙伴关系。

口头磋商可以是通过组成谈判班子进行集体谈判的方式，集体谈判一般适合金额巨大，涉及商务、技术、法律等方面谈判内容的合同磋商；也可以是一对一的个人谈判，这种方式适合交易简单、金额较少、地位一般的常规贸易。口头磋商一般在商品交易会、博览会、推销人员海外促销等场合使用。另外，口头磋商还包括双方通过国际长途电话进行的交易磋商，以及用行为表示的方式，如在拍卖市场上的拍卖、购进活动等。

（二）书面磋商

书面磋商一般是指通过信函、电报、电传、传真或电子邮件等进行的、双方不见面的间接谈判。书面谈判一般是在有潜在交易意向、已经有过贸易往来，或是需要寻求新的交易对象时采用。

此外，书面磋商已经形成了一定的模式，有关的国际公约或各国的法律对书面磋商有一定的约定。书面磋商有文字记载作为记录并可以长期保存，相关费用也比较低。因此，在国际贸易中普遍使用这种方式。

在实际业务中，一般采用其中的一种方式，但有时也可以将两种方式结合起来。

二、交易磋商的内容

交易磋商的内容是国际货物买卖合同中的各项交易条件。这些交易条件可以分为5类：①货物条件，包括货物的名称、质量、数量、包装和检验等；②价格条件，包括货物的单价、总值、贸易术语、佣金和折扣等；③交货条件，包括交货的时间、地点、运输方式、运输保险等；④支付条件，包括支付工具、支付方式、支付的时间与地点等；⑤争议处理条件，包括索赔、不可抗力、仲裁等。

品名、品质、数量、包装、价格、装运、支付、保险为主要内容或主要交易条件。买卖双方欲达成交易、订立合同，必须至少就这8项交易条件进行磋商并取得一致意见（特殊情况可以例外）。而检验、索赔、不可抗力和仲裁这些条款，通常被称为一般交易条件，它们虽非成立合同不可缺少的内容，但是为了提高合同质量，防止和减少争议的发生以及便于解决可能发生的争议，买卖双方在交易磋商时也不容忽视此项内容。

三、交易磋商的基本程序

交易磋商的基本程序主要有询盘、发盘、还盘和接受4个环节。其中，发盘和接受是达成交易、成立合同必不可少的两个法律步骤。

（一）询盘

询盘（Enquiry）是指交易的一方有意购买或出售某一种商品，向对方询问买卖该商品的有关交易条件。

询盘是不定向发布自己的购买（或出售）意向，其内容可以是询问价格，也可询问其他一项或几项交易条件，而多数是询问价格，所以通常将询盘称作询价。询盘可以由买方发出，也可由卖方发出。在国际贸易业务中，发出询盘的目的，除了探询价格或有关交易条件外，有时还表达了与对方进行交易的愿望，希望对方接到询盘后及时作出发盘，以便考虑接受与否。这种询盘实际上属于邀请发盘，邀请发盘是当事人订立合同的准备行为，其目的在于使对方发盘。询盘本身并不构成发盘。

询盘对于询盘人和被询盘人均无法律上的约束力，而且不是交易磋商的必经环节。但是，它往往是一笔交易的起点，所以作为被询盘的一方，应对接到的询盘给予重视，并及时作出适当的处理。

关于询盘的用语，在询盘中一般不直接用“询盘”术语，而通常使用下列术语：

Please advise… 请告……

Please quote… 请报价……

Please offer… 请发盘……

Interested in…please quote… 对……感兴趣，请报盘……

由买方发出的询盘，习惯上叫“邀请发盘”（Invitation to make an offer）。例如，

“请报东北大豆最惠价”。

Please cable offer Northeast Soybean most favourable price.

由卖方发出的询盘，习惯上叫“邀请递盘”（Invitation to make a bid）。例如，

“可供东北大豆请递盘”。

Can supply Northeast Soybean please bid.

“可供中国松香 WW 级，8 月、9 月份装船，请递实盘”。

We can supply Chinese rosin WW grade shipment Aug/sept. please firm bid.

（二）发盘

发盘（Offer），又称报价，在法律上称为“邀约”，是买卖双方中的一方向对方提出各项交易条件，并愿意按这些条件达成交易、订立合同的一种肯定表示。《联合国国际货物销售合同公约》（以下简称《公约》）认为，向一个或一个以上特定的人提出的订立合同的建议，如果十分确定并且表明发价人在得到接受时承受约束的意旨，即构成发盘。

在实际业务中，发盘通常是一方在收到对方的询盘之后提出的，也可直接发出。发盘多由卖方发出，称为售货发盘（Selling Offer）；也可是买方发出，称为购货发盘（Buying Offer）或递盘（Bid）。

发盘一般采用“发盘”（Offer）、“报价”（Quote）、“订购”（Order）和“递盘”（Bid）等术语。

例如，OFFER 5 000 DOZEN SPORT SHIRTS SAMPLED MARCH 15TH USD 84.50 PER DOZEN CIF NEWYORK EXPORTS STANDARD PACKING MAY/JUNE SHIPMENT IRREVOCABLE SIGHT L/C SUBJECT REPLY HERE 20TH（兹发盘 5 000 打运动衫，规格按 3 月 15 日样品，每打 CIF 纽约价 84.50 美元，标准出口包装，5 至 6 月份装运，以不可撤销即期信用证支付，限 20 日复到）。

1. 构成发盘的条件

构成一项有效的发盘，必须具备下列 4 项条件。

(1) 发盘应向一个或一个以上特定的人提出。向特定的人提出，即向具体的公司或个人提出。提出此项要求的目的在于，把发盘同普通商业广告及向广大公众散发的商品价目单等行为区别开来。对广大公众发出的商业广告是否构成发盘的问题，各国法律规定不一。

大陆法规定，发盘需向一个或一个以上特定的人提出，凡向公众发出的商业广告，不得视为发盘。如北欧各国认为，向广大公众发出的商业广告，原则上不能作为发盘，而只是邀请看到广告的公众向登广告的人提出发盘。英美法的规定则与此相反，如英国的判例认为，向公众作出的商业广告，只要内容确定，在某些场合下也可视为发盘。《公约》对此问题持折中态度，《公约》第 14 条第 2 款规定'非'向一个或一个以上特定的人提出的建议，仅应视为邀请发盘，除非提出意见的人明确地表示相反的意向。根据此项规定，商业广告本身并不是一项发盘，通常只能视为邀请对方提出发盘。但是，如商业广告的内容符合发盘的条件，而且登此广告的人明确表示它是作为一项发盘提出来的，如在广告中注明"本广告构成发盘"或"广告项下的商品将售给最先支付货款或最先开来信用证的人"等，则此类广告可作为一项发盘。

鉴于《公约》对发盘的上述规定既有原则又具体，具有一定的灵活性，加之世界各国对发盘有不同的理解，因此，在实际应用时要特别小心。我国企业对外做广告宣传和寄发商品价目单，不要使对方理解我国企业有"一经接受，即受约束"的含义。在寄发商品价目单时，最好在其中注明"可随时调整，恕不通知"或"须经我方最后确认"等字样。

(2) 发盘的内容十分确定。根据《公约》规定发盘的内容必须十分确定。所谓十分确定，指在提出的订约建议中，至少应包括下列 3 项基本要素：①标明货物的名称；②明示或默示地规定货物的价格或规定确定货物的价格的方法；③明示或默示地规定货物的价格或规定确定价格的方法。凡包括上述 3 项基本要素的订约建议，即可构成一项发盘。如该发盘被对方接受，买卖合同即告成立。

在这里需要特别指出的是，订约建议中关于交货时间、地点及付款时间、地点等内容虽然没有提到，但并不妨碍它作为一项发盘，因而也不妨碍合同的成立。因为发盘中没有提到的其他条件，在合同成立以后，可以通过双方当事人建立的习惯做法及采用的惯例予以补充。

构成一项发盘应包括的内容，各国的法律规定不尽相同。有些国家的法律要求对合同的主要条件，如品名、品质、数量、包装、价格、交货时间与地点以及支付办法等，都有完整、明确肯定的规定，并不得附有任何保留条件，以便受盘人一旦接受即可签订一项对买卖双方均有约束力的合同。《公约》关于发盘内容的上述规定，只是对构成发盘的起码要求。在实际业务中，如发盘的交易条件太少或过于简单，会给合同的履行带来困难，甚至引起争议。因此，在对外发盘时，最好将品名、品质、数量、包装、价格、交货时间、地点和支付办法等主要交易条件一一列明。

(3) 表明发盘人受其约束。发盘人应在发盘中明确向对方表示，其发盘一旦被受盘人接受即受约束的意思。发盘是订立合同的建议，这个意思应当体现在发盘之中，如发盘人只是就某些交易条件建议同对方进行磋商，而根本没有受其建议约束的意思，则此项建议不能被认为是一项发盘。例如，发盘人在其提出的订约建议中加注诸如“仅供参考”、“须以发盘人的最后确认为准”或其他保留条件，这样的订约建议就不是发盘，而只是邀请对方发盘。

在此需要指出，《中华人民共和国合同法》（以下简称《合同法》）对发盘及构成要件的规定同上述《公约》的规定与解释基本上是一致的。我国《合同法》第14条规定，要约是希望和他人订立合同的意思表示，该意思表示应当符合下列规定：①内容具体确定；②表明经受要约人承诺，要约人即受该意思表示约束。

(4) 传达受盘人。发盘必须被传达到受盘人时才生效。例如，发盘人用信件或电报向受盘人发盘，如该信件或电报在传递中遗失，以致受盘人未能收到，则该发盘无效。

2. 发盘的有效期

发盘的有效期是指给予对方表示接受的时间限制，超过发盘规定的时限，发盘人即不受约束。在通常情况下，发盘都具体规定一个有效期。作为对方表示接受的时间限制，超过发盘规定的时限，发盘人不受其约束。当发盘未具体列明有效期时，受盘人应在合理时间内接受才能有效。何谓“合理时间”，需根据具体情况而定。

采用函电成交时，发盘人一般都明确规定发盘的有效期，其规定方法有以下几种：

(1) 规定最迟接受的期限。例如，发盘限5月10日复到，或发盘有效至5月10日。

再如，限6月6日复，或限6月6日复到此地。当规定限6月6日复时，按有些国家的法律解释，受盘人只要在当地时间6月6日24点以前将表示接受的通知投邮或向电报局交发即可。但在国际贸易中，由于交易双方所在地的时间大多存在差异，所以发盘人往往采取以接受通知送达发盘人为准的规定方法。按此规定，受盘人的接受通知不得迟于6月6日送达发盘人。

(2) 规定一段接受的期限。例如，本发盘有效5天。

这种规定方法，存在着如何计算“一般接受时间”的起讫问题。根据《公约》规定，从电报交发时刻或信中载明的发信日（或信封上所载邮戳日）起算；发盘人的电话、电传或其他可立即传达到对方的方法，从发盘到达受盘人时起算。凡发盘到达受盘人处，遇有正式假日或非营业时间应计算在内。凡接受通知到达发盘人所在地，适逢发盘人的营业所是正式假日或非营业时间时，可以顺延至下一个营业日。

(3) 不作明确的规定或仅规定答复传达的方法。例如，发盘……即复（速复、急复）。

受盘人应于收到发盘后用相应的快速传达方法立即作出答复，否则将被认为逾期接受。一般掌握为当天答复。对于市价变化不大的新的商品，有效期可为5～7天，对某些敏感性强的商品，有效期可规定为1～3天。

3. 发盘的生效时间

发盘生效的时间有各种不同的情况：以口头方式作出的发盘，其法律效力自对方了解发盘内容时生效；以书面形式作出的发盘，关于其生效时间，主要有两种不同的观点与做法，一是发信主义，即认为发盘人将发盘发出的同时，发盘就生效，另一种是受信主义，又称到达主义，即认为发盘必须到达受盘人时才生效，我国执行受信主义做法。

4. 发盘的撤回与撤销

(1) 发盘的撤回是指发盘人将尚未被受盘人收到的发盘予以取消的行为。

关于发盘是否可以撤回，世界主要法系的规定并不一致。

①英美法规定，发盘原则上对发盘人没有约束力。发盘人在受盘人对发盘表示接受之前的任何时候都可以撤回或变更其内容。

②大陆法规定，发盘对发盘人有约束力。如《德国民法典》规定，除非发盘人在发盘中订明他不受发盘约束，否则就受其约束。

③《公约》规定，一项发盘只要在其尚未生效之前都是可以修改或撤回的。故发盘人可在受盘人收到之前撤回或修改发盘。

(2) 发盘的撤销是指发盘已经送达受盘人，即发盘生效之后将其取消，使其失去效力。

关于发盘是否可以撤销的问题，世界主要法系的规定是如下。

①英美法规定，在受盘人表示接受之前，即使发盘规定了有效期，发盘人也可以随时撤销。但有些英美法国家也已立法取消了此规定。

②大陆法规定，发盘人原则上应受发盘的约束，不得随意将其撤销。

③《公约》规定，在下列情况下，发价不得撤销：

第一，发价写明接受发价的期限或以其他方式表示发价是不可撤销的；

第二，被发价人有理由信赖发价是不可撤销的，而且被发价人本着对该发价的信赖行事。

5. 发盘的终止

发盘的终止是指发盘法律效力的消失。在实际业务中，造成发盘终止的原因主要有：

(1) 受盘人作出还盘；

(2) 发盘人依法撤销发盘；

(3) 发盘中规定的有效期届满；

(4) 人力不可抗拒的意外事故造成发盘的失效；

(5) 在发盘被接受前，当事人丧失行为能力或死亡或法人破产等。

(三) 还盘

还盘 (Counter Offer) 又称还价，是交易的一方对另一方的发盘提出部分内容的修改或建议。还盘的内容可以是针对价格，也可以是针对其他条件。一经还盘，原发盘即失去效力，发盘人不再受其约束；一项还盘等于是受盘人向原发盘人提出的一项新的发盘。

发盘在法律上等于受盘人向原发盘人发出的一项“反要约”，是一种新的发盘。因此还盘同样要满足发盘的条件，且一般还规定还盘有效期。在实践中的习惯做法是略去已同意的原发盘内容，只在还盘函中提出修改或新加的内容。

还盘这一环节不一定在磋商中出现，一笔交易有时不经过还盘即可达成，有时要经过还盘，甚至往返多次的还盘才能达成。

【例 3.1】某机械进出口公司根据巴基斯坦买主 9 月 8 日的询盘，于 9 月 10 日去电作出发盘，客户对 9 月 10 日的发盘作出还盘，机械进出口公司对客户还盘作出再还盘。

9 月 12 日来电传：“你 10 日电传价太高还盘 130 美元限 14 日复。”

我 9 月 14 日去电传：“你 12 日电传价最低价 140 美元限 18 日复到。”

双方对于已经同意的其他条件，在还盘中一般都不必再重复列出。

（四）接受

接受（Acceptance）在法律上称“承诺”，是买方或卖方同意对方在发盘中提出的各项交易条件，并愿按这些条件与对方达成交易、订立合同的一种肯定的表示。一方发盘经另一方接受，交易即告达成，双方就应分别履行其所承担的合同义务。

表示接受，一般用“接受”（Accept）、“同意”（Agree）和“确认”（Confirm）等术语，例如，YOURS FIFTEENTH WE ACCEPT（你方15日电我方接受）。

1．构成接受的条件

构成一项有效的接受，必须具备以下条件。

（1）接受必须由受盘人作出。这一条件与发盘必须向特定的人发出是相对应的，因此，接受也只能由受盘人作出，才具有效力。其他任何人对发盘表示同意，不能构成接受，合同也就不会成立。

（2）接受必须表示出来。接受必须以口头或书面的形式向发盘人明确表示，还可用行为表示接受。例如，某进口商向出口商发盘，由于发盘内容明确，所列条件又符合出口商的要求，出口商接到发盘后，马上将货物装运出去；或买方同意卖方在发盘中提出的交易条件，并随即支付货款或开出信用证。

在实际业务中，发盘人如果以口头形式发盘，受盘人一般以口头形式表示接受。发盘人如果以书面形式发盘，受盘人则应以书面形式表示接受。

（3）接受必须在发盘的有效期内传达到发盘人。发盘中规定有效期是约束发盘人承担义务，在有效期内不能任意撤销或修改发盘的内容。同时，受盘人只有在有效期内作出的接受，才具备法律效力。如果发盘没有规定接受的时限，则受盘人应在合理时间内表示接受。

（4）接受必须与发盘相符。从原则上讲，接受必须是无条件地同意发盘的全部条件，才能达成交易，订立合同。在实际业务中，常有这种情况，受盘人在答复中使用了“接受”、“同意”等字眼，但又对发盘的商品价格、付款、质量、数量、交货地点和时间等实质性的内容作了增加、限制或修改等改动，这在法律上不能构成有效的接受，其实质仍属于还盘。如果是属于非实质性的变更，除发盘人及时向受盘人表示反对外，仍可构成接受，合同得以成立。对此，《公约》也作了明确的规定，对发价表示接受但载有添加或不同条件的答复，如所载的添加或不同条件在实质上并不变更该项发价的条件，除发价人在不过分迟延的期间内以口头或书面通知反对期间的差异外，仍构成接受。如果发价人不作出这种反对，合同的条件就以该项发价的条件以及接受通知内所载的更改为准。

2．逾期接受

逾期接受是指超过发盘规定的有效期，或在未规定发盘有效期的条件下超过合理时间，才传递到发盘人的接受通知。

逾期接受一般不具有法律效力，但也有例外的情况。《公约》规定，①逾期接受仍有接受的效力，如果发价人毫不迟延地用口头或书面将此种意见通知被发价人。②如果载有逾期接受的信件或其他书面文件表明，它是在传递正常、能及时送达发价人的情况下寄发的，则该项逾期接受具有接受的效力，除非发价人毫不迟延地用口头或书面通知被发价人：他认为他的发价已经失效。

3. 接受的生效

接受的生效是一个很重要的法律问题，但至今尚未有统一的认定。

英美法系的国家采取投邮主义的原则，认为如果接受是以信件或电报的形式传递，当信件投邮或电报交发，接受即告生效。也就是说，即使接受的函电在邮递途中延误或遗失，发盘人未能在有效期内收到，甚至根本没有收到，也不影响合同成立。但是，如果发盘人在发盘中明确规定接受必须在有效期内传达到发盘人，则该接受的函电必须传递到发盘人才可生效。

大陆法系的国家则采取到达主义原则，认为表示接受的函电必须在发盘有效期内送达发盘人，接受才可生效。如果表示接受的函电，在邮递中延误或遗失，合同就不能成立。

《公约》采纳了到达生效的原则，明确规定接受必须送达发盘人才生效。如果接受通知未在发盘规定的时限内送达发盘人，或者发盘没有规定时限，而在合理时间内未送达发盘人，接受则为无效。

4. 接受的撤回

由于接受送达发盘人时才产生法律效力，因此，撤回接受的通知，只要先于或与原接受通知同时送达发盘人，该接受可以撤回。如果接受生效后，合同已经成立，接受则不予以撤销。对此，《公约》也有相应的规定，接受得予撤回，如果撤回通知于接受原应生效之前或同时送达发价人。

四、交易磋商示例

【例 3.2】法国 HTL 公司是天津泰佛进出口公司的多年老客户。该公司每年都向泰佛进出口公司订购大量整船装运的大米，转口非洲。2008 年年底，该公司又来邮件，询问出口方是否愿意按每公吨 245/250 美元的价格出售 35%碎粒的籼米（水分：最高 15%；杂质：最高 1%）。泰佛进出口公司在收到该商电传后，根据国际市场及出口方货源等情况，制订了详细的出口商品经营方案，经磋商最终与该公司达成一笔新的大米出口交易。

12 月 20 日进口方来函

2008 Dec. 20th

PLEASE ADVISE IF YOU ARE INTERESTED IN THE VICINITY OF 245/250 US DOLLARS FOR 35 PERCENT BROKENS LONG RICE 50 KILOS BAGS REGARDS

（请电告是否有兴趣，35%碎粒每公吨 245/250 美元左右，籼米 50 千克袋装。致意）

12 月 31 日出口方去函

2008 Dec. 31st

YOURS THIRTIETH LONG RICE TOO LOW NOT INTERESTED

（你 30 日电传籼米价太低无兴趣）

1 月 3 日进口方来函

2009 Jan. 3rd

THANKS FOR YOURS 31ST PLEASE ADVISE AT WHAT PRICE YOU WOULD BE INTERESTED FOR 40/60 000 METRIC TONS 35PCT LONG RICE SHIPMENT FEB/MAY E-

QUAL MONTHLY STOP PLEASE REPLY URGENTLY STOP BEST WISHES

（感谢你31日的电传。请告在何价格水平你有兴趣40/60 000公吨35%籼米2/5月平均装运。请急复。良好祝愿）

1月4日出口方去函

2009 Jan 4th

TO FACILITATE YOURS WORK OUR REFERENCE PRICE LONG RICE 35PCT BROKENS USD292 FOBS TIANJIN STOP BEST WISHES

（便于你工作，我参考价格籼米35%碎粒292美元FOBS天津。良好祝愿）

1月5日进口方来函

2009 Jan 5th

ON BEHALF OF OUR PRINCIPALS WE EXCEPTIONALLY BID FIRM 60 000METRIC TONS 10PCT MORE OR LESS BUYER OPTION LONG RICE 35PCT BROKENS USDOLLARS 277 FOB STOWED TIANJIN GROSS FOR NET 50KILOS NEW GUNNY BAGS STOP SHIPMENT FEB/JUNE ABOUT EQUAL MONTHLY BUYERS OPTION PAYMENT BY CONFIRMED IRREVOCABLE SIGHT L/C STOP REPLY REACHING US MONDAY SEVENTH JANUARY PARIS OUR OPENING TIME STOP THANKS IN ADVICE BEST REGARDS

（代委托人例外递实盘60 000公吨10%上下，买方决定籼米35%碎粒277美元FOB并理舱天津，毛作净，50千克新麻袋，二月/六月大约平均装运，由买方决定，付款保兑不可撤销即期信用证。巴黎时间1月7日星期一我办公时间复到我方。预致谢意）

1月7日出口方去函

2009 Jan 7th

YOURS FIFTH YOUR PRICE TOO LOW REGRET UNABLE COUNTER OFFER

（你5日电传价太低，很抱歉难以还盘）

1月7日进口方来函

2009 Jan 7th

REFERRING YOURS SEVENTH HAVE FINALLY CONVINCED PRINCIPALS IMPROVE BID 35PCT USD284 OTHER TERMS UNCHANGED PLEASE RUSH REPLY OUR OPENING EIGHTH JANUARY

（你7日电传已最后说服委托人改进递盘，35% 284美元，其他条件不变。请速复1月8日我方办公时间）

1月8日出口方去函

2009 Jan 8th

YOURS SEVENTH COUNTER OFFER TILL NINTH OUR TIME LONG RICE 35PCT BROKENS 60 000MT SHIPMENT FEB/MAR/APR 20 000METRIC TONS MONTHLY USD291 FOBS TIANJIN GROSS FOR NET CONTRACT DESTINATION ABIDJAN EXCLUDING MADAGASCAR AND MAURITIUS NEW SINGLE GUNNY BAGS ABOUT 50 KILOS EACH

（你7日电传还盘有效至9日我方时间，籼米35%碎粒60 000公吨，装运二/三/四月 每月20 000公吨，291美元，FOBS天津，毛作净，目的港阿比让（马达加斯加和毛里求斯除外），单层麻袋每袋约50千克）

1月8日进口方来函

2009 Jan 8th

BEHALF PRINCIPALS BID SUBJECT REPLY OUR OPENING 9TH JAN 45 000MT 10PCT MORE OR LESS BUYERS OPTION LONG RICE 35PCT BROKENS FEB/MAR/APR ABOUT 15 000METRIC TONS EACH 288 USDOLLARS FOB STOWED TIANJIN 50KILOS NEW BAGS STOP ATTENTION STIFF COMPETITION FROM OTHER ASIAN SELLERS

（代委托人递盘1月9日我办公时间复，45 000公吨10%上下买方决定，籼米35%碎粒二/三/四月每月约15 000公吨288美元FOB并理舱天津，50千克新袋。注意来自其他亚洲卖户竞争激烈）

1月9日出口方去函

2009 Jan 9th

YOURS EIGHTH LONG RICE COUNTER OFFER TILL TENTH OUR TIME 35PCT BROKENS 35 000MT 5PCT MORE OR LESS USD291 SHIPMENT ABOUT 12 000METRIC TONS MONTHLY OTHER TERMS AS PER OUR TELEX DATE JANUARY EIGHTH

（你8日电传籼米还盘有效至10日我方时间，35%碎粒35 000公吨5%上下291美元装运每月约12 000公吨其他条件按我1月8日电传）

1月9日进口方来函

2009 Jan 9th

BEHALF PRINCIPALS SUBJECT REPLY OUR OPENING TENTH JANUARY WE BID FIRM AS PER OUR YESTERDAYS TELEX BUT PRICES 35PCT USD289 STOP AS YOU ARE AWARE MODERN VESSELS RANGE ABOUT 12 000METRIC TONS 10PCT ONLY REASON WHY WE MAINTAIN QUANTITY 10PCT MORE OR LESS BUYERS OPTION TO SUIT CAPACITY OF VESSELS STOP KINDLY ACCOMMODATE IN ORDER TO TERMINATE BUSINESS STOP THANKS REGARDS

（代委托人限1月10日我办公时间复递盘按我昨日电传但价格35% 289美元。如你所知现代船舶约在12 000公吨10%上下之间，此系唯一理由我坚持数量10%上下由买方决定，以便适应船舶容量。请融通达成交易。致谢并问候）

1月10日出口方去函

2009 Jan 10th

YOURS NINTH CONSIDERING FRIENDLY RELATIONS AND COOPERATING WITH YOU WE CONFIRM EXCEPTIONALLY 35PCT BROKENS 35 000METRIC TONS USD289 10PCT MORE OR LESS BUYERS OPTION CONTRACT CR81008 AIRMAILING

（你9日电传考虑到友好关系并配合你方，我例外确认35%碎粒35 000公吨289美元，10%上下买方决定，合同CR81008航寄）

单元二　合同签订

国际货物买卖合同是指卖方为了取得货款而把货物所有权移交给买方的一种双务合同。在这种合同中，卖方的基本义务是交出货物的所有权，买方的基本义务是支付货款。这是货物买卖合同区别于其他合同的一个主要特点。

国际货物买卖合同的订立同其他合同一样，是双方当事人意思表示一致的结果。关于国际货物买卖合同成立所涉及的法律问题，我国《合同法》和《公约》都作了明确的规定。

一、合同成立的时间

合同成立的时间为接受生效的时间，而接受生效的时间，又以通知到达发盘人或按交易习惯及发盘要求作出接受行为为准。合同成立的时间有两个判断标准：一是有效接受的通知到达发盘人时，合同成立；二是受盘人作出接受行为时，合同成立。

二、合同生效的要件

一项合同在具备以下条件时，才是有效的合同，受到法律的保护。

（一）买卖双方当事人必须在自愿和真实的基础上达成协议

签订合同必须是双方自愿的。我国《合同法》第 3 条和第 4 条明确规定，合同当事人的法律地位平等，一方不得将自己的意志强加给另一方。当事人依法享有自愿订立合同的权利，任何单位和个人不得非法干预。对此，英美法系和大陆法系的国家都有类似规定。采取欺诈、胁迫的手段或者乘人之危，使对方在违背真实意思的情况下订立合同，受损方有权请求法院或仲裁机构对其进行变更或撤销。

（二）当事人必须具有订立合同的行为能力

一般来说，具有法律行为能力的人是指登记注册的企业法人和自然人中的法定成年人。没有法律行为能力的人，或限制法律行为能力的人，如未成年人、精神病患者等，都被视为没有签订合同能力的人。各国法律一般都规定缺乏订约能力的人所订立的合同，根据情况可以撤销或宣布无效。

（三）合同必须有对价和合法的约因

所谓“对价”（Consideration），是指当事人为了取得合同利益所付出的代价，这是英美法的概念。例如，在买卖合同中，买方为了得到卖方提供的货物必须支付货款，而卖方为了取得买方支付的货款必须交货，买方支付和卖方交货就是买卖合同的“对价”。

约因是缔约当事人之间，由于缔约行为，一方获利，一方遭受损失。例如，在货物买卖合同中，买方的约因是获得货物；卖方的约因是获得货款。

买卖合同只有在有对价或约因的情况下，才是有效的。否则，合同得不到法律的保障。

（四）合同标的和内容必须合法

合同的标的是指双方交易行为的客体，即双方买卖的商品。为买卖违禁品，如毒品、走私品等签订的合同是不合法的。同时，合同的内容也必须合法。我国《合同法》第 7 条规定，当事人订立、履行合同，应当遵守法律、行政法规，尊重社会公德，不得扰乱社会经济秩序，损害社会公共利益。否则，合同视为无效。

（五）合同必须符合法律规定的形式

《公约》第 11 条规定，销售合同无须以书面订立或书面证明，在形式方面也不受其他条件的限制。销售合同可以用包括人证在内的任何方式证明。即《公约》对国际货物买卖合同的形式，原则上不加以限制，无论采用书面形式、口头形式或是电子信息形式，只要能证明这种形式的存在，均不影响合同效力。这一规定既是参照西方国家的习惯做法，也是为了适应国际贸易发展的特点，因为越来越多的国际货物销售合同是以现代通信方式订立的，不一定存在书面合同。但《公约》对缔约国针对该条规定提出声明予以保留。

1986 年我国在核准该《公约》时，对这条规定提出保留，坚持必须采用书面方式作为合同生效的条件。书面方式包括电报、电传和传真。但我国《合同法》第 10 条规定，当事人订立合同，有书面形式、口头形式和其他形式。法律、行政法规规定采用书面形式的，应当采用书面形式。一般来说，我国外贸企业与国外客户订立买卖合同时，均采用书面形式。

【例 3.3】外商甲于 2 月 1 日向乙发盘：“1 000 公吨当年产玉米，F. A. Q，每公吨 17 520 日元 CFR 横滨，其余条件同 SC99－012。”三天后，乙回电：“你 1 日电接受，用新麻袋装。”并通过银行向甲开立了信用证。几天后，国际市场玉米价格上扬。甲来电：“你 4 日电，不接受。”并退回信用证。乙即回电指出:“你 1 日发盘已被我方接受，合同已告成立。请即履行合同。”甲回电称：“我 1 日电，你 4 日已作还盘，故合同不成立。”试分析：合同是否成立，为什么？

分析：合同已经成立，因为乙在发盘有效期内向甲作出了有效的接受。根据我国《合同法》及《公约》的规定，合同已告成立。虽然乙在 2 月 4 日回复中提出“用新麻袋装”的要求，但这并不是对发盘作出实质性的变更，发盘人也没有及时向受盘人表示反对其间的差异，因此，仍构成有效接收，合同得以成立。而且，乙已用实际行动来表示其接受了该项发盘，即通过银行向甲开出了信用证。因此，甲必须履行该合同的义务。

三、合同的签订

在国际贸易实践中，买卖双方进行交易磋商，无论是通过口头磋商还是书面磋商，当交易达成后，买卖双方往往还需要签订一份正式的书面合同，将双方的权利、义务等通过明文规定下来。

（一）书面合同的作用

1. 合同成立的证据

按照各国法律的要求，凡是合同都能被证明，提供证据，以证明合同关系的存在。当双方在事后发生争议提交仲裁或诉讼时，仲裁庭和法庭也要先确定双方之间是否已建立了合同关系，将要求当事人对合同处理提供证据。用函电磋商达成的交易，证据自然不成问题。但是对于通过口头谈判达成的交易，书面合同的作用就特别明显了。若不用一定的书面形式加以确定，合同将由于不能被证明而难以得到法律的保障。因此，尽管许多国家的法律并不否认口头合同的效力，但在国际贸易中，要求签订书面合同更有助于维护双方的权利和明确双方的义务，“空口无凭，立字为据”的意义也在于此。

2. 合同生效的条件

在一般情况下，合同的生效是以接受生效为条件的，即只要接受生效，合同就成立。但是在下述两种特定的情况下，书面合同就作为合同生效的条件了。

第一种情况，如果在交易磋商时，买卖双方的一方曾声明并经另一方同意，合同的成立以双方签订正式书面合同或确认书为准，在这种情况下，虽然双方已对交易条件全部取得一致意见，但在正式书面合同或确认书签订之前，还不存在法律上有效的合同。这样，正式书面合同或确认书的签署就成为合同生效必不可少的条件了。

第二种情况，根据国家法律或政府政策的规定必须经政府部门审核批准的合同，必须是正式书面合同。此类合同生效时间应为授权机构批准之日，而并非双方当事人在合同上签字的日期。

3. 合同履行的依据

在国际贸易中，合同的履行涉及企业内外的许多部门，涉及外部的许多相关机构，如运输公司、保险公司、银行等，过程也相当复杂。口头合同如不转变成书面合同，几乎无法履行。即使通过信件、电报、电传等达成交易，但不将分散于多份信函、电报或电传中的双方协议一致的条件集中归纳到一份书面合同上来，也将难以正确履行合同。因此，买卖双方不论通过口头还是书面磋商，在达成交易后，都需要将商定的交易条件、各自应享受的权利和承担的义务，全面清晰地在一个文件上用文字规定下来，作为履行合同的依据。

（二）书面合同的形式

书面合同形式主要有正式的合同（Contract）和确认书（Confirmation），也有协议（Agreement）、备忘录（Memorandum），实际业务中还有订单（Order）和委托订购单等形式。

在我国出口业务中，书面合同主要采用两种形式：一种是条款完备、内容较全面的正式合同，如销售合同（Sales Contract）；另一种是内容较简单的简式合同，如销售确认书（Sales Confirmation）。

1. 销售合同

合同的内容比较全面，除商品的名称、规格、包装、数量、单价、装运港和目的港、交货期、付款方式、运输标志、商品检验等条款外，还有异议索赔、仲裁、不可抗力等条款。它的特点在于：内容比较全面，对双方的权利和义务以及发生争议后如何处理，均有详细的规定。签订这种形式的合同，对于明确双方的责任、避免争议的发生都是有利的。因此，对大宗商品或成交金额较大的交易，一般应采用这种合同形式。

2. 销售确认书

销售确认书属于一种简式合同，其内容一般包括商品名称、规格、包装、数量、单价、交货期、装运港和目的港、付款方式、运输标志、商品检验等主要条款。对于异议索赔、仲裁、不可抗力等条款，一般都不予列入。这种格式的合同，适用于金额不大，批数较多的土特产品和轻工产品，或者已订有代理、包销等长期协议的交易。

上述两种形式的合同，虽然在格式、条款项目和内容的繁简上有所不同，但在法律上具有同等效力，对买卖双方均有约束力。

（三）书面合同的内容

进出口贸易合同的基本内容由约首、本文和约尾 3 部分组成。

1. 约首

约首是合同的首部，包括合同的名称、合同号码（订约日期、订约地点）、买卖双方的名称和地址以及序言等内容。序言主要是写明双方订立合同的意义和执行合同的保证，以确定对双方都有约束力。双方的名称应用全称，不能用简称。地址要详细列明，因涉及法律管辖权问题，所以不能随便填写。在我国出口业务中，除在国外签订的合同外，一般都是以出口公司所在地为签约地址。

2. 本文

本文部分是合同的主要部分，一般以合同条款的形式具体列明交易的各项条件，规定双方当事人的权利和义务。本文包括的内容主要有：出口货物的名称、规格和达成交易的数量，商品的包装和双方谈妥的价格，交付货物的时间、装运地及目的地，货物的运输保险由哪一方负责办理、保险险别与所适用的保险条款，货款支付的时间和方式等。此外，出口合同或销售确认书通常还在一般交易条件或备注栏中列明有关预防及处理争议的条款。本文主要条款有：①品质条款；②数量条款；③包装条款；④价格条款；⑤支付条款；⑥运输条款；⑦保险条款；⑧商品检验条款；⑨不可抗力条款；⑩索赔条款；⑪ 仲裁条款。

3. 约尾

约尾是合同的尾部，包括合同文字的效力、份数、订约的时间和地点及生效的时间、附件的效力以及双方签字等，这也是合同不可缺少的重要组成部分。合同的订约地点往往要涉及合同依据法的问题，因此要慎重对待。我国出口合同的订约地点一般都是在我国境内。有的合同将订约的时间和地点在约首订明。

（四）签订书面合同应注意的问题

签订书面合同是一项具体、复杂而又特别重要的工作，在操作过程中要特别注意以下几个问题。

1. 要注意合同各条款间的内在联系

合同是一个有机整体，各个条款之间应相互衔接，保持一致，不应出现相互矛盾的内容。例如，合同中规定采用CIF术语，同时又规定出口方必须保证货物于×月×日前到达目的港。这实际上已经否定CIF术语的作用，增加了出口方的责任与风险。

2. 合同条款要完善和明确

首先，合同条款一定要订得具体、完善，防止错列和漏列主要事项。其次，合同的文字要简练、严谨、明确，切忌使用模棱两可或含混不清的词句和文字。

3. 必须符合我国有关的法律和法规的规定

我国对外签订的国际货物买卖合同都必须遵守我国的法律规定，不符合我国法律规定的合同将视为无效，不能得到我国法律的承认和保护。

4. 必须贯彻我国的各项对外政策

目前，对外贸易已经成为各国对外关系的一个十分重要的方面，“政治问题贸易化”或“贸易问题政治化”的现象越来越普遍化。我国奉行独立自主的对外政策，愿意在和平共处五项原则的基础上发展与各国、各地区的经济和贸易关系。为此，对外签订贸易合同必须符合和贯彻我国对外政策与方针。

5. 必须遵守有关的国际公约与国际贸易惯例

国际贸易已经超出一国的国内行为，因此，必须接受有关国际公约的约束。目前，《公约》已经成为国际货物买卖方面影响最大的国际公约。我国是《公约》的签字国，理应遵守《公约》中除我国政府提出保留的意见之外的各项规定，此外，我国对外签订的各种贸易协定、支付协定，以及有关的国际贸易惯例也是对外签订贸易合同应该遵守的规则。

四、国际货物买卖合同条款示例

1. 品质条款

国际货物品质条款有多种制定或表示方法，常见的有以下几种：

(1) 凭等级。如，“9371 中国绿茶，特珍一级”

9371 CHINA GREEN TEA SPECIAL CHUMMY GRADE 1

(2) 凭规格。如，

芝麻 水分（最高）8%

杂质（最高）2%

含油量（最低）52%

SESAMES MOISTURE (MAX.) 8%

ADMIXTURE (MAX.) 2%

OIL CONTENT (MIN.) 52%

(3) 凭品名、规格。如，“张裕干红葡萄酒，糖分 12 度”

ZHANGYU DRY RED WINE，TWELVE DEGREE OF SUGAR

“C708 中国灰鸭绒，含绒量为 90%，允许 1%上下”

C708 CHINESE GREY DUCK'S DOWN WITH 90%DOWN CONTENT，1% MORE OR LESS ALLOWED

2. 数量条款

数量条款主要由数字和计量单位构成，常见的数量条款示例如下：

(1)“大米 5 000 公吨，5%上下，由卖方决定”。

RICE 5 000 METRIC TONS，5% MORE OR LESS AT SELLER'S OPTION.

(2)“蚕豆，60 000 公吨，以毛作净，卖方可溢短装 5%，增减部分按合同价格计”。

SOYBEAN 60 000MT，GROSS FOR NET，5% MORE OR LESS AT SELLER'S OPTION AT CONTRACT PRICES

3. 包装条款

包装条款一般包括包装材料和包装方式，常见的包装条款示例如下：

(1)“木箱装，每箱 50 千克，净重”。

IN WOODEN CASES OF 50 KILOS NET EACH.

(2)“纸箱装，每箱净重 40 千克，然后装托盘”。

IN CARTONS OF 40KILOS NET EACH，THEN ON PALLETS.

(3)“国际标准茶叶，纸箱装，20 纸箱一托盘，10 托盘一集装箱”。

IN INTERNATIONAL STANDARD TEA BOXES，20 BOXES ON A PALLET，10 PALLETS IN A FCL CONTAINER.

4. 价格条款

合同中的价格条款有两部分：单价与总值。常见的价格条款示例如下：

(1)“每套 75 欧元 CFR 汉堡净价”。

EUR75 PER SET CFR NET HAMBURG.

(2)“每打 125 港元 CIFC5%香港（或 CIF 香港含 5%佣金）”。

HKD125 PER DOZ. CIFC5% HONGKONG（OR CIF HONGKONG INCLUDING 5% COMMISSION）

(3)“每公吨 300 美元 FOBS 上海，以毛作净”。

USD300 PER METRIC TON FOBS SHANGHAI，GROSS FOR NET.

5. 装运条款

装运条款内容较多，常见装运条款示例如下：

(1)“收到信用证后 45 天内装运，买方必须最迟于××天将 L/C 开抵卖方。”

SHIPMENT WITHIN 45 DAYS AFTER RECEIPT OF L/C. THE BUYERS MUST OPEN THE L/C TO REACH THE SELLERS BEFORE ××（DATE）.

(2)“2001 年 5 月前装运，由上海经香港至伦敦，5 000 公吨分三批等量装运，每批相隔 20 天。”

SHIPMENT BEFORE MAY 2001 FROM SHANGHAI VIA HONG KONG TO LONDON BY CONTAINER VESSEL. 5 000MT SHIPMENT TO BE EFFECTED IN THREE EQUAL

CONSIGNMENT AT AN INTERVAL OF 20 DAYS.

(3)“2001 年 1/2 月每月平均装运”

装运港：上海/天津

目的港：鹿特丹/安特卫普，选港附加费由买方负担。

SHIPMENT DURING JAN. /FEB. 2001 IN TWO EQUAL MONTHLY LOTS.

PORT OF LOADING：SHANGHAI/TIANJIN.

PORT OF DESTINATION：ROTTERDAM/ANTWERP OPTIONAL，ADDITIONAL FEE FOR BUYER'S ACCOUNT.

6. 保险条款

合同中的保险条款根据买卖合同采用的贸易术语不同而有所不同。

(1) FOB、CFR 合同下的保险条款：

“保险由买主办理”

INSURANCE TO BE COVERED BY THE BUYERS.

(2) CIF 合同下的保险条款：

“由卖方按发票金额 110%投水渍险、战争险、罢工险，按 1981/1/1 中国人民保险公司海洋运输货物保险条款。”

INSURANCE IS TO BE COVERED BY THE SELLERS FOR 110% OF THE INVOICE VALUE AGAINST W. A.，WAR RISKS AND S. R. C. C. AS PER OCEAN MARINE CARGO CLAUSE OF THE PEOPLE'S INSURANCE COMPANY OF CHINA DATED JAN. 1st，1981.

7. 支付条款

(1) 采用跟单信用证支付时的支付条款，示例如下：

①“买方应通过卖方所接受的银行于装船月份前××天开立并送达卖方不可撤销即期信用证，有效至装运月份后第 15 天在中国议付。”

THE BUYERS SHALL OPEN THROUGH A BANK ACCEPTABLE TO THE SELLERS AN IRREVOCABLE SIGHT LETTER OF CREDIT，TO REACH THE SELLERS ×× DAYS BEFORE THE MONTH OF SHIPMENT，VALID FOR NEGOTIATION IN CHINA UNTIL THE 15TH DAY AFTER THE MONTH OF SHIPMENT.

②“以不可撤销信用证，凭卖方开具的见票后××天的跟单汇票议付，有效期限为装运期后 15 天，在中国到期，该信用证须于合同规定的装运月份前 30 天到达卖方。”

BY IRREVOCABLE L/C AVAILABLE BY SELLER'S DOCUMENTARY DRAFT AT ×× DAYS AFTER SIGHT，TO BE VALID FOR NEGOTIATION IN CHINA UNTIL THE 15TH DAY AFTER DATE OF SHIPMENT. THE L/C MUST REACH THE SELLERS 30 DAYS BEFORE THE CONTRACTED MONTH OF SHIPMENT.

(2) 采用托收方式时的支付条款，示例如下：

①“买方凭卖方开具的即期跟单汇票，于见票时立即付款，付款后交单。”

UPON FIRST PRESENTATION THE BUYERS SHALL PAY AGAINST DOCUMENTARY DRAFT DRAWN BY THE SELLERS AT SIGHT. THE SHIPPING DOCUMENTS ARE

TO BE DELIVERED AGAINST PAYMENT ONLY.

②“买方凭卖方开具的跟单汇票，于见票日后××天付款，付款后交单。”

THE BUYERS SHALL PAY AGAINST DOCUMENTARY DRAFT DRAWN BY THE SELLERS AT ×× DAYS' SIGHT, THE SHIPPING DOCUMENTS ARE TO BE DELIVERED AGAINST PAYMENT ONLY.

③“买方对卖方开具的见票后××天付款的跟单汇票，于提示时承兑，并于汇票到期日即予付款，承兑后交单。”

THE BUYERS SHALL DULY ACCEPT THE DOCUMENTARY DRAFT DRAWN BY THE SELLERS AT ×× DAYS' SIGHT UPON FIRST PRESENTATION AND MAKE PAYMENT ON IT'S MATURITY. THE SHIPPING DOCUMENTS ARE TO BE DELIVERED AGAINST ACCEPTANCE AFTER IT HAS BEEN MADE.

8. 商检条款

(1)“以装运港中国商品检验局签发的品质、重量/数量检验证书作为有关信用证项下议付所提交单据的一部分，买方对于装运货物的任何索赔，须于货物到达目的港××天内提出，并须提供经卖方同意的公证机构出具的检验证书。”

THE CERTIFICATE OF QUALITY AND WEIGHT (QUANTITY) ISSUED BY THE CHINA COMMODITY INSPECTION BUREAU AT THE PORT OF SHIPMENT SHALL BE PART OF THE DOCUMENTS TO BE PRESENTED FOR NEGOTIATION UNDER THE RELEVANT LETTER OF CREDIT. ANY CLAIM BY THE BUYERS REGARDING THE GOODS SHIPPED SHALL BE FILED WITHIN ×× DAYS AFTER THE ARRIVAL OF THE GOODS AT THE PORT OF DESTINATION, AND SUPPORTED BY A SURVEY REPORT ISSUED BY A SURVEYOR APPROVED BY THE SELLERS.

(2)“中国商品检验局出具的质量/重量/数量证书为最后依据。”

CERTIFICATE OF QUANTITY/WEIGHT/QUALITY TO BE ISSUED BY CHINA COMMODITY INSPECTION BUREAU SHALL BE TAKEN AS FINAL.

9. 索赔条款

索赔条款的内容主要是提出索赔期限和依据，该条款有时合并在检验条款中。如下例，

“买方对于装运货物的任何索赔，必须于货到提单所订目的地 ××天内提出，并须经卖方同意的公证机构出具检验报告。”

ANY CLAIM BY THE BUYERS REGARDING THE GOODS SHIPPED SHALL BE FILED WITHIN ××DAYS AFTER THE ARRIVAL OF THE GOODS AT THE PORT OF DESTINATION SPECIFIED IN THE RELATIVE BILL OF LADING AND SUPPORTED BY A SURVEY REPORT ISSUED BY A SURVEYOR APPROVED BY THE SELLERS.

10. 不可抗力条款

不可抗力条款内容包括：不可抗力事故的范围、事故的后果、发生事故后通知对方的方式、出具事故证明的机构等。如，

“如因战争、火灾、地震、水灾、暴风雨等其他不可抗力的原因，致使卖方不能部分或全部装运或延迟装运，卖方对此均不负责，但卖方须用电报（电传）通知买方，并以航空信件向后

者提出由中国国际贸易促进委员会出具证明该事件的证书。”

IF THE SHIPMENT OF THE CONTRACTED GOODS IS PREVENTED OR DELAYED IN WHOLE OR IN PART BY REASON OF WAR, FIRE, EARTHQUAKE, FLOOD, FIRE-STORM OR OTHER CAUSE OF FORCE MAJEURE, THE SELLERS SHALL NOT BE LIABLE FOR THE CONTRACT. HOWEVER, THE SELLERS SHALL NOTIFY THE BUYERS BY CABLE (OR TELEX) AND FURNISH THE LATTER BY REGISTERED AIR－MAIL WITH A CERTIFICATE ISSUED BY THE CHINA COUNCIL FOR THE PROMOTION OF INTERNATIONAL TRADE ATTESTING SUCH EVENT OR EVENTS.

11. 仲裁条款

我国进出口合同的仲裁有两种规定：一种由中国国际贸易促进委员会对外经济贸易仲裁委员会仲裁；另一种由被告人所在国或第三国仲裁。常见仲裁条款示例如下：

（1）规定由中国国际贸易促进委员会对外经济贸易仲裁委员会仲裁的条款。

“凡有关本合同所发生的一切争议，应通过友好协商解决，若通过协商达不成协议，则提交中国国际贸易促进委员会对外贸易仲裁委员会。仲裁在北京进行。该委员会的裁决为终局的，并对双方均有约束力，仲裁费由败诉方承担。”

ALL DISPUTES IN CONNECTION WITH THIS CONTRACT SHALL BE SETTLED THROUGH FRIENDLY NEGOTIATION. IN CASE NO SETTLEMENT CAN BE REACHED THROUGH NEGOTIATION, THE CASE SHOULD THEN BE SUBMITTED TO THE FOREIGN TRADE ARBITRATION COMMISSION OF CHINA COUNCIL FOR THE PROMOTION OF INTERNATIONAL TRADE FOR ARBITRATION WITH ITS PROVISIONAL RULES OF PROCEDURE. THE ARBITRATION SHALL BE CONDUCTED IN BEIJING AND THE DECISION MADE BY THE SAID COMMISSION SHALL BE FINAL AND BINDING UPON BOTH PARTIES. THE ARBITRATION FEES SHALL BE BORNE BY THE LOSING PARTY.

（2）由被告人所在国或第三国仲裁的条款。

“有关合同的一切争议，应通过协商友好解决。如协商不能解决，应提交仲裁，仲裁应在被告所在国进行，或者在双方同意的第三国进行，仲裁裁决是终局的，对双方均有约束力。”

ALL DISPUTES IN CONNECTION WITH THIS CONTRACT SHALL BE SETTLED FRIENDLY THROUGH NEGOTIATION. IN CASE NO SETTLEMENT CAN BE REACHED THROUGH NEGOTIATION, THE CASE SHOULD THEN BE SUBMITTED FOR ARBITRATION. THE ARBITRATION SHALL TAKE PLACE IN THE COUNTRY WHERE THE DEFENDANT RESIDES OR IN THE THIRD COUNTRY MUTUALLY AGREED UPON BY BOTH PARTIES. THE DECISION OF ARBITRATION SHALL BE FINAL AND BINDING UPON BOTH PARTIES.

任务一 交易磋商

一、任务目标

1. 掌握国际贸易中交易磋商的内容
2. 掌握交易磋商的形式、程序和主要环节
3. 掌握交易磋商的方法

二、案例引入

请以世嘉贸易公司业务员的身份为公司开拓一项新的业务，并根据交易前的各项准备进行交易磋商：询盘、发盘、还盘、接收。

经过市场调研和搜集市场资料，得知荷兰首都阿姆斯特丹的一家贸易公司有意采购一批自行车，因此结合出口方市场情况作了如下交易准备。

1. 商品名称

Bicycle A100 White and black

Bicycle A200 Blue and red

2. 目标市场：荷兰阿姆斯特丹

目标客户：大洋贸易公司（DAYANG TRADING CO.，LTD.）

3. 报价

Bicycle A100 White and black 的报价为

FOB SHANGHAI USD45.563/ Bicycle

CFR AMSTERDAM USD81.878 / Bicycle

CIF AMSTERDAM USD 86.869 / Bicycle

Bicycle A200 Blue and red 的报价为

FOB SHANGHAI USD44.143/ Bicycle

CFR AMSTERDAM USD80.458 / Bicycle

CIF AMSTERDAM USD85.433 / Bicycle

请根据以上交易准备进行交易磋商，以下为磋商内容。

1. 大洋贸易公司根据出口方的业务介绍进行询盘

Oct 14，2009

SHIJIA TAICANG CO.，LTD.

1# JINAN ROAD TAICANG CHINA

TEL：(0512) 82588666
FAX：(0512) 82588999
ZIP CODE：215400

Dear Mr. Zhao,

Thank you for your letter of Oct 12, 2009 and your latest catalogue.

We are much impressed by your commodity especially AT series, AT100, AT101 and AT200, AT201. It would be appreciated if you could quote us your best price on FOB Shanghai, CFR AMSTERDAM& CIF AMSTERDAM.

Meanwhile we would like to have some samples of the above items for our customers to test before we could place a firm order.

If the lab tests go well, and your prices are competitive, we'd certainly be able to place a substantial order.

We are looking forward to your early reply.

Yours faithfully,
DAYANG TRADING CO., LTD.
Jason

2. 出口方作出如下发盘

Oct 16, 2009

Dear Mr. Jason

We are pleased to receive your inquiry of Oct 14, 2009 and to hear that you are interested in our AT series.

We would like to quote as follows based on per 20′ FCL.

Commodity	Article Number	FOB Shanghai each	CFR AMSTERD each	CIF AMSTERM each	Cartons per 20′ FCL
Bicycle A100 White	AT100	USD45. 563	USD 81. 878	USD 86. 869	7 CTN.
Bicycle A100 Black	AT101	USD45. 563	USD 81. 878	USD 86. 869	7 CTN.
Bicycle A200 Blue	AT200	USD44. 143	USD 80. 458	USD85. 433	6CTN.
Bicycle A200 Red	AT201	USD44. 143	USD 80. 458	USD85. 433	6 CTN.

Packing：All of the Commodity, 57 bicycles per cartons.

Payment：By sight L/C.

Shipment：To be effected within 2 months from receipt of the relevant L/C.

Insurance：For 110% invoice value covering WPA , Risk of Rust and War Risk as per Ocean Marine Cargo Clause of the People's Insurance Company of China dated 01/01 1981

We will keep this offer valid only for 7 days.

In addition, we have airmailed to you the samples you requested.

If you find the above acceptable, please fax us for confirmation.

Yours faithfully,

SHIJIA TRADING Co. , Ltd.
Zhao

3. 大洋贸易公司作出还盘

Oct 17，2009
SHIJIA TRADING CO. LTD
TEL NO. :（0512）82588666
FAX NO. :（0512）82588999

Dear Mr. Zhao，

Thank you for your letter of Oct 16，2009 and your samples.

For your information，our customers are quite satisfied with the test result of your samples but they are still holding back.

After careful examining and comparison with similar products of other makes，we find your quotation is really much higher. Unless the prices could match with the market level，it is difficult to persuade customers to purchase from you.

So，we would counter offer as follows：

Bicycle A100 White AT100 USD 85 CIF AMSTERDAM
Bicycle A100 Black AT101 USD85 CIF AMSTERDAM
Bicycle A200 Blue AT200 USD84 CIF AMSTERDAM
Bicycle A200 Red AT201 USD84 CIF AMSTERDAM

Actually，competitive prices for a trial order can often lead to a high market share with enormous profits in future. We hope you will consider our counter－offer favorably and let us have your acceptance by telex.

Yours faithfully，
DAYANG TRADING CO. , LTD.
Jason

4. 大洋贸易公司作出接受

Oct 21，2009
Dear Mr. Jason

Thank you for your letter of Oct 17，2009. We really appreciate your effort to pave the way of our business.

We are pleased to accept your prices and terms stated in your previous letter. And the contract No. BG091109 enclosed.

We expect to find a good market for the products and hope to place further and larger orders with you in the near future.

Yours faithfully，
SHIJIA TRADING CO. , LTD.
Zhao

三、任务完成

（一）工具准备

（1）FOB、CFR、CIF 三种报价。
（2）交易磋商的模板。

（二）完成步骤

（1）将学生分组，每组 6～8 人，分配角色 3～4 人为买方，3～4 人为卖方。
（2）小组成员根据各组交易前的准备进行交易磋商。
①由买方作出询盘；
②由卖方作出发盘；
③由买方作出还盘；
④由卖方作出接收。

（三）检查标准

检查标准如表 3-1 所示。

表 3-1　检查标准

检 查 标 准	分　值	实 际 得 分
交易磋商程序正确	20	
函电书写规范，询盘和还盘符合要求	20	
函电书写规范，发盘内容清晰准确，报价符合有效发盘条件	20	
接受函电清晰准确，符合有效接收条件	20	
所交磋商函电规范，内容清晰	20	

任务二　签订合同

一、任务目标

1. 掌握国际贸易合同的主要内容
2. 能够充分理解合同中的各个条款

3. 能够起草并签订国际贸易合同

二、案例引入

请根据任务1中的交易磋商达成的交易条件签订进出口贸易合同。

售货合同

合同编号：BG091109
签订地点：太仓
签订日期：2009. 10. 30

买方：DAYANG TRADING CO. LTD
#362 52 STREET，NETHERLANDS，AMSTERDAM
TEL：(+03) 7708808
FAX：(+03) 7701111
E-MAIL：jason@neo. com

卖方：世嘉贸易公司
中国太仓济南路1号
TEL：(0512) 82588666
FAX：(0512) 82588999
ZIP CODE：215400

双方同意按下列条款由买方售出下列商品：

(1) 商品名称、规格及包装	(2) 数量/辆	(3) 单价	(4) 总值
Bicycle White A100 AT100 7CTN.	399	USD85	USD33 915
Bicycle Black A100 AT101 7CTN.	399	USD85	USD33 915
Bicycle Blue A200 AT200 6CTN.	342	USD84	USD28 728
Bicycle Red A200 AT201 6CTN.	342	USD84	USD28 728
		CIF AMSTERDAM	
	总计：1 482		USD125 286

(5) 装运期限：信用证开到卖方后两个月内出运。

(6) 装运口岸：中国上海。

(7) 目的口岸：荷兰阿姆斯特丹。

(8) 保险：由 卖方负责，按本合同总值110%投保水渍险，锈损险和战争险。

(9) 付款：凭保兑的、不可撤销的、可转让的即期信用证付款，信用证以卖方为受益人并允许分批装运和转船。该信用证必须在2009年11月前开到卖方，信用证的有效期应为上述装船期后第15天，在中国到期，否则卖方有权取消本售货合约，不另行通知，并保留因此而发生的一切损失的索赔权。

(10) 商品检验：以中国商品检验检疫局所签发的品质/数量/重量/包装/卫生检验合格证书作为卖方的交货依据。

(11) 装运唛头：运输标志由卖方自制。

其他条款：

1. 异议：品质异议须于货到目的口岸之日起30天内提出，数量异议须于货到目的口岸之日起15天内提出，但均须提供经卖方同意的公证行的检验证明。如责任属于卖方者，卖方于收到异议20天内答复买方并提出处理意见。

2. 信用证内应明确规定卖方有权可多装或少装所注明的百分数，并按实际装运数量议付。(信用证之金额按本售货合约金额增加相应的百分数。)

3. 信用证内容须严格符合本售货合约的规定，否则修改信用证的费用由买方负担，卖方并不负因修改信用证而延误装运的责任，并保留因此而发生的一切损失的索赔权。

4. 除经约定保险归买方投保者外，由卖方向中国的保险公司投保。如买方需增加保险额及/或需加保其他险，可于装船前提出，经卖方同意后代为投保，其费用由买方负担。

5. 因人力不可抗拒事故使卖方不能在本售货合约规定期限内交货或不能交货，卖方不负责任，但是卖方必须立即以电报通知买方。如果买方提出要求，卖方应以挂号函向买方提供由中国国际贸易促进委员会或有关机构出具的证明，证明事故的存在。买方不能领到进口许可证，不能被认为系属人力不可抗拒范围。

6. 仲裁：凡因执行本合约或有关本合约所发生的一切争执，双方应以友好方式协商解决；如果协商不能解决，应提交中国国际经济贸易仲裁委员会，根据该会的仲裁规则进行仲裁。仲裁裁决是终局的，对双方都有约束力。

7. 附加条款（本合同其他条款如与本附加条款有抵触时，以本附加条款为准。)：

卖方：世嘉贸易公司　　　　　买方：DAYANG TRADING CO. LTD

×××　　　　　　　　　　　　×××

SALES CONTRACT

Contract No：BG091109

Signed at：TaiCang

Date：OTC. 30. 2009

The Buyers：DANYANG TRADINGCO. LTD

♯362 52 STREET，NETHERLANDS，AMSTERDAM

TEL：(＋03) 7708808

FAX：(＋03) 7701111

E－MAIL：jason@neo. com

The Sellers：SHIJIA TRADING CO. LTD.

1♯ JINAN ROAD TAICANG CHINA

TEL：(0512) 82588666

FAX：(0512) 82588999

ZIP CODE：215400

The Buyers agree to buy and the Sellers agree to sell the following goods on terms and condi-

tions as set forth below:

(1) Name of Commodity , Specifications and Packing	(2) Quantity /Bicycle	(3) Unit Price	(4) Total Value
Bicycle White A100 AT100 7CTN.	399	USD85	USD33 915
Bicycle Black A100AT101 7CTN.	399	USD85	USD33 915
Bicycle Blue A200 AT200 6CTN.	342	USD84	USD28 728
Bicycle Red A200AT201 6CTN.	342	USD84 CIF AMSTERDAM	USD28 728
	Total: 1 482		USD125 286

(5) Time of Shipment: To be effected within 2 months from receipt of the relevant L/C

(6) Port of loading: SHANGHAI CHINA

(7) Port of Destination: AMSTERDAM NETHERLANDS

(8) Insurance: To be covered by the seller for 110% of the invoice value against W. P. A, Risk of Rust and War Risks.

(9) Terms of Payment: By confirmed, irrevocable, transferable letter of credit at sight in favour of seller , allowing partial shipment and transshipment. The covering Letter of Credit must reach the Sellers before November 2009 and is to remain valid in China until the 15th day after the aforesaid time of shipment, failing which the Sellers reserve the right to cancel this Sales Contract without further notice and to claim from the Buyers for losses resulting therefrom.

(10) Inspection: The Inspection Certificate of Quality / Quantity / Weight / Packing / Sanitation issued by AQSIQ of China shall be regarded as evidence of the Sellers' delivery.

(11) Shipping Marks: Shipping marks being designed by seller.

OTHER TERMS:

1. Discrepancy: In case of quality discrepancy, claim should be lodged by the Buyers within 30 days after the arrival of the goods at the port of destination, while for quantity discrepancy, claim should be lodged by the Buyers within 15 days after the arrival of the goods at the port of destination. In all cases, claims must be accompanied by Survey Reports of Recognized Public Surveyors agreed to by the Sellers. Should the responsibility of the subject under claim be found to rest on the part of the Sellers, the Sellers shall, within 20 days after receipt of the claim, send their reply to the Buyers together with suggestion for settlement.

2. The covering Letter of Credit shall stipulate the Sellers's option of shipping the indicated percentage more or less than the quantity hereby contracted and be negotiated for the amount covering the value of quantity actually shipped. (The Buyers are requested to establish the L/C in amount with the indicated percentage over the total value of the order as per this Sales Contract.)

3. The contents of the covering Letter of Credit shall be in strict conformity with the stipulations of the Sales Contract. In case of any variation there of necessitating amendment of the L/C, the Buyers shall bear the expenses for effecting the amendment. The Sellers shall not be held responsible for possible delay of shipment resulting from awaiting the amendment of the L/C and

reserve the right to claim from the Buyers for the losses resulting therefrom.

4. Except in cases where the insurance is covered by the Buyers as arranged, insurance is to be covered by the Sellers with a Chinese insurance company. If insurance for additional amount and /or for other insurance terms is required by the Buyers, prior notice to this effect must reach the Sellers before shipment and is subject to the Sellers' agreement, and the extra insurance premium shall be for the Buyers' account.

5. The Sellers shall not be held responsible if they fail, owing to Force Majeure cause or causes, to make delivery within the time stipulated in this Sales Contract or cannot deliver the goods. However, the Sellers shall inform immediately the Buyers by cable. The Sellers shall deliver to the Buyers by registered letter, if it is requested by the Buyers, a certificate issued by the China Council for the Promotion of International Trade or by any competent authorities, attesting the existence of the said cause or causes. The Buyers' failure to obtain the relative Import Licence is not to be treated as Force Majeure.

6. Arbitration: All disputes arising in connection with this Sales Contract or the execution thereof shall be settled by way of amicable negotiation. In case no settlement can be reached, the case at issue shall then be submitted for arbitration to the China International Economic and Trade Arbitration Commission in accordance with the provisions of the said Commission. The award by the said Commission shall be deemed as final and binding upon both parties.

7. Supplementary Condition (s) (Should the articles stipulated in this Contract be in conflict with the following supplementary condition (s), the supplementary condition (s) should be taken as valid and binding.)

Sellers : Shijia Trading CO. LTD. Buyers : Dayang Trading CO. LTD.

×××　　　　×××

三、任务完成

（一）工具准备

（1）交易磋商的全过程。

（2）空白的中英文合同。

（二）完成步骤

（1）将学生分组，每组 6～8 人，分配角色 3～4 人为买方，3～4 人为卖方。

（2）小组成员按不同的角色对合同条款进一步磋商。

（3）小组成员根据各组交易磋商的内容签订买卖合同。

（三）检查标准

检查标准如表 3-2 所示。

表 3—2　检查标准

检 查 标 准	分　　值	实 际 得 分
合同条款理解清晰、准确	20	
签订的合同符合要求、各项内容规范	40	
签订的合同符合交易磋商中的交易条件	40	

模块四

出口贸易合同履行

技能目标

1. 具有履行出口贸易合同的能力
2. 具有灵活使用各种支付方式的能力，并具有审核、修改信用证的能力
3. 具有根据合同条款进行备货，设计运输标志和开立商业发票的能力
4. 具有根据业务情况合理的选用运输方式并办理托运委托的能力
5. 具有根据出口货物性质合理选用保险险别、计算投保金额和保险费、填制投保单的能力
6. 具有按照信用证条款备齐、填制符合信用证规定所需单据、填制汇票进行结汇的能力

知识目标

1. 掌握各种支付方式的特点和程序，重点掌握信用证的特点和内容及其具体条款
2. 掌握国际贸易合同中的品质、数量、包装条款，备货的要点，发票的填制
3. 掌握各种运输方式的特点、办理运输的程序以及海运提单的特点和内容
4. 掌握货物运输保险险别，投保金额和保险费的计算及保险单的主要内容
5. 掌握信用证结算的特点和流程及结汇的具体要求

工作任务

1. 审证、改证
2. 备货
3. 货物托运
4. 办理保险
5. 结汇

理论知识

单元一　国际货款的收付

在国际贸易中，货款的收付是买卖双方的基本权利和义务。货款的收付直接影响双方的资

金周转和融通，以及各种金融风险和费用的负担，所以这是关系到买、卖双方利益的问题。因此，买卖双方磋商交易时，都力争约定对自己有利的支付条件。

我国对外贸易货款的收付，一般是通过外汇来结算的，货款的结算主要涉及支付工具、付款时间、地点及支付方式等问题，买卖双方必须对此取得一致意见，并在合同中作出明确的规定。

根据《公约》，按合同规定收取货款是出口方的主要权利，支付货款则是进口方应尽的义务。随着国际贸易的发展，国际货款的收付（国际结算）方式也呈现多样化。其中常见的结算方式有汇付、托收、信用证等。

一、结算工具

国际贸易货款的收付，采用现金结算的较少，大多使用非现金结算，即使用代替现金作为流通手段和支付手段的信贷工具来结算国际间的债权债务。票据是国际通行的结算和信贷工具，是可以流通转让的债权凭证。国际贸易中使用的票据主要有汇票、本票和支票，其中以使用汇票为主。

（一）汇票

1. 汇票的含义

《中华人民共和国票据法》（以下简称《票据法》）第 19 条规定，汇票（Bill of Exchange, Draft）是出票人签发的，委托付款人在见票时或者在指定日期无条件支付确定的金额给收款人或者持票人的票据。汇票是一种流通证券。除注明不得转让之外，一般可以在国际金融市场上流通转让。

2. 汇票的当事人

（1）出票人（Drawer）：就是汇票的开立人。在国际贸易中，一般是出口商。

（2）受票人（Drawee）：就是汇票的付款人。在国际贸易中，一般是进口商或进口商的指定银行。

（3）收款人（Payee）：就是受领汇票金额的人。在国际贸易中，一般是出口商或其指定的人。

3. 汇票的内容

各国使用的汇票格式并不完全一样，但其主要项目基本一致。根据我国《票据法》第 22 条规定，汇票的基本内容应包括以下几个方面：

（1）表明“汇票”的字样；

（2）无条件支付的委托；

（3）确定的汇票金额，汇票金额的大小写数字应完全一致，汇票金额不得超过信用证金额，不允许涂改或盖校对章；

（4）付款人名称；

（5）收款人名称；

（6）出票日期，出票日期最好是议付日期，原则上最晚不得迟于提单日期 21 天以后，更不能晚于信用证的议付期限，但也不可早于提单日期和发票日期，出票地点应与议付地点一致，按国际惯例，在贸易中发生争执时，一般都以出票地点的法律为准；

（7）出票人签章，汇票要有出票人的签字才能生效。

汇票上未记载前款规定事项之一的，汇票无效。

我国《票据法》第23条规定，汇票上记载付款日期、付款地、出票地等事项的，应当清楚、明确。汇票上未记载付款日期的，为见票即付。汇票上未记载付款地的，付款人的营业场所、住所或者经常居住地为付款地。汇票上未记载出票地的，出票人的营业场所、住所或者经常居住地为出票地。

以上内容通常为汇票的要项，但并不是汇票的全部内容，按照各国票据法的规定，汇票的要项必须齐全，否则受票人有权拒付。

【例4.1】

① BILL OF EXCHANGE

Exchange for ③USD15 270.00 Shanghai ⑥ MARCH 1 2005 (Date)

At Sight of this FIRST of Exchange (Second of Exchange being unpaid) ② Pay to ⑤the order of BANK OF CHINA the sum of

US DOLLARS FIFTEEN THOUSAND TWO HUNDRED AND SEVENTY ONLY

Value received

④To：HABIB BANK LIMITED
P. O. BOX 888，
DUBAI，U. A. E

SHANGHAI TEXTILES COMPANY LIMITED，SHANGHAI
⑦方　之
(Authorized Signature)

4．汇票的种类

（1）根据出票人的不同，汇票可以分为银行汇票和商业汇票。

银行汇票（banker's draft）：出票人、付款人都是银行。

商业汇票（commercial draft）：出票人是企业或个人，付款人是企业、个人或银行。国际贸易中，更多使用商业汇票。

（2）根据付款时间的不同，汇票可以分为即期汇票和远期汇票。

即期汇票（sight draft）：汇票上规定付款人于见票时立即付款的汇票。

远期汇票（time draft）：汇票上规定付款人在将来一个确定日期付款的汇票。远期汇票的付款日期可采用：见票后若干天内付款、出票后若干天内付款、提单签发后若干天内付款、固定日期付款等方式。

（3）根据承兑人的不同，汇票可以分为商业承兑汇票和银行承兑汇票。

商业承兑汇票（commercial acceptance draft）：由企业或个人承兑的远期汇票。

银行承兑汇票（banker's acceptance draft）：由银行承兑的远期汇票。

（4）根据是否附带货运单据，汇票可以分为光票和跟单汇票。

光票（clean draft）：不附带货运单据的汇票。

跟单汇票（documentary draft）：附有货运单据的汇票。

国际贸易中多采用跟单汇票。

一张汇票往往具有多种属性。比如，一张汇票可能既是商业汇票，同时又是即期汇票和跟单汇票。

5. 汇票的使用

（1）出票（to draw，Issue）是指出票人签发票据并将其交给付款人的行为。出票人签发票据时，要将汇票上的各栏目填写清楚，包括金额、付款人名称、收款人名称、出票日期、出票人签章。

其中，对于收款人的填写，可以根据需要，选择以下一种作为汇票的抬头。

①限制性抬头：在收款人栏里填写明确的收款人名称。例如，“仅付×××公司（Pay … Co. only)”，这种抬头的汇票不能流通转让，只能由规定的收款人收款。

②指示性抬头：在收款人栏里填写“付×××公司或其指定人（Pay … Co. or order)”，这种抬头的汇票可以背书转让。

③来人抬头：在收款人栏填写“付给来人（Pay to bearer)”，“付给持票人（Pay to holder)”，这种抬头的汇票无须背书即可转让。

我国只允许限制性抬头。

（2）指示（presentation）是指收款人或持票人将汇票提交付款人要求付款或承兑的行为。

（3）承兑（acceptance）是指汇票付款人承诺在汇票到期日支付汇票金额的行为。付款人承兑汇票，不能附加条件，否则视为拒绝承兑。

（4）付款（payment）是指汇票付款人向持票人支付汇票金额的行为。汇票一经付款，则汇票上的一切债权债务关系即告消灭。

（5）背书（endorsement）是指汇票的抬头人在汇票的背面写上自己的名字，或再加上受让人（被背书人）的名字，并把汇票交给受让人的行为。经背书后，汇票的收款权利就转让给了受让人。注意，限制性抬头不得背书。

背书的方式有以下几种：

①限制性背书：背书人在汇票背面写“仅付×××”，这种背书由指定的背书人取款，不得再背书。

②特别背书：背书人在汇票背面写“付给×××或其指定人”，这种背书可进行再背书。

③空白背书：背书人在汇票背面只签字，不指定背书人，可交付任何持票人，可再背书。

对于受让人来说，所有以前的背书人以及汇票的出票人都是他的前手。对于汇票的出让人来说，所有以后的受让人都是他的后手。前手对后手负有保证汇票必定会被承兑或被付款的担保责任。

（6）拒付（dishonor）是指付款人拒绝付款或拒绝承兑。若付款人因死亡、逃匿、破产等事实而不能付款，也称作拒付。

追索（recourse）是指在拒付后，持票人将拒付事实书面通知其前手，并附拒付证明，向前手索要款额。持票人可以向其直接前手追索，也可以向任一前手追索。

（二）本票

1. 本票的含义

我国《票据法》第73条规定，本票（Promissory Note）是出票人签发的，承诺自己在见票时无条件支付确定的金额给收款人或者持票人的票据。

2. 本票的种类

(1) 一般本票，是由企业签发的本票。

(2) 银行本票，是由银行签发的本票叫做银行本票。我国只承认银行本票，不承认商业本票。

3. 本票的必要项目

我国《票据法》第 75 条规定，本票必须记载下列事项。

(1) 表明“本票”的字样；

(2) 无条件支付的承诺；

(3) 确定的金额；

(4) 收款人名称；

(5) 出票日期；

(6) 出票人签章。

本票上未记载上述规定事项中任何一项的，本票无效。

第 77 条规定，本票上记载付款地、出票地等事项的，应当清楚、明确。

(三) 支票

支票（Cheque，Check）是出票人签发的，委托银行或其他金融机构于见票时支付一定金额给特定人或持票人的票据。

支票的出票人在签发支票时必须在付款银行存有不低于支票票面金额的存款，否则就是空头支票。各国法律都禁止签发空头支票。汇票、本票、支票的比较如表 4-1 所示。

表 4-1　汇票、本票、支票的比较

	汇　票	本　票	支　票
当事人	出票人、付款人、收款人	出票人、收款人	出票人、付款人、收款人
证券性质	委托式	承诺式	委托式
到期日	即期/远期	即期/远期	即期
承兑	远期汇票需要	不需要	不需要

二、汇付

汇付（remittance）又称汇款，指付款人主动通过银行或其他途径将款项汇交收款人，对外贸易的货款如采用汇付，一般是由买方按合同约定的条件和时间，将货款通过银行，汇交给卖方。

(一) 汇付的当事人

汇付方式有以下 4 个当事人。

(1) 汇款人（remitter）即汇出款项的人，在进出口交易中，汇款人通常是进口人。

(2) 汇出行（remitting bank）是接受汇款人的委托，汇出款项的银行。通常是进口方所在

地的银行。

（3）汇入行（receiving bank）是接受汇出行的委托，将汇款交给出口方的银行。通常是汇出行在出口国的代理行。

（4）收款人（payee）即收取款项的人，在进出口交易中，通常是出口人。

汇款人在委托汇出行办理汇款时，要出具汇款申请书。此项申请书在资本主义国家被称作是汇款人和汇出行之间的一种契约。汇出行一经接受申请就有义务按照汇款申请书的指示通知汇入行。汇出行与汇入行之间，事先订有代理合同，在代理合同规定的范围内，汇入行对汇出行承担解付汇款的义务。

（二）汇付的种类及业务流程

汇付有电汇（Telegraphic Transfer，T/T）、信汇（Mail Transfer，M/T）和票汇（Remittance by Banker's Demand Draft，D/D）3 种类型。

1. 电汇

进口方请本地银行用电信手段通知出口方所在地银行付款给出口方。

由于采用电信手段通知汇入行付款，因此电汇方式交款迅速。与信汇和票汇比较，其缺点是其费用较高。

电汇是目前采用的主要汇付方式。

2. 信汇

进口方请本地银行用信件通知出口方所在地银行付款给出口方。

信汇的优点是费用较低，缺点是交款时间比较晚。由于信汇方式资金在途时间长，目前已较少使用。

电汇、信汇的业务流程如下，具体各图 4-1 所示：

（1）进出口双方确定以电汇/信汇方式结算；

（2）汇款人向银行递交汇款申请书并付款；

（3）汇出行发出电/信汇委托通知；

（4）汇入行将汇款通知及货款交给收款人；

（5）收款人开出收据；

（6）汇入行通知汇出行货款已付讫。

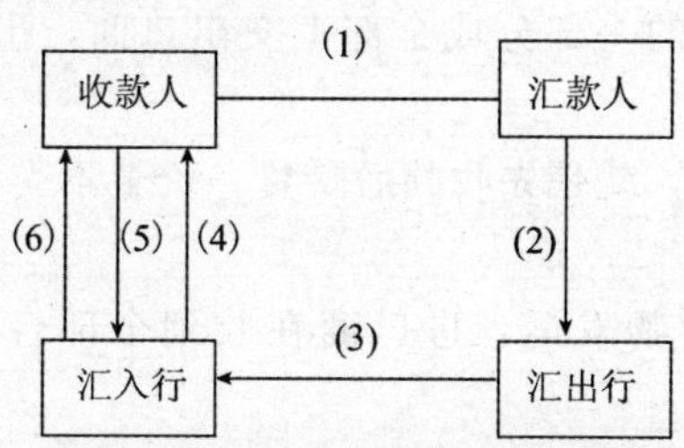

图 4－1　电汇、信汇业务流程

3. 票汇

进口方向当地银行购买银行汇票后，寄给出口方，由出口方持票向票据上指定的银行取款。票汇的业务流程如图 4-2 所示。

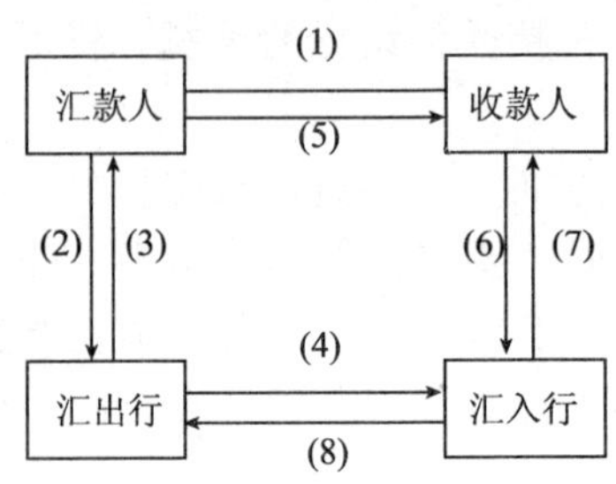

图 4－2 票汇业务流程

步骤说明：

（1）进出口双方确定以票汇方式结算；

（2）汇款人递交票汇申请书并付款；

（3）银行开立即期汇票交汇款人；

（4）汇出行寄交汇票通知书给汇入行；

（5）汇款人将银行即期汇票寄交收款人；

（6）收款人向汇入行递交汇票，提示付款；

（7）汇入行核对无误后付款；

（8）汇入行通知汇出行货款已付讫。

汇付过程中，银行只提供服务，而不保证买卖双方能够获得货物和货款，因此汇付属于商业信用。T/T、M/T、D/D 中，结算工具（委托通知或汇票）的传送方向与资金流动方向相同，这叫做顺汇。

（三）汇付方式在国际贸易中的使用

在国际贸易中使用汇付方式结算货款，银行只提供服务，不提供信用，货款的结清，完全取决于买卖双方的信用，因此，汇付方式的性质属于商业信用。

在国际贸易中，汇付方式主要用于预付货款（payment in advance）、货到付款（payment after arrival of goods）等业务。

1. 预付货款

预付货款是进口商先将货款的一部分或全部汇交出口商，出口商在收到货款后在规定时间内发运货物的支付方式。

采用预付货款，对卖方来说，就是先收款后交货，资金不受积压，对卖方最为有利。

2. 货到付款

货到付款是指出口商先将货物发运，进口商在收到全部合格的货物后才支付货款的付款方式。

这种方式对卖方来说，就是先交货，后收款，卖方不仅要占压资金，而且还要承担买方不付款的风险，因此，对卖方不利，而对买方最为有利。

汇付方式对于买卖双方都可能有风险，主要是根据买卖双方对于汇付的约定是卖方先发货还是买方先付款。此外，汇付方式还用于支付定金、分期付款、小额交易的支付货款、货款尾数以及佣金等费用。

三、托收

托收（Collection）是指债权人出具汇票委托银行向债务人收取货款的一种支付方式。托收方式一般都通过银行办理，所以，又叫银行托收。

由出口人根据发票金额开出以进口人为付款人的汇票，向出口地银行提出托收申请，委托出口地银行通过它在进口地的代理行或往来银行代向进口人收取货款。托收是常见的国际贸易结算方式。

（一）托收的当事人

（1）委托人（principal），即出口方，是开出汇票委托本地银行向进口方收取货款的人。

（2）托收行（remitting bank），是接受委托人委托向国外付款人收款的银行，通常是出口地银行。

（3）代收行（collecting bank），是托收行在进口国的代理行，接受托收行委托向付款人收款的银行。

（4）付款人（payer），是国际贸易中的进口方，是汇票的受票人。

（二）托收的种类

根据汇票是否附有货运单据，托收可以分为光票托收和跟单托收。光票托收是不附带商业票据的托收，它不是托收的主要方式。货款托收一般都采用附带商业票据的跟单托收。跟单托收又可分为付款交单与承兑交单。

1. 付款交单

付款交单（Documents against Payment，D/P）是指出口方指示银行只有在进口方付清全部货款后才能交出货运单据。如果进口方拒付，就不能从银行取得货运单据，因而也无法取得货物。也就是说，出口方的交单以进口方的付款为条件。

付款交单又可分为即期付款交单（D/P at sight）和远期付款交单（D/P after sight）两种情形。

（1）即期付款交单。出口方开立即期汇票，附相关单据，通过银行向进口方提示，进口方见票后立即付款，付清货款后领取货运单据。业务流程参见图4-3。

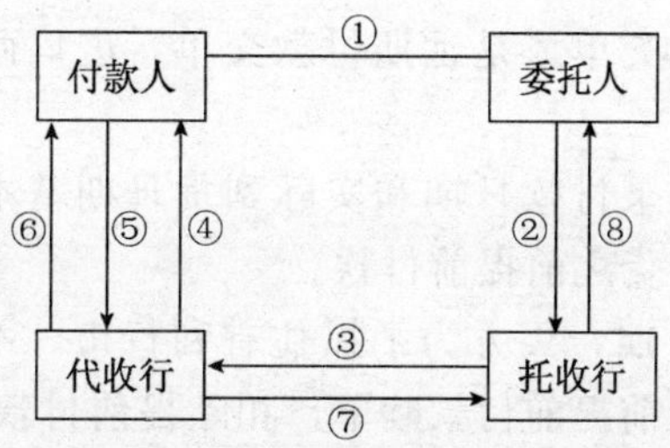

图4-3 即期付款交单业务流程

步骤说明：

①进出口双方确定以托收方式结算；

②委托人（出口方）按合同规定发货后，填写托收申请书，开立即期汇票（或不开立汇票），连同货运单据交托收行委托收款；

③托收行缮制托收委托书，连同汇票、货运单据寄交代收行委托代收；

④代收行向付款人（进口方）进行付款提示；

⑤付款人审单无误后付款；

⑥代收行将货运单据交给进口方；

⑦代收行办理转账并通知托收行款已收妥；

⑧托收行向出口方交款。

（2）远期付款交单。D/P 是指出口人发货后开具远期汇票连同货运单据，通过银行向进口人提示，进口人审核无误后即在汇票上进行承兑，与汇票到期日付清货款后再领取货运单据。业务流程如图 4－4 所示。

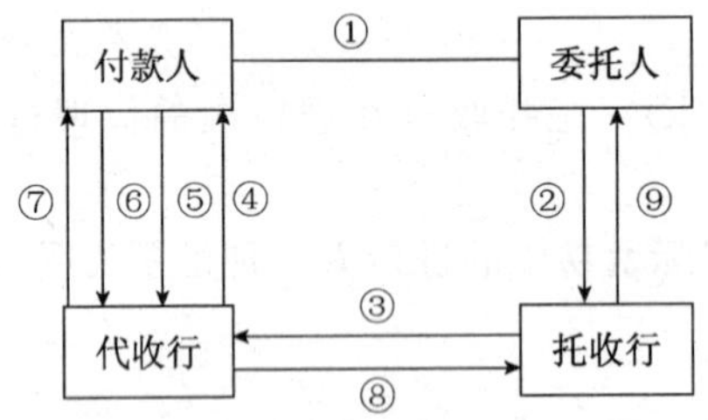

图 4－4　远期付款交单业务流程

步骤说明：

①进出口双方确定以托收方式结算；

②委托人（出口方）按合同规定发货后，填写托收申请书，开立远期汇票，连同货运单据交托收行委托收款；

③托收行缮制托收委托书，连同汇票、货运单据寄交代收行委托代收；

④代收行向付款人（进口方）进行提示承兑；

⑤付款人审单无误后在汇票上承兑，代收行保留汇票与单据；

⑥付款人于汇票到期日付款；

⑦代收行将货运单据交给进口方；

⑧代收行办理转账并通知托收行款已收妥；

⑨托收行向出口方交款。

以上说明，不论是即期付款交单还是远期付款交单，进口商必须在付清货款以后，才能取得单据，进而提取或转售货物。

在远期付款交单条件下，如果付款日期和实际到货日期基本一致，仍不失为对买方的一种资金融通，进口人可以不必在到货之前提前付款。

但如果付款日期晚于到货日期，买方为了抓住有利行市，不失时机地转售货物，可以采取两种做法：一是在付款到期日之前提前付款赎单，扣除提前付款日至原付款到期日之间的利息，作为买方享受的一种提前付款的现金折扣；另一种做法，也是资本主义国家银行的通常业务，即代收行对于资信较好的进口人，允许其凭信托收据借取货运单据，先行提货。

所谓信托收据，就是进口人借单时提供一种书面信用担保文件，用来表示愿意以代收行的受托人身份代为提货、报关、存仓、保险、出售并承认货物所有权仍属银行。货物售出后所得的货款，应于汇票到期时交银行。这是代收行自己向进口人提供的信用便利，而与出口人无关。因此，如代收行借出单据后，汇票到期不能收到货款，则代收行应对委托人负全部责任。但如果是出口人指示代收行借单，就由出口人主动授权银行凭信托收据借单给进口人，即所谓付款交单凭信托收据借单，那么进口人在承兑汇票后可以凭信托收据先行借单提货。日后如果进口人在汇票到期时拒付，则与银行无关，应由出口人自己承担风险。这种做法的性质与承兑交单差不多，因此，使用时必须从严掌握。

2. 承兑交单

承兑交单（Documents against Acceptance，D/A）是指出口方指示银行在进口方承兑汇票后，即可交出货运单据，待汇票到期日再向进口方收款。也就是说，出口方的交单以进口方的承兑为条件。承兑交单的业务流程如图 4－5 所示。

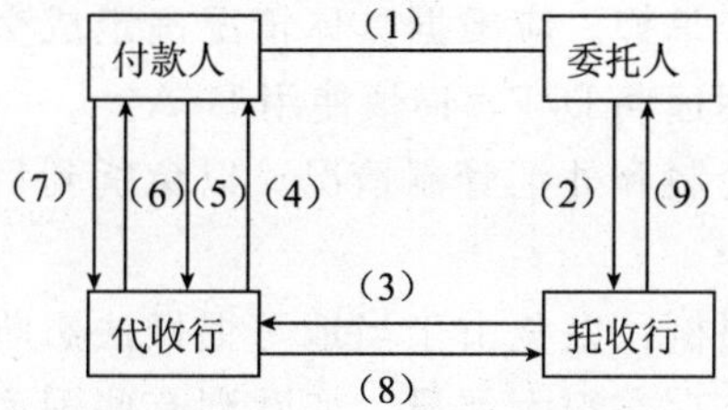

图 4－5 承兑交单业务流程

步骤说明：

(1) 进出口双方确定以托收方式结算；

(2) 委托人（出口方）按合同规定发货后，填写托收申请书，开立远期汇票，连同货运单据交托收行委托收款；

(3) 托收行缮制托收委托书，连同汇票、货运单据寄交代收行委托代收；

(4) 代收行向付款人（进口方）进行提示承兑；

(5) 付款人审单无误后在汇票上承兑；

(6) 代收行在进口方承兑后将货运单据交给付款人；

(7) 付款人于汇票到期日付款；

(8) 代收行办理转账并通知托收行款已收妥；

(9) 托收行向委托人交款。

需要说明的是，承兑交单，是进口方取得货物在先，交付货款在后。一旦进口方在取得货物后拒绝付款，出口方将蒙受重大损失。因此，承兑交单方式对出口商而言风险很大，采用该方式一定要慎重。

（三）托收方式特点

(1) 托收的性质为商业信用。银行办理托收业务时，只是按委托人的指示办事，并无承担付款人必然付款的义务。

(2) 在进口人拒不付款赎单后，除非事先约定，银行没有义务代为保管货物。

(3) 在承兑交单条件下，进口人只要在汇票上办理承兑手续，即可取得货运单据，凭此提取货物。

（四）托收的国际惯例

国际商会为调和各有关当事人之间的矛盾，以利于国际贸易和金融活动的开展，早在1958年即草拟了《商业单据托收统一规则》，并建议各国银行采用该规则。后几经修订，于1995年公布了新的《托收统一规则》，简称《URC522》，并于1996年1月1日生效。

（五）使用托收方式应注意问题

为了有效地利用托收方式，必须注意下列事项。

（1）做好严格的资信调查。认真调查和考虑进口商的资信情况、经营作风和经营能力。

（2）成交金额和数量要妥善掌握。应根据具体情况确定成交金额和数量，不宜超出其信用额度，一般采用即期D/P，少用远期D/P，谨慎使用D/A。

（3）了解进口国家的贸易管制和外汇管制情况。以免货到目的地后，由于不准进口或收不到外汇而造成损失。

（4）了解进口国家的商业惯例，以免由于当地习惯做法影响安全迅速收汇。各国银行对远期付款交单的理解不一致，操作存在很大差异。如欧洲有些国家不做远期D/P，拉美国家则把远期D/P当D/A处理。北美和拉美许多国家习惯把“单到”付款或承兑，视为“货到”付款或承兑，这样可以拖后付款时间，对出口方不利。

（5）出口合同应争取按CIF或CIP条件成交，由出口人办理货运保险或投保出口信用险。在采用FOB、CFR、CPT条件时，应另投保卖方出口信用险，以防货物受损时，买方不付货款，卖方可向保险公司索赔。

（6）对托收方式的交易，要建立健全管理制度。定期检查，明确责任，及时发现问题并迅速采取措施，以避免或减少可能发生的损失

（六）合同中的托收条款

1. 即期付款交单

在合同中应规定，买方凭卖方开具的即期跟单汇票，于第一次见票时立即付款，付款后交单。

2. 远期付款交单

在合同中应规定，买方对卖方开具的见票后××天付款的跟单汇票，于第一次提示时即予承兑，并应于汇票到期日即予付款，付款后交单。

3. 承兑交单

在合同中应规定，买方对卖方开具的见票后××天付款的跟单汇票，于第一次提示时即予承兑，并于汇票到期日即予付款，承兑后交单。

四、信用证

信用证支付方式（Letter of Credit，L/C）是随着国际贸易的发展，在银行与金融机构参与国际贸易结算的过程中逐步形成的一种支付方式。信用证支付方式把由进口人履行付款责任，转为由银行履行付款，保证出口人安全迅速地收到货款，买方按时收到货运单据。因此，在一定程度上解决了进出口人之间互不信任的矛盾；同时，也为进出口双方提供资金融通的便利，所以，自出现信用证以来，这种支付方式发展很快，并在国际贸易中被广泛应用。当今，信用证付款已成为国际贸易中普遍采用的一种主要的支付方式。

信用证是银行应申请人的要求并按其指示，向第三方开具的载有一定金额，在一定期限内凭符合规定的单据付款的书面保证文件。根据国际商会《跟单信用证统一惯例》的解释，信用证是指由银行（开证行）依照客户（申请人）的要求和指示或自己主动，在符合信用证条款的条件下，凭规定单据向第三方（收益人）或其指定的人进行付款，或承兑和（或）支付受益人开立的汇票，或授权另一银行进行该项付款，或承兑和支付汇票，或授权另一银行议付。

简单地说，信用证是银行开立的有条件的承诺付款的书面文件。

（一）信用证的当事人

（1）开证申请人（Opener Applicant），也叫开证人（Opener），向银行提出申请开立信用证得到偿付的人，一般为进口方。

（2）开证行（opening bank），根据开证人的申请开立信用证的银行，一般为进口地银行。

（3）受益人（beneficiary），信用证上指定有权使用该信用证得到偿付的人，一般为出口方。

（4）通知行（advising bank），受开证行委托，将信用证通知转递给受益人的银行，一般是开证行在出口国的代理银行。

（5）议付行（negotiating bank），根据开证行的授权买入受益人交来的跟单汇票的银行。

（6）付款行（paying bank），信用证上指定的付款银行，一般是开证行，也可以是其他银行。

（二）信用证的内容

信用证没有统一的格式（SWIFT 格式的信用证除外），但其基本内容都大致相同。一般包括以下一些方面。

（1）信用证的编号、开证日期、到期日、交单期限；

（2）兑付方式（即期付款、延期付款、承兑还是议付）；

（3）信用证种类；

（4）信用证当事人，包括开证行、通知行、受益人、开证申请人，议付行等；

（5）对开立汇票的规定；

（6）货物条款（名称、规格、数量、包装、价格等）；

（7）支付金额；

(8) 装运与保险条款；

(9) 规定应提交的单据，如运输单据、保险单据、发票等；

(10) 开证行承担的责任。

(三) 信用证交易的程序

信用证交易的流程因信用证类型的不同而有所差异，但基本环节大致相同。现以最常见的即期不可撤销议付信用证为例，说明信用证的基本流程，如图 4-6 所示。

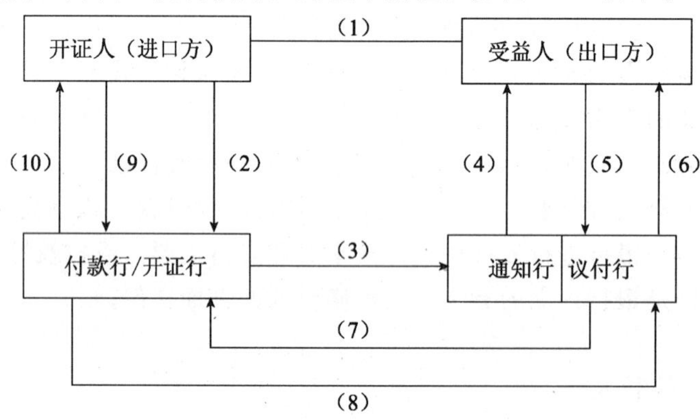

图 4-6　信用证业务流程

步骤说明：

(1) 进出口双方确定以信用证方式进行交易；

(2) 进口方根据合同规定向银行递交开证申请书，缴纳保证金，申请开立信用证；

(3) 开证银行审核同意开证后，根据开证申请书的要求开立以出口方为受益人的信用证，并将信用证寄交通知行；

(4) 通知行收到信用证后，核对开证行的签字与密押，核对无误后将信用证转交受益人(出口方)；

(5) 受益人收到信用证后应仔细审核信用证，如发现有不能接受的内容，应要求对方修改信用证，受益人在确定信用证无误后，应按信用证规定备货发货，按信用证规定缮制或取得全套单据，开立汇票连同信用证一起，在规定时间内向议付行办理交单议付；

(6) 议付行审核单证无误后，扣除利息和手续费，向受益人支付货款，议付实际上是议付行在受益人向议付行提交符合信用证规定的单据的前提下，向受益人垫付货款的行为；

(7) 议付行议付后，将全套单据和汇票寄交开证行（或付款行）索偿；

(8) 开证行审核单证无误后，付款给议付行；

(9) 开证申请人审核无误后付款给开证行；

(10) 开证行将全套单据交给开证申请人（进口方）。

(四) 信用证的特点

1. 信用证是一种银行信用

信用证支付方式是以银行信用作保证的，开证行应承担第一位的付款责任。根据《跟单信

用证统一惯例》的规定，在信用证业务中，开证行对受益人的付款责任是首要的、第一位的。即使开证人事后丧失偿付能力，只要受益人提交的单据符合信用证条款的规定，开证行也必须承担付款责任。

2. 信用证是一种自足文件

信用证是依据买卖双方签订的合同开立的，但一经开立，即成为独立于合同之外的契约。合同只是买卖双方之间的契约，而信用证各当事人的权利和责任则完全以信用证条款为依据，不受买卖合同的约束。

3. 信用证业务是一种单据买卖

银行处理信用证业务时，只看单据，不问货物。银行只审核单据与信用证是否一致，以决定是否履行付款责任。只要出口方提交了符合信用证的单据，银行就付款，而不论货物本身是否有问题。若进口方事后发现货物有缺陷，应找有关责任人，而不是银行。另外，银行审核单据时，只要求表面上与信用证一致，即单据的文字叙述与信用证一致即可。因此存在假造单据的可能性，但银行对此不负责。银行在审核时，遵循“严格一致”原则，即单证一致、单单一致。

（五）信用证的种类

1. 跟单信用证与光票信用证

跟单信用证指仅凭限单汇票或仅凭单据付款、承兑或者议付的信用证。光票信用证是不附单据，受益人可以凭开立收据或汇票分批或一次在通知行领取款项的信用证。国际贸易中，很少使用光票信用证。

2. 可撤销信用证与不可撤销信用证

可撤销信用证（revocable L/C）是指开证行在付款、承兑、议付之前，可以不经受益人同意或知情而修改或取消的信用证。这对受益人是非常不利的，国际贸易中极少使用。

不可撤销信用证（irrevocable L/C）是指信用证一经通知受益人，那么在有效期内未经受益人和有关当事人同意，不能修改或取消的信用证。国际贸易中的信用证基本上都是不可撤销的。

信用证必须清楚地表明是可撤销的还是不可撤销的。若没有明确表明的，则视作不可撤销。

3. 保兑信用证与非保兑信用证

保兑信用证（confirmed L/C）是指由一家银行（保兑行）应开证行请求，对受益人保证只要单据符合信用证规定，银行就付款。此时，受益人获得开证行和保兑行的双重付款保证。

非保兑信用证（unconfirmed L/C）是指未经除开证行以外的其他银行保兑的信用证。

4. 即期信用证与远期信用证

即期信用证（sight L/C）是指开证行在收到符合信用证规定的汇票和（或）单据后立即付款的信用证。若信用证规定无须开立汇票，则凭装运单据立即付款的信用证也是即期信用证。

远期信用证（Usance L/C）是指开证行在收到符合信用证规定的汇票和（或）单据后，在规定的期限内保证付款的信用证。

5. 可转让信用证与不可转让信用证

可转让信用证（transferable L/C）是指受益人（第一受益人）可以将信用证的全部或部分金额转让给他人（第二受益人）使用的信用证。

不可转让信用证（untransferable L/C）是指受益人无权转让给其他人使用的信用证。该信用证仅限受益人本人使用。信用证上未注明“可转让”字样的信用证，均视为不可转让信用证。

6. 循环信用证

循环信用证（revolving L/C）是指受益人在一定期限内使用规定金额后，能够恢复原金额而重新使用，直至达到信用证规定次数或累计总金额用完为止的信用证。循环信用证适用于货物大宗且单一，可定期分批均衡交易的情况。

7. 对开信用证

对开信用证（reciprocal L/C）是指两张信用证的开证申请人互以对方为受益人而开立的信用证。对开信用证的特点是第一张信用证的受益人（出口人）和开证申请人（进口人）就是第二张信用证的开证申请人和受益人。第一张信用证的通知行通常就是第二张信用证的开证行。两张信用证的金额相等或是大致相等，两证可同时生效，也可先后生效。

对开信用证多用于易货贸易或来料加工和补偿贸易业务，交易的双方都担心凭第一张信用证出口或进口后，另一方不履行进口或出口的义务，于是采用这种互相联系、互为条件的开证办法，用以彼此约束。

8. 对背信用证

对背信用证（back to back L/C）是指原证受益人要求原证的通知行或其他银行以原证为基础，另外开立的一张内容相似的新信用证。对背信用证通常是由中间商为转售他人货物，从中图利，或两国不能直接进行交易需通过第三国商人以这种办法沟通贸易而开立的。

（六）落实信用证

前已述及，信用证是一种自足文件。因此，在使用信用证方式结算货款的交易中，递交符合信用证规定的单据是卖方顺利收汇的前提条件。如果卖方递交的单据与信用证规定不符，即便所交货物符合合同规定，也会遭到银行拒付。因此，落实信用证对卖方来说，具有十分重大的意义。落实信用证通常包括催证、审证和改证三项内容。

1. 催开信用证

在采用信用证方式结算货款的交易中，按时开立信用证是买方必须履行的重要义务。但是由于种种原因，买方不按合同规定按期开证的情况时有发生。对此，为保证按时履行合同，提高履约率，出口方有必要在适当的时候，提醒和催促买方按合同开立信用证。

出现以下情况应催开信用证。

（1）出口合同规定的装运期限较长（例如 3 个月或 6 个月），而买方应在卖方装运期前的一定时日（例如 30 天）开立信用证者，卖方应在通知对方预计装运日期的同时，催请对方开证。

（2）买方在出口合同规定的期限内未开立信用证，卖方可根据合同规定向对方要求损害赔偿或同时宣告合同无效。但如不需要立即采取这一行动时，仍可催促对方开证。

（3）如果卖方根据备货和承运工具的情况，可提前装运的，则可商请对方提前开证。

（4）即使开证期限未到，但发现客户资信不好，或者市场情况有变，也可催促对方开证。

催开信用证的方法，一般为直接向买方发函电通知，必要时还可商请银行或驻外机构等有关机构代理商给予协助或配合协助催证。

2. 审核信用证

信用证是根据贸易合同的内容开立的。但是，信用证一旦开立，就成为独立于合同之外的

自足文件。为了确保收汇安全，出口方在收到信用证后，应立即对其进行认真的审查和核对。

信用证的审核一般有以下要点。

(1) 开证行资信。若认为开证行资信不佳，应拒收信用证并要求买方选择卖方可接受的银行重新开证，或者要求增加保兑银行。

(2) 信用证的性质。信用证是否不可撤销、是否存在限制性生效及其他保留条款、是否申明所运用的国际惯例等。

(3) 对于开证申请人和受益人的名称及地址要仔细加以核对。

(4) 信用证的到期日应符合合同的规定。信用证的到期地点一定要规定在出口方所在地，以便卖方能及时交单。

(5) 信用证金额、币种、付款期限规定应符合合同规定。

(6) 信用证上填写的商品名称、规格、数量、包装应符合合同规定。

(7) 信用证上填写的装运地、卸货地、装运期限以及是否允许分批转运应符合合同的规定。装运期应与信用证到期日相隔一段时间，以便有足够的时间办理制单议付。若信用证上未规定装运期，应解释为与信用证到期日一致。

(8) 仔细审核信用证中要求受益人递交的各项单据。审核内容包括：要递交哪些单据、单据由谁出具、是否能够出具、信用证对单据是否有特殊要求、单据的规定是否与合同一致。此外，应注意信用证的交单期规定得是否合理。信用证若未规定交单期，则应在运输单据出单 21 日内必须交单，且不得超过信用证到期日。

(9) 对信用证的批注的审核。对信用证上用铅字印好的字句、信用证空白处加注的字句或橡皮戳加注的字句应特别注意。这些地方往往是对信用证内容的重要补充，若不注意可能给出口方造成重大损失。

3. 修改信用证

修改信用证的内容直接关系到有关当事人的权利和义务的改变。所以，不可撤销信用证在其有效期内的任何修改，均须取得有关当事人的同意，方能生效。修改信用证可由开证申请人主动提出，也可由受益人主动提出。若受益人经审核信用证后认为必须对原证进行修改，则应征得开证申请人同意。受益人应向开证申请人寄交改证函。

改证函通常包括 3 方面的内容：一是感谢对方开来信用证；二是列明需要修改的地方，说明如何修改；三是感谢对方合作，希望信用证修改书早日开到。

需要说明的是，如果信用证内容与贸易合同的内容虽然有出入，但受益方能够接受照办的，自然就不需要进行修改信用证的工作了。

五、其他支付方式

(一) 银行保函

国际贸易中，跟单信用证为买方向卖方提供了以银行信用作为付款担保的保证，但不适用于需要为卖方向买方作担保的场合，也不适用于国际经济合作中货物买卖以外的其他各种交易方式。然而在国际经济交易中，合同当事人为了维护自己的经济利益，往往需要对可能发生的风险采取相应的保障措施，银行保函就是以银行信用的形式提供的保障措施。

1. 银行保函的含义

银行保函是指银行应客户的申请而开立的承担付款责任的书面承诺文件，一旦申请人未按其与受益人签订的合同的约定偿还债务或履行约定义务时，由银行履行担保责任。银行根据保函的规定承担绝对付款责任。银行保函大多属于“见索即付”（无条件保函）保函，是不可撤销的文件。

2. 银行保函的当事人

银行保函的基本当事人有3个。

（1）委托人/申请人（principal/applicant）指向银行提出申请，要求银行开立保函的人。一般为经济交易中的债务人。在出口保证业务中是出口人，在进口保证业务中是进口人。

委托人的主要责任和义务：

①在担保行按照保函规定向受益人付款后，应立即偿还担保行的所有付款；

②负担保函项下的手续费、利息及其他费用；

③当担保行提出要求时，要为担保行提供反担保人或者一定的押金或质押品。

（2）担保行（guarantor bank）指接受委托人申请，向受益人开立保函的银行。担保行的主要权利与义务：

①有权要求委托人提供反担保人或者是押金或质押品，有权拒绝担保；

②一旦接受担保申请，则应按委托人的指示开立保函给受益人；

③保函一经开出就有责任按照保函承诺条件，合理审慎地审核受益人提交的包括索赔书在内的所有单据与证明文件，向受益人付款；

④在向受益人付款后，有权向委托人/反担保人索偿。若委托人不能在规定时间内偿还款项，则有权处置其押金或质押品，并有权进一步追索不足抵偿部分；

⑤有权向委托人收取手续费，以及保函项下的利息及其他费用。

（3）受益人（beneficiary）指保函中担保权利的享受者，可依据保函及其有关条款，向担保行提出索赔。一般为经济交易中的债权人。

受益人的主要权利与义务：

①有权按保函条款规定向担保行提出索偿或索赔；

②只能在保函的有效期和规定金额内提出索偿或索赔；

③在索偿或索赔时要提供保函规定的单据及可能的合同履约情况的证明。

3. 银行保函的派生当事人

银行保函有时会派生出其他一些当事人，一般有反担保人和转递行。

（1）反担保人（counter guarantor）指应委托人的要求向担保行开立书面反担保文件，承诺当担保行在委托人违约后作出赔偿，且委托人不能向担保行提供补偿时，由反担保人提供补偿。

反担保人的主要权利和义务：

①有权要求委托人提供押金或质押品，有权拒绝反担保；

②一旦接受反担保申请，就有义务按其承诺的条款受理担保行的索偿；

③受理担保行的索偿时，应合理审慎地审核担保行的索偿是否符合反担保函的有效期规定和金额规定，以及担保行提交的单据是否符合反担保函的规定；

④在向担保行付款后，有权向委托人索偿，若委托人不能在规定时间内偿还款项，则有权

处置其押金或质押品，并有权进一步追索不足抵偿部分；

⑤有权不直接受理保函项下受益人的索偿（索赔）。

（2）转递行（transmitting bank）指受担保行之托，代为转递保函给受益人的银行。

4. 银行保函的基本内容

银行保函的具体内容因具体交易的不同而异，但就其基本方面而言，一般包括以下各项。

（1）各方当事人的名称、地址、国家和地区。

（2）要求开立保函的基础合约及内容。

（3）保函的编号、开立日期以及保函的种类。

（4）保函的金额及货币名称。保证人担保的金额，通常就是受益人索偿的金额。

（5）保函的有效期。银行保证书一般都规定一个明确的有效期限。这是指受益人索偿要求送达保证人的最后期限。

（6）责任条款。保证人所应承担的责任，是银行保证书的主体。保证人向受益人承担的责任以保证书内所列的条款为限。

（7）保函的修改。

（8）保函的索偿条件。

（9）保函的减额条款。

（10）其他条款。

5. 银行保函的特点

（1）银行保函以银行信用作为保证，银行承担绝对付款责任，易于为客户接受。当受益人在保函项下合理索赔时，不论申请人是否同意付款，也不管合同履行的实际事实，担保行必须承担付款责任。

（2）银行保函是独立的承诺并且是单证化的交易业务。保函是依据贸易合同开出的，但又不依附于合同，是具有独立法律效力的法律文件。

（3）针对性强、目的明确、条款清楚，操作简单。

（4）能保障合同的顺利履行。保证受益人在履行了合约义务后，肯定能得到其所应得到的合同价款的权利，从而保障合同的顺利履行。

6. 银行保函与信用证的关系

银行保函和跟单信用证都是银行信用，都可以对商业信用加以补充或支持。但银行保函与信用证也有许多不同之处，如表 4-2 所示。

表 4-2　银行保函与信用证的主要区别

	银行保函	信用证
适用范围	各种信用担保	贸易结算
银行付款责任	第一位或第二位付款责任	第一位付款责任
银行付款依据	单据或违约事实	单据
银行付款的可能性	或然性	必然性
受益人权益转让	不得转让	可转让信用证允许转让

（二）国际保理

当买卖双方采用赊销方式或承兑交单方式交易时，出口商将承担收款风险，并存在资金占压的问题。为了规避风险，出口商往往借助国际保理。

1. 国际保理的含义

国际保理（International Factoring）又称为承购应收账款，指在以商业信用出口货物时，保理商对出口商提供一体化的综合性服务措施，包括商业资信调查与评估、应收账款的管理与追收、贸易融资与买方信用担保等。

2. 国际保理对出口商的作用

（1）帮助出口商调查进口商的资信，确定赊销额度。做好对进口商的资信调查是出口业务的首要环节。进口商的资信状况直接影响到未来收汇的安全。但出口商要充分做好对进口商的资信调查是一件十分困难的事情。而保理商可以利用其遍布世界各地的信息网络和合作伙伴迅捷有效地获得所需要的信息，对进口商的资信作出较为准确的评估，并帮助出口商确定赊销额度。

（2）帮助出口商做好账务管理工作。对于有大量分散的出口赊销业务的出口商来说，其庞杂的账务管理工作需要消耗大量的人力和费用开支，很容易出错。若能利用保理商完善的账务管理制度和先进的设备，可以降低出口商的账务管理成本。

（3）为出口商提供收账担保和短期融资。保理商通常为出口商提供坏账担保，极大程度上消除了出口商开展赊销贸易的收汇风险。保理商还可向出口商提供融资便利，帮助出口商解决资金周转问题。

3. 国际保理的种类

由于各个国家和地区的商业交易习惯及法律法规的不同，各国办理国际保理业务的内容以及做法也有所不同。根据保理业务的性质、服务内容、付款条件、融资状况等方面存在的差异，可以将保理业务进行以下分类。

（1）根据保理商对出口商是否提供融资，分为融资保理和非融资保理。

融资保理是一种预支应收账款业务。当出口商发货后，将证明债权转让的发票副本、应收账款的票据及其他有关文件交给保理商，保理商立即以预付款方式向出口商提供不超过应收账款80%的融资，剩余20%的应收账款待保理商向债务人（进口商）收取全部货款后，再行清算。这是比较典型的保理方式。

非融资保理是指保理商在收到出口商提交的销售发票、应收账款票据等文件时并不向出口商提供融资，而是在单据到期后，向出口商支付货款。

（2）根据保理商公开与否，分为公开保理和隐蔽保理。

公开保理是指出口商必须以书面形式将保理商的参与通知进口商，并指示进口商将货款直接付给保理商。目前的国际保理业务多是公开型的。

隐蔽保理是指保理商的参与是对外保密的，进口商并不知晓。货款到期时仍由出口商出面催收，再向保理商偿还预付款。至于融资与有关费用的清算，则在保理商与出口商之间直接进行。

（3）根据保理商是否保留追索权，分为无追索权保理和有追索权保理。

无追索权保理是指保理商根据出口商提供的进口商名单进行资信调查，并为每个客户核对相应的信用额度，在已核定的信用额度内为出口商提供坏账担保。保理商对这部分应收账款的收购没有追索权。由于债务人资信问题所造成的呆账、坏账损失均由保理商承担。国际保理业务大多是这类无追索权保理。

有追索权保理是指保理商不负责审核买方资信，不确定信用额度，不提供坏账担保，只提供包括贸易融资在内的其他服务。如果因债务人清偿能力不足而形成呆账、坏账，保理商有权向出口商追索。

(4) 根据是否涉及进出口两地的保理商，国际保理可以分为单保理和双保理。

单保理是指只有一个出口保理商或进口保理商为出口商提供保付代理服务的保理机制。

双保理是指出口保理商通过进口保理商共同为出口商提供保付代理服务的保理机制。进出口双方只需与各自的保理商进行往来。

4. 国际保理的运作机制

国际保理业务一般采用双保理机制。图 4-7 是双保理业务的一般流程。

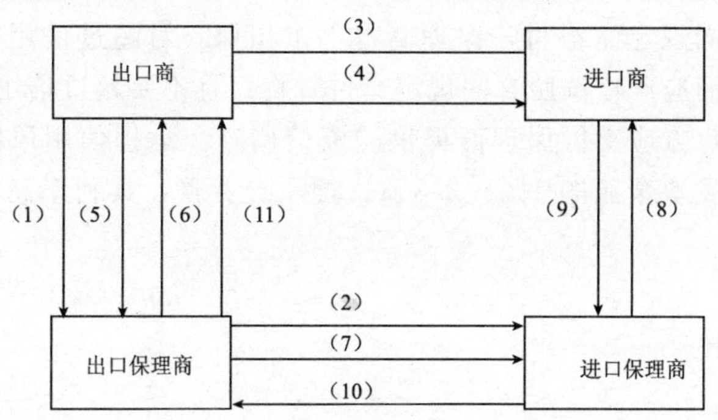

图 4-7　双保理业务的流程

步骤说明：

(1) 出口商与出口保理商签订保理服务协议；

(2) 出口保理商委托进口保理商对进口商进行资信调查与评估；

(3) 进出口双方签订贸易合同；

(4) 出口商向进口商发货寄单；

(5) 出口商向出口保理商提交发票副本；

(6) 出口保理公司垫付部分货款；

(7) 出口保理商委托进口保理商收款；

(8) 进口保理商定期督收；

(9) 进口商支付货款；

(10) 进口保理商划款；

(11) 出口保理商向出口商支付余款。

5. 保理服务协议的基本内容

(1) 协议有效期条款，通常是自协议签字日起一年，必要时可于次年转期。

(2) 应收账款的核准条款，规定得到坏账担保和融资服务的核准条件。

(3) 债权转让条款，规定出口商向保理商转让债权的转让性质与要求。通常是规定作通知转让，即公开保理。并且规定当出口商将应收账款的债权转让给保理商后，出口商原来拥有的货物所有权、停运权和转让权也一并转给保理商。

(4) 收购价格与融资限额条款，规定保理商收购应收账款的价格计算方法，以及给出口商融资的限额。

(5) 保证条款，规定出口商要保证所转让的应收账款均出自正当交易，并已严格履行了交易合同规定的全部责任和义务。出口商还要保证进口商不是自己的附属机构、控股公司或同一集团公司的成员。

(6) 限制条款，规定出口商须接受的限制，通常包括在协议有效期内出口商不得将任何应收账款再抵押给他人，出口商的母公司、子公司和控股公司不得再与任何第三方签订类似保理协议。

(7) 协议终止条款，规定出口商违约时，保理商有权立即终止协议，将所有未付的应收账款重新转让给出口商，并仍保留其所有的正当权益。

6. 采用国际保理的注意事项

国际保理可以为出口商提供收账担保。但保理商承担的仅是财务风险。如果进口商因货物品质、数量等不符合合同规定而拒付，保理商将不予担保。对超过信用额度的部分，保理商也不予担保。因此，出口商应严格按照合同规定交付货物，且不要超过信用额度。

采用保理服务，出口方应支付保理商提供的资信调查、承担信用风险和收取应收账款服务的费用，该费用一般为发票金额的1%～2.5%。若预支货款，其利率高于同期贴现率。这些因素出口商均应予以考虑。

(三) 备用信用证

1. 备用信用证的含义

备用信用证（Standby Letter of Credit）是一种特殊形式的信用证，是开证银行对受益人承担一项义务的银行保证书。开证行保证在开证申请人未能履行其应履行的义务时，受益人只要凭备用信用证的规定向开证行开具汇票，并随附开证申请人未履行义务的声明或证明文件，即可得到开证行的偿付。当开证申请人按期履行与受益人之间的合同义务，受益人就无须要求开证行在备用信用证项下支付任何款项，这是所以称作“备用”的由来。

2. 备用信用证的性质

(1) 备用信用证以银行信用为基础，开证行的付款责任是第一位的。

(2) 备用信用证是一个独立于交易合同之外的自足性契约。

(3) 开证行处理的只是信用证所规定的单据，而不涉及基础合约的履约情况。

3. 备用信用证与跟单信用证的比较

备用信用证与跟单信用证的相似处包括：

(1) 两者都以银行信用为基础，开证行都负有第一位付款责任；

(2) 两者都是独立于基础合约的自足性契约。

备用信用证与跟单信用证的不同处，主要有以下几点：

(1) 跟单信用证主要用于贸易货款的结算，备用信用证主要用于各种信用担保或非货款结算；

(2) 跟单信用证项下的支付一般须付对价（提交正本货运单据），备用信用证项下的支付一

般不须付对价；

(3) 跟单信用证项下的支付是必然发生的，备用信用证项下的支付，在其被用作信用工具时，具有或然性；

(4) 实务中，跟单信用证中含有可转让信用证，备用信用证一般不得转让。

4. 备用信用证与银行保函的比较

银行保函与备用信用证都是银行因申请人违约而向受益人承担赔付的责任，都是一种银行信用，都充当着一种担保功能。实务中，两者的受益人权益一般都不得转让。备用信用证与银行保函的不同之处在于：第一，银行保函中有从属性保函，备用信用证一概是独立于交易合同之外的自足性契约；第二，银行保函通常不要求受益人在索偿时出具汇票，备用信用证通常要求受益人索偿时出具汇票；第三，银行保函业务遵循《见索即付保函统一规则》、《合约保函统一规则》或担保行所在地的相关法规，备用信用证业务遵循国际商会《跟单信用证统一惯例》、《国际备用证惯例 1998》。

六、各种支付方式的选用

汇付、托收和信用证等国际货款的结算方式各有各的优缺点，在国际贸易实践中，应在确保收款安全和资金周转的前提下，结合交易的具体实际情况灵活选用。一般说来，银行信用比商业信用对出口方的收汇安全更有保障。即期付款对出口方十分有利，因此，即期不可撤销信用证是出口方的首选结算方式。

托收属于商业信用，风险相对较大，使用时要严格考察对方的信用。如果对方值得信赖，可以考虑采用该方式。有时在买方市场上，由于竞争激烈，为了吸引客户成交，出口方在结算方式上往往要作出一些让步，即通过商业信用方式吸引顾客成交。

在一笔交易中，有时也会将两种或两种以上的结算方式综合起来加以运用。常见的不同结算方式结合使用的形式有：信用证与汇付结合、信用证与托收结合、汇付与银行保函或信用证结合。

（一）信用证与汇付结合

这是指一笔交易的货款，部分用信用证方式支付，余额用汇付方式结算。这种结算方式的结合形式常用于允许其交货数量有一定机动幅度的某些初级产品的交易。对此，经双方同意，信用证规定凭装运单据先付发票金额或在货物发运前预付金额若干成，余额待货到目的地（港）后或经再检验的实际数量用汇付方式支付。使用这种结合形式，必须首先订明采用的是何种信用证和何种汇付方式以及按信用证支付金额的比例。

（二）信用证与托收结合

这是指一笔交易的货款，部分用信用证方式支付，余额用托收方式结算。这种结合形式的具体做法通常是：信用证规定受益人（出口人）开立两张汇票，属于信用证项下的部分货款凭光票支付，而其余额则将货运单据附在托收的汇票项下，按即期或远期付款交单方式托收。这种做法，对出口人收汇较为安全，对进口人可减少垫金，易为双方接受。但信用证必须订明信用证的种类和支付金额以及托收方式的种类。

（三）汇付与银行保函或信用证结合

汇付与银行保函或信用证结合使用的形式常用于成套设备、大型机械和大型交通运输工具（飞机、船舶等）等货款的结算。这类产品，交易金额大，生产周期长，往往要求买方以汇付方式预付部分货款或定金，其余大部分货款则由买方按信用证规定或开加保函分期付款或迟期付款。

此外，还有汇付与托收结合、托收与备用信用证或银行保函结合等形式。在开展对外经济贸易业务时，究竟选择哪一种结合形式，可酌情而定。

七、买卖合同的支付条款

合同中的支付（payment）条款主要涉及支付工具、付款时间、地点及支付方式等问题，直接关系到买卖双方的经济利益，对此合同双方应进行综合考虑，取得一致意见，并在合同中明确规定。

进出口贸易支付条款，根据合同规定分别订立。

（一）汇付支付条款

采用汇付支付方式时，应在合同中明确规定汇款的方法、时间和金额等。例如，

(1) 买方应不迟于 12 月 15 日，将 100％的货款用电汇预付至卖方。

The Buyer should pay 100％ of the sale amount to the Seller in advance by telegraphic transfer not later than Dec. 15th.

(2) 买方应不迟于 5 月 20 日将 40％货款用电汇预付给卖方，余款在收到正本提单传真后 5 日内支付。

The buyer should pay 40％ of the sale amount to the seller in advance by telegraphic transfer not later than may. 20th, the balance in the original bill of lading fax receipt within 5days after payment.

（二）托收的支付条款

采用托收的支付方式时，应在合同中明确规定交单条件、进口人的承兑、付款责任和期限等。例如，

1. *即期付款交单*

“买方应凭卖方开具的即期跟单汇票，于见票时立即付款，付款后交单。”（Upon first presentation the Buyers shall pay against documentary draft drawn by the Sellers at sight. The shipping documents are to be delivered against payment only.）

2. 远期付款交单

“买方对卖方开具的见票后××天付款的跟单汇票，于提示时应即予承兑，并应于汇票到期日即予付款，付款后交单。”（The Buyers shall duly accept the documentary draft drawn by the Sellers at ×× days sight upon first presentation and make payment on its maturity. The shipping documents are to be delivered against payment only.）

3. 承兑交单

“买方对卖方开具的见票后××天付款的跟单汇票，于第一次提示时即予以承兑，并应于汇票到期日即付款，承兑后交单。”（The Buyers shall duly accept the documentary draft drawn by the Sellers at ×× days sight upon first presentation and make payment on its maturity. The shipping documents are to be delivered against acceptance.）

（三）信用证的支付条款

采用信用证支付方式时，应在合同中明确规定信用证种类、开证日期、有效期和议付地点等。信用证条款有各种不同的订法，现将出口合同中 L/C 支付条款的具体订法，择其常用者示例如下：

1. 即期 L/C 支付条款

(1)“买方应于装运月份前××天通过卖方可接受的银行开立并送达卖方不可撤销的即期信用证，有效期至装运月份后 15 天在中国议付。”（The Buyers shall open through a bank acceptable to the Sellers an Irrevocable Sight Letter of Credit to reach the Sellers ×× days before the month of shipment, valid for negotiation in China until the 15th day after the month of shipment.）

(2)“买方需于 5 月 20 日前通过银行开立 100%保兑的、不可撤销的即期信用证”（The buyers shall issue through a bank a 100% confirmed irrevocable cable L/C for 100% invoice value available by sight draft, the L/C is to reach the sellers not later than May 20.）

2. 远期 L/C 支付条款

“买方应于××××年××月××日前（或接到卖方通知后×天内或签约后×天内）通过××银行开立以卖方为受益人的不可撤销（可转让）的见票后××天（或装船日后××天）付款的银行承兑信用证，信用证议付有效期延至上述装运期后 15 天在中国到期。”（The Buyers shall arrange with ×× Bank for opening an Irrevocable (Transferable) bankers acceptance Letter of Credit in favor of the Sellers before… (or within××days after receipt of Sellers advice; or within××days after signing of this contract), The said Letter of Credit shall be available by draft(s) at sight (or after date of shipment) and remain valid for negotiation in China until the 15th day after the shipment.）

3. 远期信用证支付条款

“受益人开立的 60 天远期汇票按即期议付，将付票面金额，至于所扣费用、佣金和远期利息由付款人承担”（Beneficiary's original signed by sight draft at 60 adys'sight, and will pay negotiated by the par value, as commission and long-term interest expenses, by the drawee.）

4. 循环 L/C 支付条款

循环信用证支付条款：“买方应于第一批装运月份前通过卖方可接受的银行开立并送达卖方

不可撤销即期循环信用证，该证在20××年期间，每月自动可供××（金额），并保持有效至20××年1月15日在北京议付。”（The Buyers shall open through a bank acceptable to the Sellers an Irrevocable Revolving Letter of Credit at sight to reach the Sellers before the month of first shipment. The Credit Shall be automatically available during the period of 20×× for ××（value）per month，and remain valid for negotiation in Beijing until Jan. 15，20××）

（四）不同支付方式结合使用的支付条款

例如，“买方通过卖方接受的银行，于装运日期前15天开立并送达卖方不可撤销即期信用证，规定50%发票金额凭即期光票支付，其余50%金额用即期跟单托收方式付款交单。”（The buyers shall open through a bank acceptable to the sellers an irrevocable sight letter of credit to reach the sellers 20 days before the month of shipment，stipulating that 50% of the invoice value available against clean draft at sight while the remaining 50%on documents against payment at sight on collection basis.）

单元二　备货、包装

准备货物是履行出口合同的重要环节。合同交付货物、移交单据和转移货物所有权是卖方的3项基本义务。其中，交付货物又是最主要的义务。

卖方在备货过程中，应根据合同中对商品品质、数量和包装的要求认真准备，做到商品的质量、数量与包装都符合合同中相关条款的规定。

一、商品的品名

（一）标的物

在国际贸易商品买卖中，标的物是双方买卖的主体，这是一笔交易赖以进行的物质基础。

一般说来，国际商品买卖中的标的物，必须具备3个条件：①标的物必须是出口方所占有的；②标的物必须是合法的；③标的物的转移必须是双方当事人一致同意的，即一方有效发盘，另一方正当接受，双方意见一致达成交易。

（二）商品品名的作用

国际贸易同国内零售贸易不同。在国际贸易中，一般不是看货成交，很少见到具体商品。因此，在国际货物买卖合同中，列明商品的名称，就成为必不可少的条件。

按照有关的法律和惯例，对交易标的物的描述，是构成商品说明的一个主要组成部分，是买卖双方交接货物的一项基本依据，它关系到买卖双方的权利和义务。若卖方交付的货物不符合约定的品名或说明，买方有权提出损害赔偿要求，甚至拒收货物或撤销合同。因此，列明合同标的物的具体名称，具有重要的法律和实践意义。

另外，好的商品名称，不但能高度概括出商品的特性，而且还能符合消费者的消费心理，诱发消费者的购买欲望。

（三）品名条款的内容

商品的名称在一定程度上体现了商品的自然属性、用途以及主要的性能特征。国际货物买卖合同中的品名条款的规定，并无统一的格式，可由交易双方酌情商定。合同中的品名条款一般比较简单，通常都是在“商品名称”或“品名”（Name of Commodity）的标题下，列明交易双方成交商品的名称。有时为了省略起见，也可不加标题，只在合同的开头部分列明交易双方同意买卖某种商品的文句。

由于有的商品往往具有不同的名称、等级和型号，因此，有时为了明确起见，也把有关具体品种、等级或型号，甚至商品的品质规格也包括进去，如“特级中国绿茶”、“长白山人参”等，此外有的还要明确商品的品牌、品质规格等，如“海信 42 寸液晶电视”等，在此种情况下，它就不单是品名条款，而是品名条款与品质条款的合并。

（四）规定品名条款的注意事项

品名条款是国际货物买卖合同中的主要条款，因此，在规定此项条款时，应注意下列事项：

(1) 品名内容必须明确、具体。能确切反映交易标的物的特点，避免空泛、笼统的规定，以利合同的履行。例如，“食品”就很笼统，必须具体到“方便面”才行。

(2) 针对商品实际作出实事求是的规定。条款中规定的品名，必须是卖方能够供应而买方所需要的商品，凡做不到或不必要的描述性词句都不应列入，以免给履行合同带来困难。如“××一次净”、“××一扫光”，如果名不副实，就会给以后的交易带来麻烦。

(3) 尽可能使用国际上通用的名词。有些商品的名称，各地叫法不一。为避免误解，应尽可能使用国际上通行的称呼。例如，Walnut，英文里叫“胡桃”，而汉语里则叫“核桃”等。

(4) 注意选用合适的品名，以方便进出口和节省运费开支。有时存在着同一商品因名称不同而交付关税和班轮运费不一样的现象，而且其所受的进出口限制也不同，所以，为了减低关税、方便进出口和节省运费开支，在确定合同的品名时，应当选用对自己有利的名称。

总之，商品品名不仅是国际货物买卖合同中必备的交易条件，而且还关系到商品的品质，以及商品的销售前量。

二、商品的品质

（一）商品品质的含义

商品的品质必须与出口合同的规定相一致。严格按照买卖合同约定的质量要求交付货物，

是卖方的一项基本义务。

商品品质是指商品的内在素质和外观形态的综合；内在素质包括商品的物理性能、化学成分和生物特征等自然属性；外观形态包括商品的外形、色泽、款式等。

在国际贸易中，往往是按照每种商品的不同特点，选择一定的质量指标来表示不同商品的品质，如机床以性能、用途、功率、自动化程度等；煤炭以灰分、含水、含硫、发热量、粒度等；服装以面料和辅料、款式、颜色、工艺等指标表示。商品的品质优劣直接影响商品使用价值和价格，往往是买方最为关心的。

（二）对品质的要求

为了使我国进出口商品的品质适应国内建设和国际市场的需要，进出口商品的品质应符合下列要求。

(1) 针对不同市场和不同消费者的需求来确定出口商品的质量。要适应国外市场的消费习惯和消费水平。

(2) 不断更新换代和精益求精。要保证商品品质的稳定，并不断加以改进和提高商品质量，以赶上世界市场结构变化的节奏，增强商品在国际市场上的竞争能力。

(3) 适应进口国的有关法令规定和要求。各国对进口商品的质量都有法令规定和要求，为了使我国出口商品能够顺利出口并卖出适当价钱，必须加强调查研究，使商品的品质、规格尽量适应有关进口国家和地区的政府法令的要求。

(4) 适应国外自然条件、季节变化和销售方式。由于各国自然条件不同，季节变化不一，销售方式和渠道各异，因而对商品品质、规格的要求不同。同时，商品在运输、装卸、存储和销售过程中，其质量可能发生某种变化。因此，注意自然条件、季节变化和销售方式的差异，掌握商品在流通过程中的变化规律，并采取相应的预防措施以保证出口商品的到货质量。

（三）商品品质的作用

商品质量的重要意义在于品质的优劣直接影响商品的使用价值和价格，它是决定商品使用效能和影响商品市场价格的重要因素。在当前国际市场竞争空前激烈的条件下，许多国家都把提高商品质量、力争以质取胜，作为非价格竞争的一个重要组成部分，因为它是加强对外竞销的重要手段之一。

其作用主要表现为：

(1) 改进和提高商品品质是非价格竞争的重要手段；

(2) 商品质量是国际货物买卖合同的重要条款；

(3) 商品品质问题是买卖双方产生争议的主要原因。

（四）表示商品品质的方法

1. 用实物表示

以实物表示商品品质通常包括凭成交商品的实际品质（Actual Quality）和凭样品（Sample）

两种表示方法，前者为看货买卖（Sale by Actual quality），后者为凭样品买卖（Sale by Sample）。

（1）看货买卖也称看货成交，通常是先由买方或其代理人在卖方所在地验看货物，达成交易后，卖方即应按验看过的商品交付货物。由于验看全部货物，既费时又费力，因此逐件查验是不太现实的，所以采用看货成交的方式非常有限，这种做法多用于寄售（Consignment）、拍卖（Auction）和展卖（Fairs and sales）业务，一般适合于鲜活商品、工艺品、古玩、首饰以及名人字画等物品的交易。

（2）凭样品买卖是由卖方或买方提供少量足以代表商品质量的实物作为样品，要求对方确认。样品一经确认，就成为买卖双方交接货物的质量依据。卖方提供的样品叫做卖方样品（seller's sample），买方提供的样品叫做买方样品（buyer's sample）。

在实际业务中，若由买方提供样品，而卖方认为按买方样品生产没有切实把握时，可以根据买方样品先仿制或从现有货物中选择一个品质近似的产品作为样品交买方确认。这个叫做对等样品（counter sample）。一旦买方同意按对等样品成交，则实际上是从凭买方样品确定商品品质转变为凭卖方样品确定商品品质。

样品无论由卖方提供还是由买方提供，一经双方确认，就成为履行合同时的质量依据。卖方必须提供交付与样品完全一致的商品，否则，买方有权索赔甚至可以拒绝接受货物。因此，谨慎的卖方可能会要求在合同的品质条款中使用“近似”、“大致相等”等词语。如，

Quality be similar to sample submitted by the seller on …（date）.

品质与卖方于……（日期）提供的样品相似。

The goods to be delivered shall be about equal to seller's sample No. …

所交货物须与卖方第×号样品大致相等。

但要注意，在使用上述词语时，双方应就变化范围事先达成一致。

2. 用文字说明表示

国际贸易中，多数商品是用文字说明来规定其质量的。

（1）凭规格买卖（sale by specifications）。商品的规格是用以反映商品质量的若干主要指标，如成分、含量、纯度、性能、大小、长短等。用商品的规格来确定商品质量的方法称作“凭规格买卖”。用这种表示方法简单方便，准确具体，在国际贸易中使用最广泛。

（2）凭等级买卖（sale by grade）。等级是同一类产品，按其质地的差异，或尺寸、形状、重量、成分、效能等的不同，用文字、数字或符号所作的分类，如特级、一级；大号、小号等。

（3）凭标准买卖（sale by standard）。标准是指商品规格的标准化。商品的标准一般由标准化组织、政府机关、行业团体、商品交易所等制定并公布。世界各国都有自己的标准，另外还有国际标准和国外先进标准。国际标准是指国际标准化组织的 ISO9000 系列或 ISO14000 系列标准。国外先进标准是指发达国家的标准，如英国的 BS，美国的 ANSI，日本的 JIS、JAS，德国的 DIN。我国的标准有国家标准、行业标准、地方标准、企业标准等。

（4）凭品牌名或商标买卖（sale by brand or trade mark）。在国际贸易中，一些经销已久、质量稳定、信誉良好的产品，其品牌名或商标往往为买方或消费者所喜爱，代表了特定品质。于是可以利用品牌名或商标来表示商品的品质。

（5）凭产地名称买卖（sale by name of origin）。有些地区的产品，尤其是一些传统农副产品，具有独特的加工工艺，在国际上享有盛誉。对于这类产品，可以用地名来表示其独特的

品质。

(6) 凭说明书和图样买卖（sale by description and illustration），有些机器、仪表、大型设备等技术密集型产品，由于结构复杂，无法用样品或简单的几项指标反映产品质量的全貌，因此，往往在规定了名称、牌号、型号外，再采用说明书来介绍该产品的构造、性能、使用方法等，有时还附有图样。当采用该方式来表示品质时，要在合同中规定“品质和技术数据必须与卖方所提供的说明书严格相符。”（quality and technical data to be strictly in conformity with the description submitted by the seller）

以上所述各种用文字表示的方法，可以单独使用，也可以结合使用。但卖方必须保证所提供的货物与文字说明中所表明的质量一致。

（五）质量机动幅度与质量公差

卖方交货品质必须完全符合合同中的品质条款的规定。但是某些产品由于在生产、运输中的自然损耗，商品本身特点等诸多原因的影响，难以保证交货质量与合同的规定完全一致，而这是卖方无法控制的。因此，订立合同时可以在品质条款中规定一些灵活的内容。常见的就是质量机动幅度与质量公差。

1. 质量机动幅度

对特定质量指标在一定幅度内可以机动浮动。一般有以下 3 种做法。

(1) 规定范围，如，

B601 Tomato Paste 28/30 Concentration（B601 番茄酱 28/30 浓缩度）

(2) 规定极限，如，

Fish Meal	Protein	55% Min.
	Fat	9% Max.
	Moisture	11% Max.
	Salt	4% Max.
	Sand	4% Max.

鱼粉	蛋白质	最低 55%
	脂肪	最高 9%
	水分	最高 11%
	盐分	最高 4%
	砂分	最高 4%

(3) 规定上下差异，如，

Gray Duck Down 18%，allowing 1% more or less

灰鸭毛 含绒量 18% 允许上下 1%

2. 质量公差

有些工业品的品质指标出现误差是在所难免的，如手表工作时的误差。这种误差是公认允许的，叫做公差。只要卖方交货品质在公差范围内，就不算违约。如果公差的范围买卖双方认识不同，那么应该在合同中明确其范围。

(六) 品质条款的规定

1. 品质条款的基本内容

品质条款是合同中的一项主要条款，它是买卖双方对商品质量、规格、等级、标准、商标、牌号等的具体规定。卖方以约定品质交货，否则买方有权提出索赔或拒收货物，以至撤销合同。合同中的品质条款也是商检机构进行品质检验、仲裁机构进行仲裁和法院解决品质纠纷案件的依据。

品质条款的基本内容是商品的品质、规格、等级、标准和商标、牌号等。在凭样品买卖时，应列明样品的编号和寄送日期，有时还加列交货品质与样品一致或相符的说明。

2. 规定品质条款的注意事项

对某些商品可规定一定的极限，例如，白糯米碎粒最高 25%。规定上下差异，例如，C708 中国灰鸭绒，含绒量 90%，允许上下 1%浮动。

【例 4.2】我国某公司同日本公司签订出口羊绒衫合同，共出口羊绒衫 10 000 件，价值 100 万美元。合同规定羊绒含量为 100%，商标上也标明“100%羊绒”。当对方对我国公司出口羊绒衫进行检验后，发现羊绒含量不符合合同规定而提出索赔，要求赔偿 200 万美元。最后我国公司赔偿数十万美元结案。

采用品质增减价条款，一般应选用对价格有重要影响而又允许有一定机动幅度的主要质量指标，对于次要的质量指标或不允许有机动幅度的重要指标，则不能适用。

三、商品的数量

商品的数量是国际贸易中不可缺少的主要条件之一。正确掌握成交数量，对促进交易的达成和争取有利的价格具有重要的作用。数量是买卖双方交接货物的依据。《公约》在第 35 条中规定，卖方交付的货物必须与合同所规定的数量、质量和规格相符，并须按照合同所规定的方式装箱或包装。如果卖方交付货物数量大于合同规定的数量，买方可以拒收多交的部分、也可以收取多交部分中的一部分或全部，但应按合同价款执行；如卖方交货数量少于合同规定，卖方应在规定的交货期内补交不足部分，但不得给买方造成不合理的不便或承担不合理的开支，即便如此，买方也保留要求损害赔偿的权利。

(一) 计量单位

国际贸易中商品数量的计算涉及度量衡。各国的度量衡是不同的。目前在国际贸易中通常使用的度量衡制度有 4 种：米制（Metric System）、美制（U. S. System）、英制（British System）、国际单位制（International System of Units）。多数国家采用国际单位制。国际贸易中使用的数量计算方法一共有 6 种：重量单位、容积单位、个数单位、长度单位、面积单位、体积单位。

1. 重量单位

重量单位，适用于一般天然产品、工业制成品，如羊毛、矿产品、药品。

常用的重量单位有：千克（kilogram，kg）、公吨（metric ton，mt）、长吨（long ton，lt，1lt≈1 016kg）、短吨（short ton，st，1st≈907.2kg）、克（gram，g）、磅（pound，lb）、盎司（ounce，oz.）等。

2. 容积单位

容积单位，适用于谷类商品、流体、气体物品，如小麦、汽油、天然瓦斯。

常用的容积单位有：公升（litre，L）、加仑（Gallon，gal）、蒲式耳（Bushel，bu）等。

3. 个数单位

个数单位，适用于一般日用工业品，如文具、成衣、车辆。

常用的个数单位有：只（piece，pc）、件（package，pkg）、套（set）、打（dozen，doz）、箩（gross，gr）、令（ream，rm）、辆（unit）、包（bale）、袋（bag）等。

4. 长度单位

长度单位，适用于绳索、电缆等商品。

常用的长度单位有：码（yard，yd）、米（metre，m）、英尺（foot，ft）、厘米（centi-metre，cm）等。

5. 面积单位

面积单位，适用于皮制商品、塑料制品，如塑料地板、皮革。

常用的面积单位有：平方码（square yard，yd^2）、平方米（m^2）、平方英尺（ft^2）等。

6. 体积单位

体积单位，适用于化学气体、木材等商品。

常用的体积单位有：立方码（cubic yard，yd^3）立方米（m^3）立方英尺（ft^3）等。

（二）重量的计算方法

国际贸易中很多商品都用重量计量。下面介绍重量的计算方法。

1. 按毛重计算

毛重（gross weight）是商品本身重量加上包装物的重量。包装的重量叫做皮重（tare）。按毛重计算一般适用于低价值商品。

2. 按净重计算

净重（net weight）是指毛重扣除皮重后的重量。多数商品采取该方法。计算皮重的方法有以下几种。

（1）按实际皮重（real tare，actual tare）：计算每一件包装的重量，然后得出总的皮重。

（2）按平均皮重（average tare）：即在包装重量大体相同的情况下，以若干件包装的实际重量求出平均包装重量。这种方法比较省时省力，随着技术的发展和包装用料及规格的日益标准化，采用平均皮重计重的做法越来越普遍。

（3）按习惯皮重（customary tare）：一些商品的包装比较规格化，形成一定的标准，按公认的单位包装重量标准乘以商品数量，得出总的皮重。如装运粮食的机制麻袋，已被公认每只麻袋的重量为2.5磅（1磅约等于0.45千克）。因此在计算其皮重时，就无须对包装逐件过秤，按习惯上公认皮重乘以总商品件数即可。

（4）按约定皮重（computed tare）：买卖双方事先约定单位包装的重量，再计算总的皮重。

(5) 对于一些低价值的农产品，可采用毛重当做净重的方法来计量，叫做以毛作净（gross for net）。

3. 其他计算重量的方法

(1) 公量（conditioned weight）。有些产品，如棉花、羊毛，有较强的吸湿性，产品重量会受到环境、气候的影响，重量很不稳定。对此，国际上通常采用公量计算的方法来决定产品重量，即以商品的干净重（指烘出商品的水分后的重量）加上国际公定回潮率与干净重的乘积（标准含水量）所得出的重量，就是公量。其计算公式为

$$公量=\frac{实际重量\times（1+标准回潮率）}{1+实际回潮率}$$

其中回潮率是指商品含水分的百分率。标准回潮率有国际公认的，也有交易双方协商确定的。实际回潮率是交易商品用科学方法抽出的水分与商品实际重量的比率。

【例 4.3】某公司出口生丝一批，买卖双方约定标准回潮率为 11%，卖方交付的生丝在到达目的港后的实际重量为 105 公吨，经过科学方法抽出的水分为 9.45 公吨。请分析一下该批生丝的公量是多少？如果生丝的单价为每公吨 1 980 美元，那么该公司出口这批生丝收入多少美元？

分析：案例中的标准回潮率为 11%，实际回潮率为（9.45/105）×100%=9%

根据公量的计算公式可得，该批生丝的公量 $=\frac{105\times（1+11\%）}{1+9\%}=106.93$（公吨）

那么公司的收入就是 106.93×1 980=211 714.68 美元。

(2) 理论重量（theoretical weight），对于按固定规格生产的产品，其重量是基本一致的，可根据其数量计算出产品的总重。

(3) 法定重量（legal weight）和净净重（net net weight）。法定重量是商品重量加上直接接触商品的包装材料的重量。海关对于按法定重量计税的商品，一般都规定各类商品的包装折扣率，通过折扣率可以直接计算商品的法定重量。如某种商品的毛重为 100 千克，包装折扣率为 2%，则该商品的法定重量为 100×（1−2%），即 98 千克。

（三）数量条款的注意事项

数量条款（quantity clause）又称数量条件，是主要的交易条件之一，是买卖双方接货和处理数量争议时的依据，因此，买卖双方签订合同时，必须对数量条款作出明确合理的规定。

1. 正确掌握成交数量

对出口数量的掌握：注意国内、国外市场供求情况，价格变动情况，国外客户资信及经营能力等。

对进口数量的掌握：要看国内实际需要，实际支付能力，市场行情变化。

2. 数量条款应当明确具体

为了便于履行合同和避免引起争议，进出口合同中的数量条款应当明确具体。对计量单位、计量方法等作出具体规定，并注意一般不宜采用大约、近似、左右等模糊的字眼来说明。根据《跟单信用证统一惯例》规定，这个约数可解释为交货数量不超过 10%的增减幅度。

3. 合理规定数量机动幅度

对于某些商品，如粮食、矿砂、化肥和食糖等大宗商品的交易中，由于商品特性、货源变化、船舱容量、装载技术和包装等因素的影响，要求准确地按约定数量交货，有时存在一定困

难，可在合同中规定数量机动幅度条款，即数量增减条款或溢短装条款，以便履行合同，即规定一个机动幅度。数量机动幅度的大小通常都以百分比表示，如 3%或 5%，如，500 mt 5% more or less。

在使用数量机动幅度条款时一定要注意以下几点事项：

（1）数量机动幅度的大小要适当；

（2）机动幅度选择权的规定要合理；

（3）溢短装数量的计价方法要公平合理。

对于溢装或短装的这部分商品的计价，合同中应予以规定。一般可以按合同价计算，但为了防止当事人利用溢短装条款谋取额外利益，也可另行规定计价方法，如对溢短装部分按当时市场价计价。

关于分批装运中机动幅度的规定：第一，只对合同数量规定一个百分比的机动幅度，而对每批分运的具体幅度不作规定，在此情况下，只要卖方交货总量在规定的机动幅度内，就算按合同数量交了货；第二，除规定合同数量总的机动幅度外，还规定每批分批分运数量的机动幅度，在此情况下，卖方总的交货量，就受上述总机动幅度的约束，而不能只按每批分运数量的机动幅度交货，这就要求卖方根据过去累计的交货量，计算出最后一批应交的数量。

【例 4.4】某出口公司与匈牙利商人订立了一份出口水果合同，支付方式为货到验收后付款。但货到经买方验收后发现水果总重量缺少 10%，而且每个水果的重量也低于合同规定，匈牙利商人既拒绝付款，也拒绝提货。后来水果全部腐烂，匈牙利海关向中方收取仓储费和处理水果费用 5 万美元。我出口公司陷于被动。从本案中，可以吸取什么教训？

分析：商品的数量是国际货物买卖合同中不可缺少的主要条件之一。按照某些国家的法律规定，卖方交货数量必须与合同规定相符，否则，买方有权提出索赔，甚至拒收货物。此案中显然卖方陷于被动，但仍可据理力争，挽回损失。首先应查明短重是属于正常途耗还是卖方违约没有交足合同规定数量，如属卖方违约，则应分清是属于根本性违约还是非根本性违约。如不属于根本性违约，匈方无权退货和拒付货款，只能要求减价或赔偿损失；如属根本性违约，匈方可退货，但应妥善保管货物，对鲜活商品可代为转售，尽量减轻损失。《公约》第 86 条第一款明确规定，如果买方已收到货物，但打算行使合同或本公约任何权利，把货物退回，他必须按情况采取合理措施，以保全货物，他有权保有这些货物，直至卖方把他所付的合理费用偿还给他为止。而匈方未尽到妥善保管和减轻损失的义务，须对此承担责任。因此，该公司可与匈牙利商人就商品的损失及支出的费用进行交涉尽可能挽回损失。

数量条款举例，具体如下：

（1）铁桶装，每桶净重 195～200 千克，共 550 桶。

In iron drums of 195～200 kg. net each，550 drums total.

（2）中国东北大豆：6 000 公吨，以毛作净，卖方可溢装或短装 3%。

Chinese northeast soybean：6 000mt gross for net，3% more or less at seller's option.

四、商品的包装

在国际货物买卖中，包装是说明货物的重要组成部分，包装条件是买卖合同中的一项主要条件。按照某些国家的法律规定，如卖方交付的货物未按约定的条件包装，或者货物的包装与行业习惯不符，买方有权拒收货物。如果货物虽按约定的方式包装，但与其他货物混杂在一起，买方可以拒收违反规定包装的货物，甚至可以拒收整批货物。

（一）包装的种类

1. 运输包装

运输包装习惯上称为大包装或外包装，其主要作用在于保护商品，防止在储运过程中发生货损货差。运输包装又分为单件运输包装和集合运输包装。

（1）单件运输包装：即货物在运输过程中作为一个计件单位的包装。采用单件运输包装时，在合同的包装条款中须注明使用的包装材料，如木箱、纸箱、铁桶、麻袋、塑料袋等。

（2）集合运输包装：又称为成组化运输包装，是指将若干单件运输包装组合成为一件大包装。集合包装不仅能够提高港口装卸速度，便于货运，降低装卸搬运工人的劳动强度，降低运输成本和节省运杂费用，而且会更好地保护商品的质量和数量，促进包装标准化，在国际贸易中越来越多的包装采用了集合包装。常见的集合包装有集装包、集装袋和集装箱。另外，托盘也是一种集合包装。

①集装箱（container）：目前国际上通用的集装箱规格很多，但最通用的是 8 英尺×8 英尺×20 英尺和 8 英尺×8 英尺×40 英尺两种。20 英尺集装箱的载货重量，最多可达 18 公吨，其容量为 31～35 立方米。一般计算集装箱的流量时，通常以 20 英尺集装箱为一个标准单位，通称“TEU”。

②托盘（pallet）：是按一定规格制成的单层或双层平板载货工具，在平板上将若干单件包装的商品，码在托盘上，然后用绳索、收缩薄膜或拉伸薄膜等物料，将商品与托盘组合加固起来，组成一个运输单位，便于在运输过程中使用机械进行装卸、搬运和堆放。托盘货物一般重 1～1.5公吨。托盘通常以木制为主，但也有用塑料、金属等制成。常见的托盘有平板托盘和箱型托盘等。

③集装袋和集装包（flexible container）是一种用合成纤维或复合材料编织成的圆形大包，可容 1～4 公吨货物，最多可达 13 公吨。主要用于装载粉粒状货物，如化肥、矿砂、面粉、食糖、水泥等，有些国家为了提高货物的装卸速度和港口码头的使用效率，常常在信用证上规定进口货物必须使用集合运输包装，否则不准卸货。

（3）运输包装要求，具全包括如下内容：

①必须适应商品的特性。例如，水泥怕潮湿，玻璃制品容易破碎，流体货物容易渗漏和流失等，这就要求运输包装相应具有防潮、防震、防漏等良好的性能。

②必须适应各种不同运输方式的要求。例如，海运包装要求牢固，并具有防止挤压和碰撞的功能；航空运输包装，要求轻便而且不宜过大等。

③必须考虑有关国家的法律规定和客户的要求。如有些国家禁止使用稻草、柳藤等材料做包装；有些国家对包装标志和每件包装的重量有特殊的规定和要求。同时，如客户就运输包装提出某些特定的要求时，也应根据需要尽可能予以考虑。

④要便于各环节有关人员进行操作。例如，要便于装卸、搬运、储存、保管、清点和查验等。

⑤要在保证包装牢固的前提下节省费用。

2. 销售包装

销售包装又称为内包装或小包装，主要是便于商品的分配、销售和消费。销售包装是直接接触商品并随商品进入零售网点和消费者直接见面的包装。这类包装除具有保护商品的功能之外，更应具有促销的功能。因此对销售包装，一般要求应该便于陈列展售、便于识别商品、便于携带使用以及具有艺术吸引力。常见的销售包装有挂式包装、堆叠式包装、便携式包装、一次用量包装、易开包装、喷雾包装、配套包装、礼品包装等。

（二）包装的标志

1. 运输标志

运输标志俗称唛头，它是一种识别标志或标准标志，其形式多种多样，内容五花八门，但通常由一个简单的几何图形和一些字母、数字及简单的文字组成。标准化运输标志应包括以下内容：①收货人或买方的简称；②参照号码，如合同号、运单号；③目的地名称；④件数号码。

标准化运输标志举例如下：

ABC……………………………收货人代号

1234……………………………参考号

NEW YORK…………………… 目的地

1/25…………………………… 件数代号

其他运输标志如图 4-8 所示。

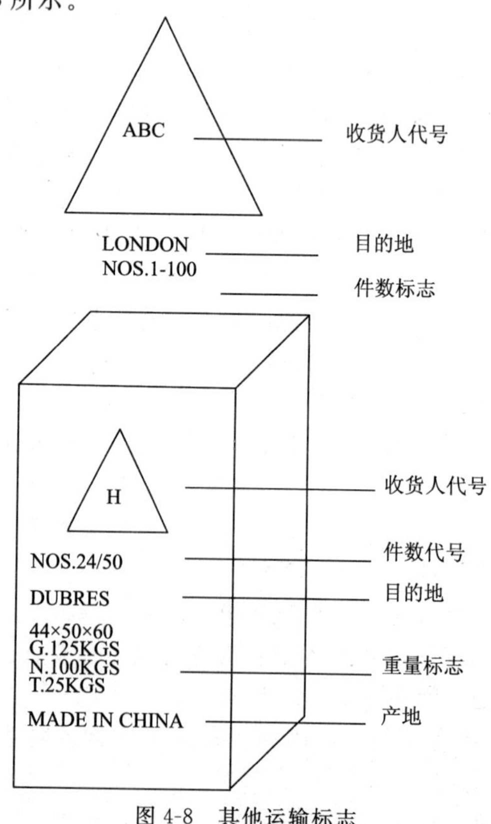

图 4-8　其他运输标志

运输标志的式样，如合同无规定或客户对此又无要求，则由出口方自行选定刷制。标志的刷写部位和文字大小要适当，图案字迹要清楚，使用的颜料要不褪色。在保证商品质量不变和不违反出口合同的前提下，应尽可能压缩货物包装的体积或降低货物包装的重量，以节约运费支出。

2. 指示性标志

指示性标志是指针对一些易碎、易损、易变质商品的性质，用醒目的图形和简单的文字提醒有关人员在装卸、搬运和存储时应注意的事项。图 4-9 是一些常用的指示性标志。

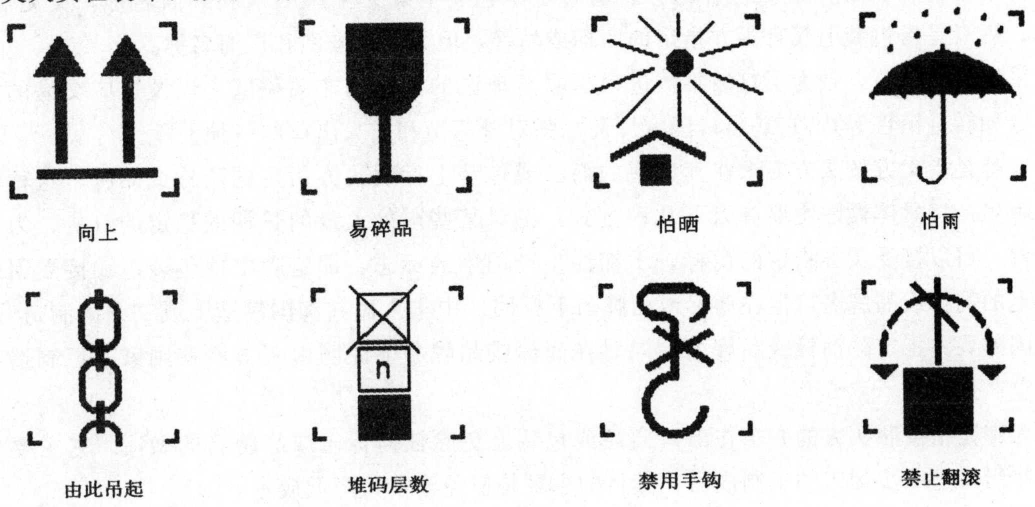

图 4-9　指示性标志

3. 警告性标志

警告性标志又称危险品标志，是指对一些易燃、易爆或剧毒品、腐蚀性物品、放射性物品等在其运输包装上清楚而明显地刷制的标志，以示警告。它是由文字和特定的图案所组成的。图4-10是一些常见的警告性标志。

图 4-10　警告性标志

（三）中性包装、定牌和无牌

中性包装、定牌和无牌是国际贸易中的通常做法。

中性包装（Neutral Packing）是指既不标明生产国别、地名和厂商名称，也不标明商标或品牌的包装，也就是说，在出口商品包装的内外，都没有原产地和出口厂商的标记。中性包装包括无牌中性包装和定牌中性包装两种，前者是指包装上既无生产国别和厂商名称，又无商标、品牌；后者是指包装上仅有买方指定的商标或品牌，但无生产国别和厂商名称。

采用中性包装，是为了打破某些进口国家与地区的关税和非关税壁垒以及适应交易的特殊需要（如转口销售等），它是出口国家厂商加强对外竞销和扩大出口的一种手段。

定牌是指卖方按买方要求在其出售的商品或包装上标明买方指定的商标或品牌，这种做法叫定牌生产。具体做法主要有以下几种方式：①对某些国外大量的长期的稳定的订货，为了扩大销售，可以接受买方指定的商标，不加注生产国别的标志，即定牌中性包装；②接受国外买方指定的商标或品牌名，但在商标或品牌名下标明“中华人民共和国制造”或“中国制造”；③接受国外买方指定的商标或品牌名，同时在商标或品牌名下注明由买方所在国家工厂制造，即定牌定产地。

无牌是指按照买方的要求在出口商品或包装上免除任何标志或品牌名的做法。它主要是用于一些尚待进一步加工的半制成品，其目的主要是避免浪费，降低成本。

（四）合同中的包装条款

包装条款主要规定商品包装的方式、材料、规格、费用的负担和运输标志。按照国际惯例，包装条件是主要交易条件之一，是货物说明的组成部分。现举例如下：

（1）木箱装，每箱 20 打，每打用塑料袋包装。

In wooden cases of 20 dozen，each dozen in a polybag.

（2）单层新麻袋，每袋约 50 千克。

In new single gunny bags of about 50 kgs each. .

由于国际货物运输，特别是海洋运输路程长、环节多、时间长、气候条件变化大，对运输包装的要求要比国内贸易商品的运输包装要求更高，因此在商订包装条款时，应注意下列事项。

1. 要考虑商品特点和不同运输方式的要求

商品的特性、形状和使用的运输方式不同，对包装的要求也不相同。因此，在约定包装材料、包装方式，包装规格和包装标志时，必须从实际出发，使约定的包装科学、合理，并满足安全、适用和适销的要求。

2. 对包装的规定要明确具体

不宜笼统，如“适合海运包装”、“习惯包装”，要根据具体商品作具体明确的规定。

3. 要考虑有关国家的现行法律

有的国家和地区对包装材料、运输标志等有严格的限制和规定，所以要对此十分注意。

4. 明确包装费用由何方负担

包装由谁供应通常有 3 种做法：一是由卖方提供包装；二是由卖方提供包装并把包装收回；三是由买方提供包装。包装费用一般包括在货价之内不另计收，但也有不计在货价之内，而规定由买方另外支付，究竟由何方负担，应在包装条款中订明。

5. 对于危险品应规定包装符合《国际海上危险货物运输规定》的有关要求

五、备货单据

（一）备货要点

在备货交运过程中，应注意以下几点。

（1）货物的品质、规格。应按合同的要求严格核实，必要的时候应进行加工整理，以保证货物的品质、规格与合同或信用证的规定一致。

（2）货物的数量。应保证满足合同或信用证对数量的要求，备货的数量应适当留有余地，万一装运时发生意外或损失，以备调换和适应舱容之用。

（3）货物的包装。所备货物的包装必须符合出口合同的规定，包括内外包装的方式方法、用料和重量等。随着技术的进步，自动仓储环境处理的货物越来越多，货物在运输和仓储过程中，通常由传送带根据条形码自动扫描分拣。因此，应注意根据仓储的要求，严格按统一尺寸对货物进行包装或将货物放置在标准尺寸的牢固托盘上，并预先正确印制合同贴放条形码。

（4）货物的包装标志。在货物运输过程中，为便于识别货物，有利于装卸、运输、仓储、检验和交接工作的顺利进行，会在货物的包装上书写、压印、刷制各种有关的标志，该标志称为包装标志。在包装标志的刷制过程中，一定要按买卖双方约定的式样，要求图形和文字清晰、醒目、位置适当，涂料不易脱落和防止错刷。

（5）备货时间。货物备妥的时间应结合信用证规定的装运期和船期安排，以利于船货衔接。

（二）出具发票

发票是国际贸易中的基本单据，主要记载有关货物的品质、数量、包装、价格等内容，包括商业发票、海关发票、领事发票、厂商发票、形式发票等。

商业发票（Commercial Invoice），简称发票，它是出口人对进口人开立的发货价目清单，是装运货物的总说明。其主要作用是便于进口人核对已装运的货物是否符合买卖合同的规定。在信用证方式下，便于银行核对所显示的货物是否与信用证条款的规定相一致。再者，发票也是供进口人凭此收货、支付货款和作为进出口人记账、报关、纳税的依据。在即期信用证业务中不要求提供汇票的情况下，常以发票替代汇票作为付款的收据。发票全面反映了交付货物的状况，是各种单据的中心单据，是出口人必须提供的主要单据之一。

发票并无统一格式，但内容大致相同。主要包括出具人名称、发票字样、抬头人名称、发票号码、合同号码、信用证号码、开票日期、装运地点、目的港或目的地、唛头、货物的名称、规格、数量、包装方法、单价、总值等。

发票内容必须符合买卖合同规定。在采用信用证支付方式时，还应与信用证的规定严格相符，不能有丝毫差异。在缮制发票时，一般应注意如下各项。

(1) 出具人名称。发票出具人一般为出口人。在发票的顶端，通常印有出口人的名称及详细地址。在信用证方式下，上述出口人的名称及地址必须与信用证所规定的受益人的名称与地址相一致。按《UCP500》规定，除可转让信用证外，发票必须由信用证指定的受益人出具。

(2) 发票抬头人名称。在信用证方式下，除非信用证另有约定，商业发票的抬头必须做成开证申请人（可转让信用证除外)。在托收方式下，商业发票的抬头一般为国外进口商。

(3) 发票号码、合同号码、信用证号码及开票日期。发票号码由出口人统一编制，一般采用顺序号，以便查对；合同号码应如实填列；信用证号码依照依信用证中列明的填制。发票的开立日期不要与运输单据的日期相距过远，一般提前一周为宜，且不要早于信用证的开证日期。

(4) 装运港或装运地和目的港或目的地。在符合信用证规定的前提下，应明确具体，不能含糊笼统。如遇在世界上有重名的港口或城市，应加列国名或地区名称。

(5) 运输标志。凡是信用证指定唛头的，必须依照规定制唛。如未指定，出口人可自行设计。发票的唛头及件号应与运输单据和其他单据所表示的相一致。

(6) 货物名称、规格、数量与包装方法。发票上的货物名称、规格、数量与包装方法等有关货物描述，必须与信用证要求完全相符，不能有任何差异。《UCP500》第 37 条 c 款规定，商业发票中的货物描述必须与信用证规定的相符。其他一切单据则可使用货物统称，但不得与信用证中货物的描述有抵触。

(7) 单价与总值。单价和总值是发票的重要项目，必须准确计算，正确缮制，并应做到单价、数量、总值三者之间不能相互矛盾。商业发票的总额不得超过信用证规定的金额。

(8) 各种说明。国外开来的信用证，有时要求在发票上加注特定费用金额等说明、有关文件号码与证明文句等。在缮制发票时，可将上述内容打在发票的商品描述栏内。在实际业务中，常见的要求有：分别列明货物的 FOB 金额、运费及保险费；进口许可证号、布鲁塞尔税则号码 (B. T. NNO.）等有关号码；注明货物的原产地等。

(9) 签发人的签字或盖章。商业发票习惯上均有发货人的正式签字。但依照《UCP500》规定，除非信用证另有规定，商业发票“无须签署”。如果信用证规定需签署，则发货人仍需签署。

【例 4.5】发标范例

云南电子进出口公司

YUNNAN ELECTRON I/E CORP.　　TEL：86－871－3556789　　FAX：86－871－3556788

COMMERCIAL INVOICE

To：	U. S. GIOBAL ELECTRON CO.，LTD		Invoice No.：	755433
			Invoice Date：	2010－02－07
			S/C No.：	ET091124
			S/C Date：	2009－11－24
From：	GUANGZHOU，CHINA	To：	NEW YORK，USA	
Letter of Credit No.：	475638	Date：	091210	
Marks & Numbers	Number and kind of package Description of goods	Quantity	Unit Price	Amount
GIOBAL ELECTRON ET091124 NEW YORK，USA NO. 1－500	MICROWAVE ART. NO. MW－101 TOTAL NUMBER OF PACKING：500 CTNS	500 SETS	USD123.52	USD61，760.00
	TOTAL：		500 SETS	USD61，760.00
SAY TOTAL：U. S. DOLLARS SIXTY ONE THOUSAND SEVEN HUNDRED AND SIXTY ONLY.				
				YUNNAN ELECTRON I/E CORP. ×××

单元三　货物运输

国际货物运输是国际商品交易过程中的一个重要环节，随着我国对外贸易的逐步发展，对外贸易运输变得越来越重要。货物运输环节涉及运输方式、装运港、目的港、装运时间和运输单据等内容，具有涉及面广、环节繁多、时间性强等特点。有关人员必须具备相应的基本知识，才能准确无误且又合理地完成货物的接运工作。

一、选择适合的运输方式

在国际货物运输中涉及的运输方式很多，诸如海上运输、陆路运输、航空运输、河流运输、邮政运输、管道运输、集装箱运输以及由各种运输方式组合的国际多式联运等，而每种运输方式都有其自身的特点和独特的经营方式。如何根据其特点，选择合理的运输方式，有着十分重要的意义。它关系到货物的安全到达、费用的高低，甚至关系到贸易合同的正常履行。

（一）海洋运输

海洋运输是指以船舶为运载工具，通过海上航道运送旅客或货物的运输方式。海洋运输具有吞吐能力大、单位运费低、适应性强等优点。但其航行速度慢，容易受气候和自然条件影响，风险较大。海洋运输按照其经营方式的不同，分为班轮运输和租船运输两种。

1. 班轮运输

班轮运输是指在预先固定的航线上，按照固定的船期表，收取相对固定的运费，在固定港口之间来往行驶的船舶运输，因此又称为定期船运输。

（1）班轮运输的特点。具体特点包括以下 5 项。

① 4 个固定的基本特点：班轮运输有固定的船期、固定的航线、固定的停靠港口和相对固定的运费率。

② 在班轮运费中包括装卸费，故班轮运输的港口装卸费由船方负担。货方不再另付装卸费，船货双方也不再计滞期费和速遣费。

③ 班轮承运的货物比较灵活，货运质量较有保证，不论数量是多少，只要有舱位，都可接受，特别适合于一般件杂货和集装箱货物的运输。

④ 船货双方的权利、义务和责任豁免以船方签发的提单条款为依据。

⑤ 班轮运输采取在码头仓库交货，这样为货主提供了更便利的条件。

（2）班轮运费是班轮公司为运输货物向货主收取的费用，包括货物从装运港至目的港的海上运费以及货物的装卸费。由基本运费和附加运费两部分组成。

①基本运费是指每一计费单位货物收取的费用，是构成全程运费的主要部分。基本运费可根据运费率和货运量计算出来，即

基本运费额＝货运量×基本运费率

其中，货运量根据班轮运费的计收标准来判断。

班轮运费的计收标准主要有如下几种：

第一种是按重量吨（为公吨）计算，即按照货物的毛重计收运费，运价表中以“W”表示。

第二种是按尺码吨（为立方米）计算，即按照货物的体积计收运费，运价表中以“M”表示。

第三种是按照货物的毛重或体积收费计算，由船公司选择其中收费较高的一种方式计收运费，运价表中以“W/M”表示。

第四种是按从价运费计算，即按照货物的价格计收，运价表中以“A. V.”或“Ad Val”表示。一般按货物 FOB 价值的一定百分比收取。

第五种是按重量吨或尺码吨或从价运费计收，由船公司选择其中收费最高的一种收取，在运价表中以“W/M or A. V.”表示。

第六种是按重量吨或尺码吨和从价运费征收，船公司在毛重和体积中选择收费较高的一种收取，然后再加收一定百分比的从价运费，在运价表中以“W/M PLUS A. V.”表示。

第七种是按货物的件数收取，在运价表中以“Per”表示。

第八种是船货双方议定，在运价表中以“Open”表示，适用于大宗低值货物。

此外，班轮公司对统一包装、统一票货物或同一提单内出现混装时，运费收取原则是就高不就低。具体办法是：不同商品混装在同一包装内，全部运费按其中收费高者征收；同一票货物如包装不同，其收费标准和等级也不同，如托运人未按不同包装分别列明毛重和体积，则全票货物按收费高者计收；同一提单有两种以上的货名，如托运人未分别列明不同货物的毛重和体积，则全部货物按收费高者征收。

②附加运费是在基本费率之外，班轮公司为了弥补损失又规定的各种额外加收的费用。主要有以下几种。

第一种是燃油附加费，即在燃油价格突然上涨时加收。

第二种是货币贬值附加费，即在货币贬值时，船方为实际收入不致减少，按基本运价的一定百分比加收的附加费。

第三种是转船附加费，即凡运往非基本港的货物，需转船运往目的港，船方收取的附加费，其中包括转船费和二程运费。

第四种是直航附加费，即当运往非基本港的货物达到一定的货量，船公司可安排直航该港而不转船时所加收的附加费。

第五种是超重附加费、超长附加费和超大附加费，即当一件货物的毛重或长度或体积超过或达到运价本规定的数值时加收的附加费。

第六种是港口附加费，即有些港口由于设备条件差或装卸效率低，以及其他原因，船公司加收的附加费。

第七种是港口拥挤附加费，即有些港口由于拥挤，船舶停泊时间增加而加收的附加费。

第八种是选港附加费，即货方托运时尚不能确定具体卸港，要求在预先提出的两个或两个以上港口中选择一港卸货，船方加收的附加费。

第九种是变更卸货港附加费，即货主要求改变货物原来规定的港口，在有关当局（如海关）准许，船方又同意的情况下所加收的附加费。

第十种是绕航附加费，即由于正常航道受阻不能通行，船舶必须绕道才能将货物运至目的港时，船方所加收的附加费。

③班轮运费的计算步骤包括：首先，根据合同查明装运港和目的港所属航线。然后，根据货物英文名称在货物分级表中查出该货物的等级和计收运费的标准。再然后，查出这一商品的基本费率。再然后，查出各种附加费的计收方法和费率。最后，根据运费计算公式算出总运费。

班轮运费的计算公式具体如下：

总运费＝基本运费率×（1＋附加费率）×货运量

2．租船运输

租船运输是指船舶所有人将船舶出租给租船人，用于运输货物，租船人按商定的运价支付运费的一种运输经营方式，该方式又称为不定期船运输。

（1）租船运输的特点如下：

① 适合运输货值较低的大宗货物；

② 无固定的运价或租金，由船租双方根据船运市场行情在租船合同中规定；

③ 无固定航线，无固定的装卸港口和船期，需按船租双方签订的租船合同确定。

（2）租船运输的方式主要包括定程租船定期租船和光船租船。不论是采用哪种方式，船租双方都要签订租船合同，以明确双方的权利和义务。

①定程租船，又称为程租船或航次租船。由船舶所有人负责提供一艘船舶，在指定的港口之间进行一个航次或几个航次的指定货物的运输。

② 定期租船，是指船舶出租人将船舶租给租船人使用一定期限，在期限内由租船人自行调度和经营管理的方式，该方式又称期租船；

③ 光船租船，即船东不提供船员，光一条船交给租方使用，由租方自行配备船员负责船舶的经营管理和航行各项事宜。由于这种租船方式比较复杂，在国际贸易业务中很少使用。

（3）租船运费的支付，要根据与船东所签订的租船合同而定。一般情况下，如果是 CIF 合同，则开船日付运费赎提单；如果是 FOB 条款，则开船后 10 日内付运费，或船到目的港后支付运费。运费是预付或到付，均需在合同中订明。需要注意的是应付运费时间是指船东收到的日期，而不是租船人付出的日期。

程租船运费的计算一般有两种方法：一是规定运费率，按货物每单位重量或体积若干金额计算；二是规定整船包价，费率的高低主要决定于租船市场的供求关系，但与运输距离、货物种类、装卸率、港口使用、装卸费用的划分及佣金的高低也有关系。合同中装卸费用的划分法包括：①船方负担装卸费（Gross Terms，Liner Terms，Berth Terms），在此条件下，船货双方一般以船边划分费用，多用于木材和包装货物的运输，又称“班轮条件”；②船方不负担装卸费（FIO，Free In and Out），采用这一条件时，还要明确理舱费和平舱费由谁负担。如规定由租方负担，则称为“船方不管装卸、理舱和平舱”（FIOS，Free In and Out Stowed）条款；③船方管装不管卸（FO，Free Out）条件，即船方负担装货费，但不负担卸货费；④船方管卸不管装（FI，Free In）条件，即船方负担卸货费，但不负担装货费。

（二）铁路运输

铁路运输是仅次于海洋运输的一种主要运输方式。它具有运量较大，速度较快，一般不受气候条件的影响，运输风险小于海洋运输，而且货运手续简便，能常年保持正常运营等优点。

铁路运输可分为国内铁路运输和国际铁路联运两种。

（1）国内铁路运输是指仅在本国范围内按《国内铁路货物运输规程》的规定办理的货物运输。我国出口货物经铁路运至港口装船，进口货物卸船后经铁路运往各地及我国各省市的出口货物通过京广、京九铁路运往香港、九龙、澳门等地都属国内铁路运输的范围。

对港澳地区的铁路运输按国内运输办理，但又不同于一般的国内运输。货物由内地装车至深圳中转和香港卸车交货，为两票联运，由各地外运公司签发“货物承运收据”。由于京九铁路和沪港直达通车，使内地至香港的运输更为快捷。

对港铁路货物运输的运费，按内地段和港段分别计算。内地段运费包括铁路运费、深圳过轨租车费和深圳外运公司劳务费，用人民币计算；港段运费包括铁路运费、港段终点站卸货费、港段调车费及劳务费等，用港币计算。

对澳门地区的铁路运输，是先将货物运抵广州南站再转船运至澳门，收汇凭外运公司的“货物承运收据”办理。

(2) 国际铁路联运是指发货人由始发站托运，使用一份统一的国际铁路联运单据，铁路部门便根据运单将货物运往终点站交给收货人。在由一国铁路向另一国铁路移交货物时，不需收、发货人参加，由铁路负责全程运送，亚欧各国按国际条约承担国际铁路联运的义务。

采用国际铁路货物联运，有关当事国必须预先有书面约定。目前在国际上比较常用的国际铁路货物联运约定有两个：一个是由 30 多个国家参加并签署的《国际铁路货物运送公约》(简称《国际货约》)，另一个是曾有 10 多个国家参加并签署的《国际铁路货物联运协定》(简称《国际货协》)。

我国通往欧洲的国际铁路联运线有两条：一条是利用俄罗斯的西伯利亚大陆桥贯通中东、欧洲各国；另一条是由江苏连云港经新疆与哈萨克斯坦铁路连接，贯通俄罗斯、波兰、德国至荷兰的鹿特丹。后者称为新亚欧大陆桥，运程比海运缩短 9 000 千米，比经由西伯利亚大陆桥缩短 3 000 千米，进一步推动了我国与欧亚各国的经贸往来，加快了货运速度，节省了运杂费用，也促进了我国沿线地区的经济发展。

国际铁路货物联运的运费有如下规定：①发送国铁路的运送费用，按照发送国铁路的国内运价计算；②过境国铁路的运送费用，按照国际铁路联运协定《统一国境运价规程》规定的统一货价计算；③到达国铁路的运送费用，按照到达国铁路的国内运价计算。

(三) 航空运输

指使用飞机、直升机及其他航空器运送人员、货物、邮件的一种运输方式。具有速度快、货运质量高、不受地面限制等优点。因此是现代远程旅客运输的重要方式，也最适宜运送急需物资、鲜活产品、精密仪器和贵重物品。航空运输的局限性在于运量小、运费高、飞行易受恶劣气候影响。

航空运输的方式主要有 4 种。

1. 班机运输

班机运输有固定航线、航期、始发港、经停港、目的港和相对固定的收费标准。班机包括客货混合机和全货航班，适于运送急需物品、贵重物品、鲜活商品及节令性商品。

2. 包机运输

包机运输指航空公司按照与租机人事先约定的条件及费用，将整架飞机或部分舱位租给包机人，从一个或几个航空港装运货物或旅客至目的地，是大批量货物空运出口的重要方式。

3. 集中托运

航空货运代理公司把若干单独发运的货物组成一批货物、集中向航空公司托运，用一份总运单发运到预定地点，由代理人收货、报关、分拨后交实际收货人。

4. 航空快递

是指由航空快递经营者将进出口货物从发件人所在地通过自身或代理的网络送达国外收件人的快运方式。它以运送小包裹和文件为主，是国际航空运输中最快捷的方式。

（四）集装箱运输

集装箱运输是以集装箱为运输单元进行货物运输的现代运输方式。它可适用于海洋运输、公路运输、铁路运输和国际多式联运等。

集装箱是一种容器，又称“货柜”或“货箱”，可反复使用。国际上主要使用的是 20 英尺（TEU）和 40 英尺（FEU）集装箱，视货物的尺寸和重量来决定装箱方式。如表 4-3 所示。

表 4-3　常用集装箱主要数据

	外尺寸/ft	内　径/m	配货毛重/mt	装货体积/m^3
20 尺货柜（20′GP）	20×8×8	5.89×2.33×2.38	一般 17.5	24～26
40 尺货柜（40′GP）	40×8×8	11.8×2.13×2.18	一般 22	54 左右
40 尺高柜（40′HC）	40×8×9	11. 8×2.13× 2.72	一般 22	68 左右

集装箱有整箱货（FCL）和拼箱货（LCL）之分。整箱货由发货人在工厂或仓库将货物装箱后，直接交集装箱堆场（CY）待运，货物运抵目的地后收货人可直接从目的地堆场提走货柜。拼箱货指货物不满一箱，需要承运人在集装箱货运站把不同发货人的货物集中在一个货柜内，运抵目的地后，由承运人拆箱分拨给不同收货人。

集装箱的交接方式也是需要在运输单据上作出说明的一项内容。通用的集装箱交接方式如表 4-4 所示。

表 4-4　集装箱交接方式

货物交接方式	装箱人	拆箱人	交接地点
整箱交整箱接（FCL/FCL）	货方	货方	门到门、场到场、门到场、场到门
整箱交拆箱接（FCL/LCL）	货方	承运人	门到站、场到站
拼箱交整箱接（LCL/FCL）	承运人	货方	站到场、站到门
拼箱交拆箱接（LCL/LCL）	承运人	承运人	站到站

（五）国际多式联运

1. 国际多式联运的含义和特点

国际多式联运是在集装箱运输的基础上产生和发展起来的一种综合性连贯运输方式。它一般以集装箱为媒介，把海、陆、空各种传统单一运输方式有机结合起来，组成一种国际间连贯运输。

多式联运是实现“门到门”运输的有效途径，它简化了手续，减少了中间环节，加快了货运速度，降低了运输成本，提高运输质量。

2. 国际多式联运的构成条件

（1）须有国际间两种或两种以上的运输方式。

（2）须有一份多式联运合同，合同中明确规定多式联运经营人和托运人之间的权利、义务、责任和豁免。

(3) 全程使用一份包括全程的多式联运运单。

(4) 全程只有一个运费率。

(5) 多式联运经营人对运输全程负总责。

(六) 其他运输方式

1. 公路运输

公路运输（Road Transportation）是现代化运输的方式之一，同时，也是车站、港口和机场集散进出口货物的一种重要手段。它在整个运输领域中占有重要的地位，并发挥着越来越重要的作用。

公路运输具有机动灵活、速度快、简捷方便等特点，在短途货物集散运转上，它比铁路、航空运输具有更大的优越性，在实现“门到门”的运输中，其优越性更为明显。但公路运输也具其不足之处，如载重量较小，不适合装载重件、大件货物，运输成本较高，而且车辆运行中震动较大，易造成货损货差事故。公路运输适用于同周边国家的货物运输。

2. 邮政运输

世界各国的邮政业务均由国家办理，均兼办邮包货物运输业务。各国间通过签订协定和公约，形成全球性的邮政运输网，使邮包货物的传递畅通无阻。

国际邮政运输的特点如下：

(1) 国际邮政运输须经过一个或几个国家经转。

(2) 寄件人只需办理一次托运手续，收件人凭邮局到件通知提取邮件，其余所有事宜均由各国邮局办理。因此邮政运输具有多式联运和“门到门”运输性质。

(3) 适用于重量轻、体积小的货物的传递。每件邮包重量不得超过 20 千克，长度不超过 1 米。

3. 管道运输

管道运输是用管道作为运输工具的一种长距离输送液体和气体物资的运输方式，是一种专门由生产地向市场输送石油、煤和化学产品的运输方式。管道运输运量大、占地少、管道运输建设周期短、费用低、运输安全可靠、连续性强、管道运输耗能少、成本低。

我国管道运输起步较晚，但随着石油工业的发展，为其服务的石油管道也迅速发展起来。到 2009 年，我国已建成原油管道 1.7 万千米，成品油 1.2 万千米，天然气 3.3 万千米。油气管道总长超 6 万千米，已逐渐形成了跨区域的油气管网供应格局。随着中国石油企业在海外的合作区块和油气产量不断增加，海外份额油田或合作区块的外输原油管道也得到了发展。

二、买卖合同的装运条款

装运条款的内容及其具体订立与合同的性质和运输方式有着密切的关系。我国的进出口合同大部分是 FOB、CIF 和 CFR 合同，而且大部分的货物是通过海洋运输，故需要就这类合同的装运条款加以说明。

（一）装运时间

装运时间是指卖方在起运地点装运货物的期限，又称装运期。在装运港或装运地交货条件下，装运期是合同中的主要条件。根据《公约》，如果卖方未按合同规定时间交货，即构成卖方的违约行为，买方有权撤销合同，并要求卖方赔偿损失。

国际贸易合同中，装运时间的具体规定方法有以下几种。

1. 明确规定具体装运时间

在进出口合同中，可以规定最迟装运期限或规定装运月份，也可以规定跨月装运。例如，7月30日前装运；3月份装运；3/4/5月份装运。但装运时间一般不规定为某一具体日期。

2. 规定在收到信用证若干天之内装运

这种方法适用于以下情况：①对一些外汇管制严格的国家和地区的买方；②买方来样加工的商品或国外定牌商品；③对某些有开证拖延记录的客户，针对这样的情况，卖方为避免因买方不开证带来的损失，即可采用这种方法来约束卖方。同时还要注意约定卖方最迟开证日期。

3. 规定收到信汇、电汇、票汇后一定时间内装运

卖方已经备好货物随时可以发货的情况下，可以采用这种方式。

4. 笼统规定装运时间

采用这种方法，通常用“立即装运”、“即刻装运”、“尽速装运”等词语表示。但由于这种规定太过笼统，故按照《跟单信用证统一惯例》的规定，银行将不予理会。

（二）装运港和目的港

装运港指货物起始装运的港口，由出口方提出，进口方同意确定。目的港指货物最后卸货的港口，由进口方提出，出口方同意确定。

1. 装运港和目的港的规定方法

①通常情况下，装运港和目的港都只规定一个。如装运港——青岛，目的港——纽约。

②有时根据情况，可以规定两个或两个以上的装运港和目的港。如装运港——青岛/大连，目的港——伦敦/利物浦。

③在洽谈时，如明确规定装运港和目的港有困难，可以采取“选择港”的规定方法。选择港规定有两种方法：一是在列明的港口中选择其一，如装运港——伦敦或利物浦；二是从一个航区的港口中任选其一，如目的港——地中海主要港口。

2. 规定装运港和目的港应注意的事项

①要考虑港口的具体情况和装卸条件。

②对有重名的港口应注明国别或地区。

③对于航次少或无直达航线的港口，应注明允许转运。

④不要轻易接受“欧洲主要港口”“美洲主要港口”作为目的港。

⑤对于选择港，所选港口不超过3个，且应都是同一航线上的基本港口。

⑥不能接受内陆城市作为目的港或装运港。

⑦不接受指定码头或泊位的装卸条款。

（三）分批装运和转运

1. 分批装运

分批装运是指一笔成交货物分若干期货若干次装运。凡是数量巨大，或受运输、销售等条件限制，都可在合同中规定分批装运条款。

根据《跟单信用证统一惯例》的规定，

①“除非另有规定，否则允许分批装运”。

②“表明使用同一运输工具并经由同次航程运输的数套运输单据在同一次提交时，只要显示相同目的地，将不视为部分发运，即使运输单据上表明的发运日期不同或装货港、接管地或发运地点不同。”而“含有一套或数套运输单据的交单，如果表明在同一种运输方式下经由数件运输工具运输，即使运输工具在同一天出发运往同一目的地，仍将被视为部分发运。”

③“如信用证规定在指定的时间段内分期支款或分期发运，任何一期未按信用证规定期限支取或发运时，信用证对该期及以后各期均告失效。”

2. 转运

转运指从发运地点到最终目的地的运输过程中从某一运输工具上卸下货物并装上另一运输工具的行为（无论其是否为不同的运输方式）。

对于无直达船、无固定船期或航次较少的目的港，通常需要转运。但货物中途转运，不仅延误时间，增加费用，还可能出现货损货差，所以买方对其进口货物一般不愿转运，在合同里会提出“禁止转运”的条款。而根据《跟单信用证统一惯例》规定“除非信用证另有规定，否则允许转船。”

（四）装运通知

装运通知是合同条款中的一项重要内容，任何一批货物装运之后，都要发出装运通知，装运通知不仅重要，而且具有法律的效力。合理规定装运通知可以明确买卖双方的责任，促使买卖双方互相配合，搞好船货的衔接，并便于办理货物保险，有利于合同的顺利履行。

按照惯例，在按 FOB 条件成交时，卖方应在约定的装运期开始以前（一般是 30 天或 45 天），向买方发出货物备妥通知，以便买方及时派船接货。买方接到卖方发出的备货通知后，应将船名、船舶到港受载日期等在约定的时间内通知卖方，以便卖方及时安排货物出运和准备装船。

在按 CFR 条件成交时，装运通知的作用尤为重要，卖方应在货物装船后，立即向买方发出装运通知，以便买方及时对货物办理保险。

按其他贸易术语成交时，卖方应于货物装船后，在约定时间内将合同号、货物名称、品质、数量、发票金额、船名和装船日期等电告买方，以便买方作好接货准备。

（五）滞期和速遣

买卖双方成交大宗货物，往往采用程租船运输，装卸时间直接影响船方的利益，因而在程租船合同中，需要规定装卸时间，并规定奖惩措施，以督促租船方快装快卸。

1. 有关装卸时间的规定

（1）装卸时间的规定如下：

①规定装卸率；

②规定固定的装卸天数；

③按港口习惯快速装卸。

（2）装卸时间的计算方式：

①日或连续日；

②工作日；

③好天气工作日；

④累计 24 小时好天气工作日；

⑤连续 24 小时好天气工作日。

2. 滞期费和速遣费

滞期费是指租船人在约定的允许装卸时间内未能将货物装卸完毕，致使船舶在港内停泊时间延长，给船方造成经济损失。延迟期间的损失，是以罚金形式按约定每天支付给船方若干金额。速遣费是指租船人按约定的装卸时间和装卸率，提前完成装卸任务，使船方节省了船舶在港的费用开支，船方将其获取的利益的一部分支付给租船人的奖金。按惯例，速遣费一般为滞期费的一半。滞期费和速遣费通常约定为每天若干金额，不足一天的，按比例计算。在规定买卖合同的滞期、速遣费条款时，应注意内容要与租船合同的相应条款保持一致，以防出现既支付滞期费又支付速遣费的矛盾局面。

三、办理货物托运

（一）出口货物海运流程

（1）办理托运：外贸公司在收到信用证经审核（或经修改）无误后即可办理托运。按信用证或合同内有关装运条款填写“托运委托书”并提供全套单证，在截至收单期前送外运公司，作为订舱的依据。

（2）领取装运凭证：外运公司收到有关单证后，即缮制海运出口托运单，向有关船公司办理订舱。

（3）船公司如接受订舱则在托运单的几联单据上编上与 B/L 号码一致的编号，填上船名、航次，并签字，同时把配舱回单、装货单等与托运人有关的单据退还给托运人。

（4）托运人持装货单，填制报关单、箱单和发票等必要单证办理报关手续（可委托代理代办）。

（5）海关查验无误，则在装货单上签放行章，并将装货单退还给托运人。

（6）装货、装船：外运公司根据船期，代各外贸公司往发货仓库提取货物运到码头，由码头理货公司理货，凭外轮公司签发的装货单装船。

(7) 换取提单：货物装船完毕，由船长或大副签发“大副收据”或“场站收据”，载明收到货物的详细情况。托运人凭上述收据向有关船公司换取提单。

(8) 发出装船通知：货物装船后，托运人即可向国外买方发出“装船通知”，以便对方准备付款赎单、办理收货或办理保险。

托运单模板如图 4-11 所示。

发货人	信用证号码			
	开证银行			
	合同号码		成交金额	
	装运口岸		目的港	
收货人	转船运输		分批装运	
	信用证有效期		装船期限	
	运费		成交条件	
	公司联系人		电话/传真	
通知人	公司开户行		银行账号	
	特别要求			

标记唛码	货号规格	包装件数	毛重	净重	数量	单价	总价
	总件数	总毛重	总净重	总尺码			总金额
备注							

图 4-11 托运单模板

（二）集装箱运输出口流程

(1) 订舱：发货人根据贸易合同或信用证条款的规定，在货物托运前填好集装箱货物托运单委托代理或直接向船公司申请订舱。

(2) 接受托运申请：船公司或其代理公司根据自己的运力、航线等具体情况考虑发货人的要求，决定是否接受申请，若接受就着手编制订舱清单，然后分送集装箱堆场、集装箱货运站，以安排空箱及办理货运交接。

(3) 发放空箱：整箱货货运的空箱由发货人到集装箱码头堆场领取，有时货主自备；拼箱货货运的空箱由集装箱货运站负责领取。

(4) 拼箱货装箱：发货人将不足一整箱的货物交至货运站，由货运站根据订舱清单和场站收据负责装箱，后由装箱人编制集装箱装箱单。

(5) 整箱货交接：整箱货由发货人自行负责装箱，并将已加海关封志的整箱货运到堆场。

堆场根据订舱清单，核对场站收据及装箱单验收货物。

(6) 集装箱交接签证：堆场或货运站验收货物和（或）集装箱，在场站收据上签字，并将签署后的场站收据交还给发货人。

(7) 换取提单：发货人凭场站收据向集装箱运输经营人或其代理换取提单，然后去银行办理结汇。

(8) 装船：集装箱装卸区根据装货情况，制订装船计划，并将出运的箱子调整到集装箱码头前方堆场，待船靠岸后，即可装船出运。

（三）航空运输出口流程

(1) 寻找货运代理：发货人可自由选择货运代理，但应从运价、服务以及货代实力和售后服务等方面选择适合的代理公司。

(2) 询价：向所选择的货运代理公司进行运价协商。

(3) 订舱：填写托运书，之后货代公司向航空公司订舱。

(4) 准备资料和单据：提供货物资料和单据以备报检和报关。

(5) 交接货物：发货人自送货或货运代理向发货人处接货。

(6) 运输费用结算、获取空运单据。

四、获取运输单据

国际贸易中，提交约定的单据是卖方的一项义务，因此签订合同时，必须根据运输方式和实际需要，就提交单据的种类和份数作出明确规定。而运输单据是不可或缺的一部分。运输单据是承运人收到承运货物签发给出口商的证明文件，它是交接货物、处理索赔与理赔以及向银行结算货款或进行议付的重要单据。

国际货物运输中，运输单据的种类很多，包括海运提单、铁路运单、航空运单、邮包收据和多式联运运单等。

（一）海运提单

海运提单简称提单，是承运人或其代理人收到货物后签发给托运人的货物收据，它体现了承运人与托运人之间的相互关系。海运提单也是收货人在目的港向船公司或其代理提取货物的凭证。

1. *海运提单的性质和作用*

(1) 货物收据。提单是承运人在起运货物前发给托运人的收据，确认承运人已收到提单所列货物并已装船，或者承运人已接管了货物，已代装船。

(2) 运输契约的证明。该证明是托运人与承运人的运输契约证明。承运人之所以为托运人承运有关货物，是因为承运人和托运人之间存在一定的权利义务关系，双方权利义务关系以提单作为运输契约的凭证。

（3）货物所有权凭证。提单是货物所有权的凭证。谁持有提单，谁就有权要求承运人交付货物，并且享有占有和处理货物的权利，提单代表了其所载明的货物。

2. 海运提单的种类

（1）按货物是否已装船，可分为已装船提单、备运提单。

①已装船提单指承运人已将货物全部装上指定船舶后签发的提单。提单上必须注明船舶的名称，明确表示货物已装船，并写明装运日期，同时由船长或其代理人签字。根据《跟单信用证统一惯例》的规定，当信用证要求海运提单作为运输单据时，银行将接受注明货物已装船或已装具体船只的提单。

②备运提单指承运人收到托运货物等待装船期间，向托运人签发的提单。待运货物一旦装船后，在备运提单上加注“已装船”字样，它就变成了“已装船提单”。

（2）按货物表面状况有无不良批注，可分为清洁提单、不清洁提单。

①清洁提单指货物交运时表面状况良好，承运人签发提单时未加任何货损、包装不良等批注的提单。

②不清洁提单指承运人在提单上加注货物表面或包装状况有不良或存在缺陷等批注的提单。例如，提单上批注“包装不牢”、“10 件破损”等。根据《跟单信用证统一惯例》的规定，除非信用证特别规定，否则银行不接受不清洁提单。

（3）按提单内容繁简，可分为全式提单、简式提单。

①全式提单又称繁式提单，指提单背面详细列明承运人和托运人之间的权利、义务等详细条款的提单。

②简式提单上印明“简式”字样，只有正面内容，而背面是空白的提单。简式提单背面空白，影响了流通，所以有些信用证明确规定不接受这种提单。

（4）按船舶经营方式，可分为班轮提单、租船提单。

①班轮提单指由班轮公司承运货物后签发的提单，提单上列有详细的运输条款。

②租船提单指船方根据租船合同签发的提单。提单上一般注明“所有条件均根据某年某月某日签订的租船合同”或者注有“根据……租船合同开立”字样。

（5）按运输过程中是否需要转运，可分为直达运输提单、转船提单和联运提单。

①直达运输提单是由承运人签发的，货物从装运港装船后中途不换船直接驶达目的港的提单。凡信用证规定不许转船的，受益人必须提供直达提单。

②转船提单是指货物在装运港装船后，船舶不直接驶往目的港，需要在其他中途港口换船转运往目的港的情况下承运人所签发的提单。

③联运提单是指海运和其他运输方式联合运输时，第一承运人签发的包括全程在内并收取全程费用的提单。第一承运人虽然签发全程提单，但他也只对第一运程负责。

（6）按提单抬头不同，可分为记名提单、不记名提单、指示提单。

①记名提单是指在提单的“收货人”一栏，具体填写收货人名称的提单，这样货物只能由该收货人提取。这种提单不能通过背书转让，不能流通。

②不记名提单是指提单不填写任何收货人或只有“持有者”字样，即提单的任何持有人都有权提货。这种提单不需要背书即可转让，风险较大。

③指示提单只在提单的“收货人”一栏不限定具体收货人，而是填写“指示”、“凭发货人指示”或“凭××指示”等字样。这种提单可以通过背书转让，所以在国际贸易中广为应用。

（7）其他种类提单，具体如下：

①过期提单指提单晚于货物到达目的港，或过了银行规定的交单期限未议付而形成的提单。除非另有规定，一般银行不接受过期提单。

②舱面提单又称甲板货提单，是承运人签发的装于甲板上货物的提单。这种提单的背面都订有甲板货条款，例如“货装于甲板上，不负任何原因引起的灭失或残损责任”。承运人在签发时在提单上加批“货装甲板”字样。

③倒签提单指承运人应托运人的要求，在货物装船后签发提单时将提单上记载的装船日期提前的提单。

④预借提单指由于信用证规定的装运期和交单期已到，货主因故未能及时备妥货物或尚未装船完毕的，或由于船公司的原因船舶未能在装运期内到港装船，应托运人要求而由承运人或其代理人提前签发的已装船提单。

3. 海运提单的内容

（1）海运提单正面的内容。通常，提单正面都记载了有关货物和货物运输的事项。这些事项有的是有关提单的国内立法或国际公约规定的，作为运输合同必须记载的事项，如果漏记或错记，就可能影响提单的证明效力；有的则属于为了满足运输业务需要而由承运人自行决定，或经承运人与托运人协议，认定应该在提单正面记载的事项。我国《海商法》规定，海运提单内容要包括下列各项。

①关于货物的描述：货物的品名、标志、包数或者件数、重量或者体积，以及运输危险货物时对危险性质的说明。

②关于当事人：托运人和收货人的名称、承运人的名称和主营业所。

③关于运输事项：船舶名称、装货港和在装货港接受货物的日期、卸货港和多式联运提单增列接受货物地点和交付货物地点。

④关于提单的签发：提单的签发日期、地点和份数；承运人或其代表的签字。

⑤关于运费和其他应付给承运人的费用的记载。

除此以外，提单正面还有印刷的条款以承运人免责和托运人做出的承诺为内容的契约文句也列记于提单的正面，如“装船（或收货）条款”、“内容不知悉条款”、“承认接受条款”、“签署条款”。

（2）海运提单背面的内容。提单的背面条款一般分为两类：一类是强制性条款，其内容不能违背有关国家的海商法规、国际公约或港口惯例的规定，违反或不符合这些规定的条款是无效的；另一类是任意性条款，即上述法规、公约和惯例没有明确规定，允许承运人自行拟订的条款。所有这些条款都是表明承运人与托运人以及其他关系人之间承运货物的权利、义务、责任与免责的条款，是解决他们之间争议的依据。

除了以上介绍的提单正背面的内容外，需要时承运人还可以在提单上加注一些内容，也就是批注。如图 4-12 所示。

<table>
<tr><td colspan="3">1. Shipper Insert Name，Address and Phone B/L No.</td><td rowspan="2"></td><td>B/L No.</td></tr>
<tr><td colspan="3"></td><td rowspan="3">中远集装箱运输有限公司
COSCO CONTAINER LINES
TLX：33057 COSCO CN
FAX：+86 (021) 6545 8984
ORIGINAL</td></tr>
<tr><td colspan="3">2. Consignee Insert Name，Address and Phone</td><td rowspan="2">COSCO</td></tr>
<tr><td colspan="3"></td></tr>
<tr><td colspan="3">3. Notify Party Insert Name，Address and Phone
(It is agreed that no responsibility shall attach to the Carrier or his agents for failure to notify)</td><td colspan="2" rowspan="6">BILL OF LADING
RECEIVED in external apparent good order and condition except as otherwise noted. The total number of packages or unites stuffed in the container，The description of the goods and the weights shown in this Bill of Lading are furnished by the merchants，and which the carrier has no reasonable means.
Of checking and is not a part of this Bill of Lading contract. The carrier has issued the number of Bills of Lading stated below，all of this tenor and date，one of the original Bills of Lading must be surrendered and endorsed or signed against the delivery of the shipment and whereupon any other original Bills of Lading shall be void. The merchants agree to be bound by the terms and conditions of this Bill of Lading as if each had personally signed this Bill of Lading.
SEE clause 4 on the back of this Bill of Lading (Terms continued on the back here of，please read carefully).
* Applicable Only When Document Used as a Combined Transport Bill of Lading.</td></tr>
<tr><td colspan="3"></td></tr>
<tr><td>4. Ocean Vessel Voy. No.</td><td colspan="2">5. Port of Loading</td></tr>
<tr><td></td><td colspan="2"></td></tr>
<tr><td>6. Port of Discharge</td><td colspan="2"></td></tr>
<tr><td></td><td></td><td></td></tr>
</table>

<table>
<tr><td>Marks & Nos.
Container / Seal No.</td><td>No. of Containers or Packages</td><td>Description of Goods (If Dangerous Goods，See Clause 20)</td><td>Gross Weight kgs</td><td>Measurement</td></tr>
<tr><td></td><td></td><td></td><td></td><td></td></tr>
<tr><td></td><td></td><td colspan="3">Description of Contents for Shipper's Use Only (Not part of This B/L Contract)</td></tr>
<tr><td colspan="5">7. Total Number of containers and/or packages (in words)</td></tr>
<tr><td>Subject to Clause 7 Limitation</td><td colspan="4"></td></tr>
</table>

<table>
<tr><td colspan="2">8. Freight & Charges</td><td>Revenue Tons</td><td>Rate</td><td>Per</td><td>Prepaid</td><td>Collect</td></tr>
<tr><td colspan="2"></td><td colspan="5" rowspan="3"></td></tr>
<tr><td colspan="2">Declared Value Charge</td></tr>
<tr><td colspan="2"></td></tr>
<tr><td>Ex. Rate:</td><td>Prepaid at</td><td colspan="2">Payable at</td><td colspan="3">Place and date of issue</td></tr>
<tr><td rowspan="3"></td><td></td><td colspan="2"></td><td colspan="3"></td></tr>
<tr><td>Total Prepaid</td><td colspan="2">No. of Original B(s)/L</td><td colspan="3">Signed for the Carrier，COSCO CONTAINER LINES</td></tr>
<tr><td></td><td colspan="2"></td><td colspan="3"></td></tr>
<tr><td colspan="7">LADEN ON BOARD THE VESSEL</td></tr>
<tr><td>DATE</td><td>BY</td><td colspan="5"></td></tr>
</table>

图 4-12　提单示例

（二）海运单

海运单是指船方直接签发给收货人的提单。海运单不可转让，也不能向银行抵押，但其能方便买方提货，可以减少假提单诈骗现象。

1. 海运单形式与内容和海运提单基本相似，但又存在很多差别

(1) 提单是货物收据、运输合同，也是物权凭证；海运单只具有货物收据和运输合同这两种性质，它不是物权凭证。

(2) 指示抬头形式的提单，可以背书流通转让；海运单是一种非流动性单据，不能转让流通。

(3) 提单的合法持有人和承运人凭提单提货和交货；海运单上的收货人并不出示海运单，仅凭提货通知或其身份证明提货，承运人凭收货人出示适当身份证明交付货物。

(4) 海运单和提单都可以做成“已装船”形式，也可以做成“收妥备运”形式。海运单的正面内容和填制方法与海运单提单基本相同，只是收货人一栏不能做成指示性抬头，应有具体的收货人。

2. 海运单的优点

(1) 使用海运单，收货人凭身份证明或提货通知就可以提货，解决了海运货物已到而提单未到的常见问题，还可以避免提单遗失所产生的后果。

(2) 海运单是一种安全凭证，不可以转让，不具有流通性，因而避免了不法之人伪造提单和提单遗失造成的不利影响。

(3) 海运单不是物权凭证。扩大海运单的使用，可以为今后推行 EDI 电子提单提供实践的依据和可能。

（三）铁路运输单据

铁路运输主要有国际铁路货物联运和对港澳铁路运输，这两种运输方式分别使用国际铁路货物联运运单和承运货物收据。

1. 国际铁路货物联运运单

国际铁路货物联运运单又称国际货协运单，是国际铁路联运的主要运输单据，是参加联运的铁路与收、发货人之间缔结的运输合同。

运单正本随同货物从始发站到终点站交给收货人，作为铁路向收货人交付货物的凭证。运单副本在发货站加盖运期戳记，作为货物已被承运的证明，发货人可持其向银行办理结汇。该运单不是物权凭证，不能转让。

2. 承运货物收据

承运货物收据是指内地通过国内铁路运往港澳地区的出口货物，一般都委托中国对外贸易运输公司承办。货物装车发运后，以外运公司签发给托运人的货物收据，作为结汇凭证。承运货物收据既是承运人出具的货物收据，也是承运人与托运人签订的运输契约。

铁路货物运单不是物权凭证，不能向银行抵押，也不能背书转让。

（四）航空运单

航空运单是航空公司或航空货运代理公司收到货物后出具的货物收据和运输凭证，分为主运单和分运单。主运单由航空公司签发，分运单由航空货运代理公司在办理集中托运业务时签发。航空运单具有以下特点。

1. 航空运单是发货人与航空承运人之间的运输合同

与海运提单不同，航空运单不仅证明航空运输合同的存在，而且其本身就是发货人与航空运输承运人之间的运输合同，在双方共同签署后产生效力，并在货物到达目的地交付给运单上所记载的收货人后失效。

2. 航空运单是承运人签发的已收取货物的证明

航空运单也是货物收据，在发货人将货物发运后，承运人或其代理人就会将其中一份交给发货人作为接收货物的证明。除非另外注明，它是承运人收到货物并在良好条件下装运的证明。

3. 航空运单是承运人核收运费的账单

航空运单分别记载着属于收货人负担的费用、属于应支付给承运人的费用和应支付给代理人的费用，并详细列明费用的种类、金额，因此可作为运费账单和发票。

4. 航空运单是报关单证之一

出口时航空运单是报关单证之一。在货物到达目的地机场进行进口报关时，航空运单也通常是海关查验放行的基本单证。

5. 航空运单同时可作为保险证书

如果承运人承办保险或发货人要求承运人代办保险，则航空运单也可作为保险证书。

6. 航空运单是承运人内部业务的依据

航空运单随货同行，证明了货物的身份。运单上载有有关该票货物发送、转运、交付的事项，承运人会据此对货物的运输作出相应安排。

与海运提单不同，航空运单不是物权凭证，它不能背书转让，也不能凭此在目的地提取货物。在航空运输的方式下，货物运抵目的地后，承运人向发货人发出“到货通知”，收货人凭“到货通知”及有关证明提取货物，并在签收栏中签字盖章。

（五）多式联运单据

多式联运单据是在货物全程运输过程中必须至少采用两种以上运输方式的情况下，多式联运经营人在收取货物后签发的运输单据。多式联运单据是多式联运合同的证明，是多式联运经营人收到货物的收据及凭其交货的凭证，是物权凭证。

（六）邮包收据

邮包收据是邮政当局在收妥邮寄物品后出具的运输凭证，是邮寄物品的收据、运输契约的证明，也是收件人提取邮件的凭证，还是邮包发生损坏时，索赔、理赔的依据，但不是物权凭证。

单元四 货物保险

一、保险的准备工作

（一）选择保险险别

国际货物运输过程中，无论使用什么运输方式，都可能遭遇风险，带来不同损失。为规避和减少损失，除了小心谨慎外，为货物投保运输险也是一种有效方式。但保险公司并不会承保所有风险，也不会对一切损失都予以赔偿。下面以海洋运输为例，说明国际货物运输保险承保的范围。

1. 承保的风险

海洋运输货物保险承保的风险并不泛指所有发生在海上的风险。对于海上货物运输，保险公司承保的风险有两大类：海上风险和外来风险。

(1) 在海运保险业务中，海上风险指的是海上偶然发生的自然灾害和意外事故，不包括经常发生和必然发生的事件。

①自然灾害是指不以人的意志为转移的自然界的力量所引起的灾害。例如：恶劣气候、雷电、海啸、地震、洪水和火山爆发等事件导致的船货损失。

②意外事故一般指由于外来的、突然的、非意料之中的原因导致的事故。海上货物运输保险中保险人承保的意外事故包括：火灾、爆炸、搁浅、触礁、互撞、沉没或倾覆等。

(2) 外来风险指由于自然灾害和意外事故以外的其他外来原因造成的风险，依照风险的性质可分为一般外来风险和特殊外来风险两类。

①一般外来原因造成的风险称为一般外来风险，一般包括：偷窃、提货不着、短量、混杂、玷污、渗漏、碰损、破碎、串味、受潮受热、包装破裂、淡水雨淋、钩损、锈损等。

②特殊外来风险是指由于政治、军事、国家法令、政策及行政措施等特殊外来原因所造成的风险。例如，战争、罢工、取不到货等。

2. 承保的损失

海上损失是指被保险货物在海运过程中由于各类灾害造成的损失或灭失。就损失的程度而言，海上损失可分为全部损失和部分损失。

(1) 全部损失，简称全损，是指被保险的整批货物或不可分割的一批货物的全部损失，有实际全损和推定全损之分。

①实际全损是指货物全部灭失或全部变质而不再有任何商业价值，或不可能归还被保险人的损失。实际全损的情况有：保险标的物完全灭失（如沉入海底）；虽未遭损毁，但被保险人已无法得到（如被海盗劫走或被敌方扣押等）；已丧失商业价值或失去原有用途（如茶叶或水泥经水浸泡）；船舶失踪达半年以上仍无音信。

②推定全损是指货物遭受风险后受损，尽管未达实际全损的程度，但实际全损已不可避免，

或者为避免实际全损所支付的费用和继续将货物运抵目的地的费用之和超过了保险价值。

推定全损情况下，被保险人获得损失赔偿有两种情况：一是获得全损赔偿；二是获得部分损失的赔偿。若想获得全损赔偿，被保险人必须无条件把保险货物委付给保险人。委付是指保险人同意将受损的保险标的视为推定全损，在补偿被保险人全部损失的同时，获得该受损标的物的所有权。

(2) 部分损失是指运输中的整批货物或不可分割的一批货物没有达到全损的程度，或者当保险标的发生承保范围内的损失，凡不属于全损的，都属于部分损失。按其性质又分为共同海损和单独海损。

①共同海损是指在海洋运输途中，当船舶、货物和其他财产遭遇共同危险时，为了共同安全，有意地、合理地采取措施所直接造成的特殊牺牲、支付的特殊费用，这些损失和费用叫做共同海损。那些属于共同海损的损失和费用由获益各方分摊，这涉及各方的利益，因此共同海损的成立应具备一定的条件：实际存在的或不可避免的，即不是主观臆测的；自动和有意采取的行动；为船货共同安全，且是谨慎和合理的；作出的牺牲是特殊性质的，支出的费用是额外的，即为了解除危险而不是由危险直接造成的，而且牺牲和费用的支出必须是有效果的。

②单独海损是指保险标的物在海上遭受承保范围内的风险对货物或船舶所直接造成的部分损失，即指除共同海损以外的部分损失。这种损失只能由标的物所有者单独负担。

3. 承保的费用

当海运货物遭遇自然灾害或意外事故，船员为避免损失的发生或进一步扩大而采取适当措施引起的费用。保险人负责赔偿的费用，主要包括以下两种。

(1) 施救费用是指被保险货物在遭遇承保范围内的自然灾害或意外事故时，被保险人或其代理人、雇佣人为避免、减少损失采取各种抢救、防护措施时所支付的合理费用。

(2) 救助费用 (salvage charge)，是指当保险标的遭遇灾害事故时，由保险人和被保险人以外的第三者采取救助行动向其支付的费用。

(二) 确定投保责任的归属

到底由哪方来办理货物运输险与国际贸易合同中使用的贸易术语有关。一般情况下，以FOB、FCA、CFR、CPT 贸易术语成交时，由买方办理保险；以 CIF、CIP 贸易术语成交时，由卖方办理保险。

(三) 选择保险条款

保险条款不同，被保险人承担的责任会不同。目前，我国出口通常采用的条款如下。

1. 中国保险条款

中国人民保险公司根据国保险工作的实际情况，按照 1963 年伦敦协会货物条款，并参照国际保险市场的习惯做法，分别制定了海洋、陆上、航空及邮包运输方式的货物运输保险条款，以及适用于以上四种运输方式的货物保险的附加条款，总称为“中国保险条款”（简称 CIC）。1972 年曾修改过一次，到 1981 年 1 月 1 日又修订为当前的保险条款，国内应用非常广泛。

《中国保险条款》按不同运输方式，分为《海运险条款》、《陆运险条款》、《航空险条款》和《邮包险条款》。

2. 伦敦保险协会货物条款

在国际保险市场上，各国保险组织都有自己的保险条款。但最为普遍采用的是英国伦敦保险业协会所制定的《协会货物条款》，我国企业按 CIF 或 CIP 条件出口时，一般按《中国保险条款》投保，但如果国外客户要求按《协会货物条款》投保，一般也可以接受。

伦敦保险协会货物保险条款是根据 1906 年英国《海上保险法》和 1779 年英国国会确认的“劳埃德船、货保险单价格”所制定，经多次修改后于 1963 年 1 月 1 日定型为“协会货物条款”(ICC)。到 1982 年 1 月 1 日，为了避免命名与内容不符、易产生误解的弊端而改成现行的 ICC。

伦敦保险业协会的保险条款一共有 6 种：

(1) 协会货物 (A) 险条款 (ICC (A))，

(2) 协会货物 (B) 险条款 (ICC (B))，

(3) 协会货物 (C) 险条款 (ICC (C))，

(4) 协会战争险条款 (货物)，

(5) 协会罢工险条款 (货物)，

(6) 恶意损害险条款 (货物)。

这 6 中条款中，前 3 种是主险，可以单独投保，战争险和罢工险是副险，某些时候也可以单独投保，恶意损害险是附加险，不能单独投保。

2009 年新版本的《协会货物条款》作了一些更改，扩展了保险责任起讫期，对保险公司引用免责条款作出了一些条件限制，对条款中容易产生争议的用词作出更为明确的规定，条款中的文字结构也更为简洁、严密。

(四) 确定保险险别

保险险别是对风险和损失的承保范围的确定，是保险人和被保险人履行权利和义务的基础，也是被保险人缴纳保险费的依据。根据货物特点和交易情况选择适合的保险险别，既可以节省成本，又可以让货物得到有力保障。

1.《中国保险条款》

(1) 我国海洋货物运输保险的险别包括基本险、附加险和其他专门险。

①我国海运货物保险的基本险包括：平安险、水渍险和一切险。基本险可以单独投保，又称主险。

平安险这一名称在我国保险行业中沿用甚久，其英文原意是指单独海损不负责赔偿。但在长期实践的过程中人们对平安险的责任范围进行了补充和修订，当前平安险的责任范围已经超出只赔全损的限制。这一险别的承保范围主要包括：在运输过程中，由于自然灾害和运输工具发生意外事故造成整批货物的实物的实际全损或推定全损；由于运输工具发生意外事故而造成的货物全部损失或部分损失；只要运输工具曾经发生搁浅、触礁、沉没、焚毁等意外事故，不论这意外事故发生之前或者以后曾在海上遭遇恶劣气候、雷电、海啸等自然灾害所造成的被保险货物的部分损失；在装卸转船过程中，被保险货物一件或数件落海所造成的全部损失或部分损失；运输工具遭自然灾害或意外事故，在避难港卸货所引起被保险货物的全部损失或部分损失；运输工具遭受自然灾害或意外事故，需要在中途的港口或者避难港口停靠，因而引起的卸货、装货、存仓以及运送货物所产生的特别费用；发生共同海损所引起的牺牲、公摊费和救助费用；发生了保险责任范围内的危险，被保险人对货物采取抢救，防止或减少损失的各种措施，因而产生合理费用，但是保险公司承担费用的限额不能超过这批被救货物的保险金额，施救费用可以在赔款金额以外的一个保险金额限度内承担。

水渍险的责任范围除了包括上述平安险的各项责任外，还负责被保险货物由于恶劣气候、雷电、海啸、地震、洪水等自然灾害所造成的部分损失。

一切险的责任范围除包括上述平安险和水渍险的所有责任外，还包括货物在运输过程中因各种外来原因所造成的保险货物的全损或部分损失。

不过，在上述3种基本险别中，还明确规定了保险公司的除外责任。所谓除外责任是指保险公司明确规定不予承保的损失或费用，主要包括：被保险人故意行为或过失所造成的损失；属于发货人责任所引起的损失；在保险责任开始前，被保险货物已存在的品质不良或数量短差所造成的损失；被保险货物的自然损耗、本质缺陷、特性以及市价跌落、运输延迟所引起的损失和费用；属于海洋运输货物战争险和罢工险条款规定的责任范围和除外责任。

②附加险是相对于主险而言的，它不能单独投保，必须是在主险存在的前提下才可以投保。附加险是对基本险的补充和扩大。投保时可以根据货物的特点和实际需要，在投保了基本险的基础上，酌情选择一种或若干种附加险别。

目前，我国海运货物附加险有一般附加险和特殊附加险。

一般附加险承保一般外来原因引起的货物损失，亦称普通附加险，它们包括在一切险中，总共有11种，包括：偷窃、提货不着险，淡水雨淋险，短量险，渗漏险，混杂、玷污险，碰损、破碎险，串味险，受潮受热险，锈损险，钩损险，包装破裂险。

特殊附加险是由于特殊外来原因导致的货物损失。要想获得保险人的保障，必须在投保了基本险的基础上，与保险人特别约定，经保险人同意，才可以加保一种或若干种特殊附加险别。特殊附加险的主要险别是战争险和罢工险，除此之外还包括：进口关税险、舱面险、黄曲霉素险、拒收险、交货不到险、出口货物到中国香港（包括九龙在内）或中国澳门存仓火险责任扩展条款。

其中，战争险是特殊附加险的主要险别之一，是保险人承保战争或类似战争行为导致的货物损失的特殊附加险，承保责任范围包括：由于战争、类似战争行为、敌对行为、武装冲突或海盗行为等所直接造成运输货物的损失；由于上述原因所引起的捕获、拘留、扣留、禁制、扣押等所造成的运输货物的损失；各种常规武器（水雷、炸弹等）所造成的运输货物的损失；由本险责任范围所引起的共同海损牺牲、分摊和救助费用。

但由于敌对行为使用原子或热核制造的武器导致被保险货物的损失和费用不负责赔偿；或根据执政者、当权者，或其他武装集团的扣押、拘留引起的承保航程的丧失和挫折而提出的任何索赔不负责赔偿。

罢工险是保险人承保被保险货物因罢工等人为活动造成损失的特殊附加险。罢工险的保险责任范围包括：罢工者、被迫停工工人或参加工潮暴动、民众斗争的人员的行动所造成的直接损失，恐怖主义者或出于政治目的而采取行动的人所造成的损失；任何人的敌意行动所造成的直接损失；因上述行动或行为引起的共同海损的牺牲、分摊和救助费用。

海洋运输货物罢工险以罢工引起的间接损失为除外责任，即在罢工期间由于劳动力短缺或不能运输所致被保险货物的损失，或因罢工引起动力或燃料缺乏使冷藏机停止工作导致冷藏货物的损失。罢工险与战争险的关系密切，按国际海上保险市场的习惯，保了战争险，再加保罢工险时一般不再加收保险费；如仅要求加保罢工险，则按战争险费率收费。

（2）其他货物运输保险。国际贸易中，除了海运险之外，陆上运输、航空运输、邮包运输的货物也需要办理保险，保险类别如下。

①陆上运输货物的基本险别有陆运险和陆运一切险，还有陆上运输冷藏货物险的专门险和陆上运输货物战争险（火车）等附加险。

②航空运输货物基本险别有航空运输险和航空运输一切险。附加险别是航空运输战争险。

③邮政运输货物基本险别有邮包险和邮包一切险两种。附加险别有邮包运输货物战争险。

在附加险方面，除战争险外，海洋运输货物保险中的一般附加险及特殊附加险险别和条款均可适用于陆、空、邮运输货物保险。

(3) 保险责任的起讫。

①海运：保险责任从起运地发货人仓库至目的地收货人仓库为止。如卸离海轮后不能在60天内转运或被收货人就地验收，保险责任即行终止。又如货物卸载后在60天内转运外地，保险责任至货物到达收货人首次对该货物进行验收的仓库堆场时终止。

②陆运：保险责任从起运地发货人仓库至目的地收货人仓库为止。若被保险货物运抵最后卸货车站满60天不能到达收货人仓库，保险责任即行终止。

③空运：保险责任从起运地发货人仓库至目的地收货人仓库为止。被保险货物到达目的地航空公司仓库保管期限的保险责任以30天为限。

④邮运：保险责任从货物到起运地邮局前的寄件人处所直至该项货物到达目的地邮局交收件人为止。被保险货物到达目的地后仍由邮局保管的，以15天为限。

⑤战争险责任起讫如下。

海运：保险责任从装上船舶开始，卸离船舶为止。在扩张期的15天内可以转存在该港口辖区，一旦续运保险责任又重新开始。最长保险期限是到达目的港后满15天。

陆运：保险责任从装上运输工具开始，至卸离运输工具为止。最长保险期限是到达火车目的站午夜算起满48小时，到中途站午夜算起满10天。

空运：保险责任从装上飞机开始，至卸下飞机为止。在扩张期的15天内可以转存在该港口辖区，一旦续运、保险责任又重新开始。最长保险期限是到达目的港起满15天。

邮运：保险责任从开始运送起，送至收货人止。

2. 伦敦保险协会海洋运输货物保险条款

伦敦保险协会制订的保险条款对世界保险业，特别是海上货物运输保险业有广泛的影响。许多国家直接采用该条款制定本国的保险条款。

(1) ICC (A)、ICC (B)、ICC (C) 的承保责任，如表4-5所示。

表4-5　伦敦保险协会海洋运输货物保险条款

条款内容	承保内容		
承保责任	A	B	C
火灾、爆炸	√	√	√
船舶、驳船的触礁、搁浅、沉没、倾覆	√	√	√
陆上运输工具的倾覆或出轨	√	√	√
船舶、驳船或运输工具同水以外的任何外界物体碰撞	√	√	√
在避难港卸货	√	√	√
抛货	√	√	√
共同海损牺牲	√	√	√
地震、火山爆发或雷电	√	√	×
浪击落海	√	√	×
海水、湖水或河水进入船舶、驳船、运输工具、集装箱、大型海运箱或储存处所	√	√	×
货物在船舶或驳船装卸时落海或摔落，造成整件的全损	√	√	×
由于被保险人以外的其他人（如船长、船员等）的故意违法行为造成的损失或费用	√	×	×
海盗行为	√	×	×
除外责任以外的一切风险	√	×	×

(2) ICC (A)、ICC (B)、ICC (C) 的除外责任包括：

①被保险人故意的违法行为所造成的损失和费用。

②货物自认渗漏、重量或容量的自然损耗或自然磨损。

③包装、准备不足或不当造成的损失费用。

④保险标的的内在缺陷或特性造成的损失或费用。

⑤直接由于迟延引起的损失或费用。

⑥由于船舶所有人、经理人、租船人或经营人破产或履行不了债务造成的损失或费用。

⑦由于使用任何原子武器或热核武器等造成的损失和费用。

⑧船舶不适航，船舶、装运工具、集装箱等不适货。

⑨战争险。

⑩罢工险。

二、买卖合同的保险条款

买卖双方在磋商和签订进出口合同时，一般都要订立有关货物运输保险条款。保险条款的具体内容，应视不同种类的合同而有所区别。

如果保险不涉及双方当事人利益，保险条款就比较简单。如常用的 FOB 及 CFR 合同，或其他内陆交货合同，买方承担货物在运输途中的风险，并负责办理投保、支付保险费，不涉及卖方利益，合同中的保险条款只要明确由买方办理即可，例如："保险由买方自理"。如果是 CIF、CIP 等合同，由卖方负责投保并支付保险费，但运输途中的风险则由买方承担，则保险就涉及买卖双方利益，合同中的保险条款就应详细订立，以便顺利履行合同。

CIF 或 CIP 合同中的保险条款，应包括以下四个内容。

(一) 保险责任

由谁办理保险，一般应视合同中所使用的贸易术语而定。合同中的保险条款应明确规定由哪一方当事人负责办理投保，一般情况下，谁负责投保就由谁负担保险费。在 FOB、CFR 或 FCA、CPT 合同下，如双方协议由卖方代办保险，则需说明保险费由买方负担。

(二) 保险金额

保险金额关系到保险货物能否获得足额保障以及对预期费用和利润的加成，并直接影响到保险费开支，买卖双方应事先取得一致，在保险条款内明确规定。

(三) 保险险别

投保什么险别，关系到保险货物受损时可能获得多大补偿，是与买方利益相关的问题，但又同卖方支付的保险费有关，双方当事人应协商一致，列入保险条款。

（四）适用条款

各国保险公司都订有自己的保险条款。目前，我国通常以中国人民保险公司1981年1月1日生效的“货物运输保险条款”为依据，但有时国外客户要求以“协会货物条款”为准，我国企业也可以接受。

所以，CIF、CIP合同中保险条款一般可订为：“由卖方按发票金额的××投保××险和××险，按照中国人民保险公司1981年1月1日的有关海洋运输货物保险条款为准。”

在FOB或CFR合同下，如果买方委托卖方代办保险，由买方负担保险费时，保险条款可订为：“由买方委托卖方按CIF发票金额的××代为投保海洋运输险，按1982年1月1日协会货物（A）险条款负责，保险费由买方负担。”

三、办理投保

（一）订立保险合同

投保人首先应跟保险公司索取空白投保单，据实填写有关项目，并附上相关单据一并交给保险公司，保险公司核对无误后，就可订立正式保险合同。根据《中华人民共和国保险法》、《中华人民共和国海商法》规定，将规定必须填报的项目一一填具。投保单是投保人的书面要约。投保单经投保人据实填写交付给保险人就成为投保人表示愿意与保险人订立保险合同的书面要约。

投保单是进出口企业向保险公司对运输货物进行投保的申请书，也是保险公司据以出立保险单的凭证和依据，所以要真实，相应内容要和合同和信用证上的规定相同，如果内容有遗漏、错误或需要变更，则投保人应该申请修改。海运出口货物投保单如图4-13所示。

<table>
<tr><td colspan="4">海运出口货物投保单</td></tr>
<tr><td colspan="3">1）保险人</td><td>2）被保险人</td></tr>
<tr><td>3）标记</td><td>4）包装及数量</td><td>5）保险货物项目</td><td>6）保险货物金额</td></tr>
<tr><td></td><td></td><td></td><td></td></tr>
<tr><td colspan="4">7）总保险金额（大写）</td></tr>
<tr><td colspan="4"></td></tr>
<tr><td colspan="4">8）运输工具　　（船名）　　（航次）</td></tr>
<tr><td>9）装运港</td><td></td><td>10）目的港</td><td></td></tr>
<tr><td colspan="2">11）投保险别</td><td>12）货物起运日期</td><td></td></tr>
<tr><td colspan="4"></td></tr>
<tr><td colspan="2">13）投保日期</td><td colspan="2">14）投保人签字</td></tr>
<tr><td colspan="2"></td><td colspan="2"></td></tr>
</table>

图4-13　海运出口货物投保单

（二）修改保险单

保险公司接受被保险人投保要求并出具保单后，投保人如果需要更改航程、险别、运输工具、保险期限等内容，需要向保险公司提出修改申请。保险公司接受修改申请后，则出具批单，作为保险单的一部分附在保单上，并按修改内容承担承保责任。

四、缴纳保险费

（一）明确保险金额

保险金额又称投保金额，指保险人承担赔偿或者给付保险金责任的最高限额，同时又是保险公司收取保险费的计算基础。按国际保险市场的习惯做法，通常在CIF或CIP价格的基础上加成10%作为投保金额。如果买方要求的加成率过高，则卖方应慎重考虑后和保险公司商妥后接受。

投保金额的计算公式为：投保金额＝CIF（CIP）×（1＋投保加成）。

（二）计算并缴纳保险费

投保人填交投保单后，应按约定方式缴纳保险费，这是保险合同生效的条件。保险费是投保人向保险人缴纳并由此获得保险人承担货物运输风险的费用。保险费率是由保险公司根据一定时期、不同种类的货物的赔付率，按不同险别和目的地确定的。

保险费的计算公式为：保险费＝保险金额×保险费率。

五、获取保险单证

保险单证是保险公司与投保人的一种契约，它具体规定了双方的权利和义务，是保险公司和投保人之间订立了保险合同的证明文件，也是保险公司对投保人的承保证明，在被保险货物遭受损失时，保险单证是被保险人索赔的依据，也是保险公司理赔的主要依据。目前，我国进出口业务中使用的保险单据有以下几种。

（一）保险单

保险单又称“大保单”，是投保人与保险公司之间订立的正规的保险合同，也是使用最广泛的保险单据之一。它除了在正面载明证明双方当事人建立保险关系的文字、被保险货物的情况、承保险别、理赔地点以及保险公司关于所保货物如遇险可凭本保险单及有关证件给付赔款的声明等内容外，在背面还印有货物运输保险条款，列有保险公司的责任及被保险人各自的权利、义务等内容。中国人民保险公司货物运输保险单如图 4-14 所示。

PICC	中国人民保险公司 The People's Insurance Company of China 总公司设于北京　　一九四九年创立 Head Office Beijing　Established in 1949

货物运输保险单
CARGO TRANSPORTATION INSURANCE POLICY

发票号 (INVOICE NO.)		保单号次 POLICY NO.	
合同号 (CONTRACT NO.)			
信用证号 (L/C NO.)			
被保险人：INSURED：			

中国人民保险公司（以下简称本公司）根据被保险人的要求，由被保险人向本公司缴付约定的保险费，按照本保险单承保险别和背面所载条款与下列特款承保下述货物运输保险，特立本保险单。

THIS POLICY OF INSURANCE WITNESSES THAT THE PEOPLE'S INSURANCE COMPANY OF CHINA (HEREINAFTER CALLED "THE COMPANY") AT THE REQUEST OF THE INSURED AND IN CONSIDERATION OF THE AGREED PREMIUM PAID TO THE COMPANY BY THE INSURED, UNDERTAKES TO INSURE THE UNDERMENTIONED GOODS IN TRANSPORTATION SUBJECT TO THE CONDITIONS OF THIS OF THIS POLICY AS PER THE CLAUSES PRINTED OVERLEAF AND OTHER SPECIAL CLAUSES ATTACHED HEREON.

标记 MARKS& NOS	包装及数量 QUANTITY	保险货物项目 DESCRIPTION OF GOODS	保险金额 AMOUNT INSURED

总保险金额 TOTAL AMOUNT INSURED：	

保费： PERMIUM：	AS ARRANGED	启运日期 DATE OF COMMENCEMENT：		装载运输工具： PER CONVEYANCE：	
自 FROM		经 VIA		至 TO	

承保险别：
CONDITIONS：

所保货物，如发生保险单项下可能引起索赔的损失或损坏，应立即通知本公司下述代理人查勘。如有索赔，应向本公司提交保单正本（本保险单共有　份正本）及有关文件。如一份正本已用于索赔，其余正本自动失效。	

IN THE EVENT OF LOSS OR DAMAGE WHICH MAY RESULT IN A CLAIM UNDER THIS POLICY, IMMEDIATE NOTICE MUST BE GIVEN TO THE

COMPANY'S AGENT AS MENTIONED HEREUNDER. CLAIMS, IF ANY ONE OF THE ORIGINAL POLICY WHICH HAS BEEN ISSUED IN		ORIGINAL (S)

TOGETHER WITH THE RELEVANT DOCUMENTS SHALL BE SURRENDERED TO THE COMPANY. IF ONE OF THE ORIGINAL POLICY HAS BEEN

ACCOMPLISHED, THE OTHERS TO BE VOID.

赔款偿付地点 CLAIM PAYABLE AT			中国人民保险公司 The People's Insurance Company of China
出单日期 ING DATE			Authorized Signature

图 4-14　货物运输保险单

（二）保险凭证

保险凭证又称“小保单”，是一种简化了的保险合同，它与正式的保险单具有同样的效力。保险凭证只有正面的内容，没有背面保险条款。

（三）联合凭证

联合凭证又称为“联合发票”，是一种将发票和保险单相结合的、比保险凭证更为简化的保险单证。保险公司仅将承保的险别、保险金额以及保险编号加注在投保人的发票上，并加盖印戳，其他项目均以发票为准。这种单证仅适用于对中国港、澳地区的业务。

（四）预约保单

预约保单又称“开口保单”，它是被保险人和保险人之间订立的总合同，合同中规定承保货物的范围、险别、费率、责任、赔款处理等条款。它是经常有相同类型货物需要陆续分批装运时所采用的一种保单，保险人对被保险人将要装运的属于约定范围内的一切货物负自动承保责任，保险期限可以是长期，也可以是定期。

在我国，预约保险单适用于进口的货物。凡属于预约保单规定范围内的进口货物，一经起运，我国保险公司即自动按预约保单所订立的条件承保。但被保险人应及时将装运通知书送交保险公司，并按约定办法缴纳保险费，即完成了投保手续。这样既简化了保险手续，又可使货物一经装运即可取得保障。

（五）保险批单

保险批单是为变更保险合同内容，保险公司出具给被保险人的补充性的书面证明，一般附贴在原保险单或保险凭证上，与保单具有同等的合同约束力，而且优先于保险合同。

六、索赔与理赔

索赔指当被保险人的货物遭受承保责任范围内的风险损失时，被保险人向保险人提出的索赔要求。保险公司按照保险条款的承保责任进行理赔。在索赔工作中，被保险人必须做好下列工作。

（一）损失通知与残损检验

货物运抵目的港后，被保险人或其代理人应及时查看，发现属于保险责任范围内的损失时，应立即通知保险人在卸货港的检验人或其理赔代理人。这种通知是向保险人请求损失赔偿的必备手续。对于遭受损失的货物应尽可能保留现状，以便保险人及有关各方进行检验，确立责任。

检验报告是被保险人向保险公司索赔的重要证件，同时保险人与被保险人均应及时采取施救措施，以防止损失继续扩大。

（二）索赔证据及时效

索赔证据是指被保险人除以书面提出索赔申请、开列索赔清单外，还需提供下列文件：

(1) 货物残损检验报告。

(2) 保险单或保险凭证。

(3) 发票、提单、装箱单或重量单和运输单据。

(4) 海事报告。

(5) 施救费用及检验费用的开支清单。

(6) 向承运人或其他第三者索赔的有关文件和来往函电。

索赔时效一般为2年，但被保险人一旦获悉或发现货物遭受损失要立即通知保险公司，一旦提出索赔，说明索赔已经开始，就不再受索赔时效的限制。

单元五　商品检验、索赔、仲裁、不可抗力

买卖双方交易的商品一般都要进行检验，买卖双方任何一方有违约情况，受害方都有权提出索赔。合同签订后，若发生人力不可抗拒事件，致使合同不能履行或不能如期履行，可按合同中关于不可抗力条款的规定免除合同当事人的责任。买卖双方对履约过程中产生的争议，如难以和解，可采取仲裁方式解决。因此，买卖双方商签订合同时，要在合同中订立检验、索赔、不可抗力和仲裁条款。

一、商品检验

（一）进出口商品检验检疫的概念

进出口商品检验检疫是指在国际贸易活动中，由商品检验检疫机构对买卖双方成交的商品的质量、数量、重量、包装、安全、卫生以及装运条件等进行检验，并对涉及人、动物、植物的传染病、病虫害、疫情等进行检疫的工作，在国际贸易活动中通常简称为商检工作。

商品检验是国际贸易发展的产物。它随着国际贸易的发展成为商品买卖的一个重要环节和买卖合同中不可缺少的一项内容。对此，有关国家法律或政府法令已有所肯定。

(1)《中华人民共和国进出口商品检验法》规定：商检机构和国家商检部门，商检机构指定的检验机构，依法对进出口商品实施检验。凡未经检验的进口商品，不准销售、使用；凡未经检验合格的出口商品，不准出口。

(2) 英国《1893年货物买卖法案》规定：当货物交付买方时，除另有协议外，买方有权要

求有合理的机会检验货物，以便确定它们是否与合同的规定相符。

(3)《联合国国际货物销售合同公约》规定：买方必须在按情况实际可行的最短时间内检验货物或由他人检验货物；如果合同涉及货物的运输，检验可推迟到货物到达目的地后进行。

（二）商品检验的意义

(1) 商检工作是使国际贸易活动能够顺利进行的重要环节，即商品检验是进出口货物交接过程中不可缺少的一个重要环节。

(2) 商检工作是一个国家为保障国家安全、维护国民健康、保护动植物和环境而采取的技术法规和行政措施。

（三）商品检验的作用

商品检验的作用主要表现在下列几个方面。

(1) 作为报关验放的有效证件。

(2) 买卖双方结算货款的依据。

(3) 计算运输、仓储等费用的依据。

(4) 办理索赔的依据。

(5) 计算关税的依据。

(6) 作为证明情况、明确责任的证件。

(7) 作为仲裁、诉讼举证的有效文件。

（四）我国进出口商品实施检验的范围

我国进出口商品检验的范围主要有以下几方面。

(1) 现行《商检机构实施检验的进出口商品种类表》规定的商品。

(2) 根据《中华人民共和国食品卫生法》和《中华人民共和国进出境动植物检疫法》规定的商品。

(3) 船舱和集装箱检验。

(4) 海运出口危险品的包装检验。

(5) 对外贸易合同规定由商检局实施检验的进出口商品。

（五）检验条款的主要内容

国际货物买卖合同中的检验条款，主要包括检验时间、地点、检验机构、检验证书、检验依据与检验方法、商品复验等。

1. 检验时间与地点

根据国际惯例，进出口商品的检验时间和地点一般有以下 3 种准则。

(1) 以离岸品质、数量为准。由卖方在装运口岸装运前，申请检验机构对出口商品的品质、

数（重）量进行检验，检验后出具检验证书，作为商品品质、数（重）量的最后依据。这种做法，买方对货物无复验权，也就是没有提出索赔的权利。

(2) 以到岸品质、数量为准。货物运抵目的港后，由当地的检验机构检验，出具的检验证书为最后依据，如品质、数（重）量与合同规定不符，买方凭检验证书向卖方提出索赔，除非造成上述不符情况属于承运人或保险人的责任，卖方一般不得拒绝理赔。

(3) 买方有复验权。卖方在装运前进行检验的检验证书，并不是最后依据，而是交货依据。货到目的地，允许买方进行复验，发现到货的品质、数（重）量与合同规定不符，属于卖方责任的，可凭检验证书向卖方提出索赔。这种做法兼顾了买卖双方的利益。我国在进出口业务中，大都采用这种做法。

根据平等互利原则，我国进出口贸易合同一般都规定受货人有复验权条款。

出口贸易合同最好订明："双方同意以装运港中国出入境检验检疫机构签发的品质、数（重）量检验证书作为信用证项下议付所提出单据的一部分。买方有权对货物的品质、数（重）量进行复验，列明复验费由××负担。如发现品质或数（重）量与合同不符，买方有权向卖方索赔，但须提供经卖方同意的公证检验机构出具的检验报告。索赔期限为货物到达目的港××天内。"进口贸易合同最好订明："双方同意以××厂（或××检验机构）出具的品质及数（重）量检验证明书作为有关信用证项下付款的单据之一。货到目的港经中国出入境检验检疫机构复验，如发现品质或数（重）量与本合同规定不符时，除属保险人或承运人责任外，买方凭中国出入境检验检疫机构的检验证书，在索赔有效期内向卖方提出退货或索赔。索赔有效期为××天，自货物卸毕日期起计算。所有退货或索赔引起的一切费用（包括检验费）及损失均由卖方负担。"

2. 检验机构

国际上承担进出口商品检验、鉴定的机构有国家政府设立的官方机构，也有民间的检验机构，还有生产者自己的检验机构。它们的背景、能力、技术、信誉各有不同，所以买卖双方有必要共同选定双方同意的检验机构，在合同中订明其检验证明能被双方接受。

在我国，从事进出口商品检验的机构，根据《中华人民共和国进出口商品检验法》的规定是国家设立的商检部门和设在全国各地的商检局。中国进出口商品检验总公司及其设在各地的分公司根据商检局的指定，也以第三者身份办理进出口商品的检验和鉴定业务。

国家商检局的任务主要有3项：一是对重点进出口商品实施法定检验；二是对其指定或者认可的检验机构的进出口商品检验工作实施监督管理；三是办理进出口商品的鉴定业务。

3. 检验证书种类

检验证书主要有以下几种。

(1) 品质检验证书（inspection certificate of quality）。

(2) 重量检验证书（inspection certificate of weight）。

(3) 数量检验证书（inspection certificate of quantity）。

(4) 兽医检验证书（veterinary inspection certificate）。

(5) 卫生检验证书（inspection certificate of health）。

(6) 消毒检验证书（disinfection inspection certificate）。

(7) 产地检验证书（inspection certificate of origin）。

(8) 价值检验证书（inspection certificate of value）。

(9) 验残检验证书 (inspection certificate on damaged cargo)。

(10) 包装检验证书 (inspection certificate of packing)。

此外，常见的检验证书还有植物检疫证明、积货鉴定证书、船舱检验证书、货载衡量检验证书等。

商检证书的作用主要表现在下列几个方面。

(1) 作为证明卖方所交货物的品质、重量 (数量)、包装以及卫生条件是否符合合同规定的依据。

(2) 作为买方对品质、重量、包装等条件提出异议、拒收货物、要求索赔、解决争议的凭证。

(3) 作为卖方向银行议付货款的单据之一。

(4) 作为海关验关放行的凭证。

4. 检验依据与检验方法

商品检验的标准很多，例如，有生产国标准、进口国标准、国际通用标准以及买卖双方协议的标准等。商品检验一般按合同和信用证规定的标准作为检验的依据。凡我国法律、行政法规所规定的强制性检验标准或其他必须执行的检验标准，或对外贸易合同所约定的检验标准，均构成进出口商品的检验依据。

检验方法不同，其结果不一，容易引起争议。为了避免争议，必要时应在合同中订明检验方法。在我国，检验方法的标准，由国家商检局制定。

5. 订立进出口商品检验条款的注意事项

(1) 品质条款应定得明确、具体，不能含糊其辞，模棱两可，致使检验工作失去确切依据而无法进行，或只能按照不利于出口人的最严格的质量标准检验。

(2) 凡以地名、品牌名、商标表示品质时，卖方所交合同货物既要符合传统优质的要求，又要有确切的质量指标说明，为检验提供依据。

(3) 出口商品的抽样、检验方法，一般均按中国的有关标准规定和商检部门统一规定的方法办理，如买方要求使用他的抽样、检验方法时，应在合同中具体定明。

(4) 对于一些规格复杂的商品和机器设备等的进口合同，应根据商品的不同特点，在条款中加列一些特殊规定，如详细具体的检验标准、考核及测试方法、产品所使用的材料及其质量标准、样品及技术说明书等，以便货到后对照检验与验收。凡样品成交的进口货物，合同中应加订买方复验权条款。

(5) 进出口商品的包装应与商品的性质、运输方式的要求相适应，并详列包装容器所使用的材料、结构及包装方法等，防止采用诸如“合理包装”、“习惯包装”等定法。如果采用这种定法，检验工作将难以进行。

(六) 进出口商品检验工作的程序

我国的进出口商品检验工作的程序主要有申请报验、抽样、检验和签发证书 4 个环节。

1. 申请报验

在进出口贸易中，有关当事人要求对成交商品进行检验，首先要向商检机构提出申请。申请的手续分成以下 3 种。

(1) 出口检验申请：出口商一般应在商品发运前 7～10 天向商检机构报验。报验时要填写“出口检验申请单”，并提供合同、信用证、发票等有关单证。

(2) 进口检验申请：进口商一般应在合同规定的对外索赔有效期的 1/3 时间内向商检机构报验。报验时要填写“进口检验申请单”，并附合同、发票、运输单据、品质证书、装箱单、收货通知书等。

(3) 委托检验申请：填写“委托检验申请单”并自送样品。检验结果一般不得用作对外成交或索赔的依据。

2. 抽样

抽样是检验的基础，除委托检验外，一般不得由报验人送样，必须由商检部门自行抽样，并由抽样员当场发给“抽样收据”。

3. 检验

检验是商检机构的中心工作，如检验不认真就会影响检验结果的准确性。因此，商检机构在接受报验之后，根据申报的检验项目确定检验内容；在仔细审核合同（信用证）对品质、规格、包装的规定的基础上，即在弄清检验依据的基础上，确定检验的标准和方法；然后抽取货样、对所取样品进行检验。

4. 签发证书

商检机构在对商品检验合格后，向有关当事人签发证明商品符合合同规定的检验证书。

二、索赔

涉及国际货物买卖的索赔，一般有 3 种情况，即货物买卖索赔、运输索赔和保险索赔。本节讲述的是前者，即货物买卖索赔。

（一）争议与索赔的含义

所谓争议（disputes）是指交易的双方认为对方未能部分或全部履行合同的责任与义务而引起的纠纷。

所谓索赔（claim）是指遭受损害的一方在争议发出后，向违约方提出赔偿的要求，在法律上是指主张权利，在实际业务中，通常是指受害方因对违约方违约而根据合同或法律提出予以补救的主张。

所谓理赔是指违约方对受害方所提出的赔偿要求的受理与处理。

索赔与理赔是一个问题的两个方面，在受害方是索赔，在违约方是理赔。

1. 产生争议、纠纷的原因

在国际货物买卖业务中，产生争议、纠纷的原因很多，大致可归纳为以下几种情况。

(1) 合同是否成立，双方国家法律和国际贸易惯例解释不一致。

(2) 合同条款规定得不够明确，双方对条款的解释不同，习惯上无统一的解释。

(3) 在履约中产生了双方不能控制的因素，致使合同无法履行或无法按期履行，而双方对是否可以解除合同或延期履行合同看法不一致。

(4) 买方不按时开出信用证，不按时付款赎单，无理拒收货物或在买方负责运输的情况下，不按时派船或签订运输合同、指定交货地点等。

(5) 卖方不按时交货或不按合同规定的品质、数量、包装交货，不提供合同和信用证规定的合适单证等。

2. 索赔的类型

根据损失的原因和责任的不同，索赔一般有 3 种情况。一是买卖双方间的贸易索赔。它是以买卖合同为基础的，当一方当事人违反买卖合同规定时，受损方可依据买卖合同规定和违约事实提出索赔。属于卖方违约的，主要是交货的时间、品质、数量、包装等不符合合同的规定；属于买方违约的，主要是不按时接货、付款、办理租船订舱等。二是运输索赔。它是以运输合同（或契约）为基础的，当一方当事人违反运输合同（或契约）规定时，受损人可以依据运输合同（或契约）规定和违约事实提出索赔。如收货人持有清洁提单而收到的货物发生残损短缺，这与发货人（卖方）无关，收货人只能凭运输合同（或契约）向承运人索赔。三是投保人向保险人的保险索赔。它是以保险合同为基础的，当发生保险合同承保范围内的风险并由此造成损失，被保险人可向保险公司索赔。例如，按 CIP 条件成交的货物，在运输途中遭遇暴雨而水浸的损坏。由于投保了水渍险，买方可凭保险合同向保险公司索赔。上述三者既有联系又有区别，这里着重讲述买卖双方的贸易索赔问题。

（二）合同中的索赔条款

索赔事件多发生在交货期、交货品质、数量等问题上，一般地说，买方向卖方提出索赔的情况较多。当然，买方不按期接运货物或无理拒付货款的情况也时有发生，因此，也有卖方向买方索赔的情况。为了便于处理这类问题，买卖双方商订合同时，一般都应订立索赔条款，对索赔条件作出明确具体的规定。

进出口合同中的索赔条款有两种规定方式，一是异议和索赔条款，另一个是罚金条款。在一般买卖合同中，多数只订异议和索赔条款，只有在买卖大宗商品和机械设备一类商品的合同中，除订明异议与索赔条款外，还另订罚金条款。

1. 异议与索赔条款

异议与索赔条款的内容，除规定一方违反合同，另一方有权索赔外，还包括索赔依据、索赔期限、索赔处理的办法和索赔金额等项。

(1) 索赔依据主要是指提出索赔必须提供的证据以及出证机构。索赔依据就索赔情形、对象而定。向贸易对方索赔，销售合同为主要依据；向承运人索赔须提供运输合同；向保险公司索赔，保险单据为主要凭证，而检验证书则是任何索赔均须出具的。关于检验证书的出具机构，买卖双方也须事先在合同中约定。对于规定买方有复验权的出口合同，则应在合同中规定，要以卖方同意的检验机构出具的检验报告作为索赔的依据。凡是证据不足或出证机构不符合规定要求的索赔，都将遭到拒绝。因此，在提供索赔依据时，要注意与检验条款规定的内容相一致。

(2) 索赔期限是指索赔的一方向违约方提出索赔要求的有效期。索赔一定要在索赔的有效期内提出，逾期提出的索赔是无效的。索赔期限的长短应结合不同商品的特性而定。对于食品、农产品及易腐商品，索赔的期限应规定得短一些；一般商品的索赔期限可定得长一些，通常限定为货物到目的地后 30～45 天；成套设备的索赔期则可更长一些，按照全套设备安装、调试所需时间而定。例如："买方对于装运货物的任何异议，必须于货物抵运目的港 30 天内提出，并须提供给卖方认可的公证机构出具的检验证书。如果货物已经加工，买方即丧失索赔权利。属于保险公司或轮船公司责任范围的索赔，卖方不予受理。”索赔期限一经约定，索赔就须在期限内提出，逾期则索赔无效。

(3) 索赔处理办法和索赔金额。关于索赔的处理办法，因为事先无法预测违约的后果，因此，合同中不作具体规定，一般只作笼统规定，如整修、换货、退货、还款等。有时将其与商品检验条款合订在一起，称为检验与索赔条款（inspection and claim clause）。

2. 罚金条款

当一方未履行合同时，应向对方支付一定数额的约定金额，以补偿对方的损失。罚金亦称违约金或罚则。罚金条款一般适用于卖方延期交货，或者买方迟延开信用证或延期接货等场合下。罚金数额的大小与违约时间的长短有关，并规定出最高限额。

违约金的起算日期有两种计算方法：一种是合同规定的交货期或开证期终止后立即起算；另一种是规定优惠期，即在合同规定的有关期限终止后再宽限一段时间，在优惠期内免于罚款，待优惠期届满起算罚金。卖方支付罚金后并不能解除继续履行合同的义务。

关于合同中的罚金条款，各国在法律上有不同的解释和规定。例如，俄罗斯、白俄罗斯等都承认和执行该项条款；而英国、美国、澳大利亚、新西兰等国家的法律则有不同的解释。例如英国的法律把合同中的固定赔偿金额条款按其性质分为两种：一是固定的损害赔偿金额，这种赔偿金额是由当事人双方在订立合同时，根据预计未来违约造成的损失而估定的；二是罚款，这种罚款是当事人为了保证合同的履行而对违约方收取的罚金。

我国涉外经济合同法对于罚金条款给予承认和保护。该法规第二十条规定“当事人可以在合同中规定，一方违反合同时，向另一方支付一定数额的违约金，也可以约定对于违反合同时而产生的损失赔偿金额的计算方法”；又规定：“合同中约定的违约金，视为违反合同的损失赔偿。但是，约定的违约金过分高于或低于违反合同所造成的损失的，当事人可以请求仲裁机构或者法院予以适当减少或增加”。

需要注意的是，凡在进出口合同中订有违约金条款者，如卖方延期交货时，即可按规定在货款中扣除该项违约金；凡货款须凭信用证支付的，则应在信用证中作相应的规定，以便有关银行据以收款。

（三）索赔、理赔时应注意的问题

索赔或理赔是维护国家权益和信誉的一项重要工作，它涉及面广，技术性强，因此必须注意以下一些问题。

(1) 在索赔时宁多毋少，在理赔时宁少毋多的做法，都是不适当的。理应加强调查，掌握实据，分清责任，该要的要，不该要的不要，该赔的赔，不该赔的不赔。

(2) 对于一切索、理赔案件应本着实事求是、友好协商的精神合理解决。对于个别强词夺理、夸大事实的外商，应充分利用国际贸易的有关惯例和有关法律进行说理斗争。

(3) 在对外索赔时要事先制定索赔方案，并应在索赔有效期内向国外客户提出索赔函，随函要附寄各种证件，详列索赔项目和赔偿金额或其他切实可行的解决办法。

(4) 在进行理赔时，首先要对索赔期限进行核对，然后要认真仔细地审查国外客户提供的单证内容、检验方法和检验标准是否正确，出证机构是否合法，以防外商弄虚作假或检验方法有误。

三、仲裁

仲裁（ARBITRATION）又称公断，是指买卖双方在争议发生之前或之后，签订书面协议，自愿将争议提交双方所同意的第三者予以裁决来解决争议的一种方式。

（一）仲裁的特点

(1) 受理争议的仲裁机构是由属于贸易界的知名人士或专家组成的、为解决贸易纠纷而设立的民间组织，不是国家政权机关，不具有强制管辖权。

(2) 对争议案件的受理，以当事人自愿为基础。

(3) 当事人双方通过仲裁解决争议时，必先签订仲裁协议。

(4) 双方均有在仲裁机构中推选仲裁员以裁定争议的自由。

(5) 仲裁比诉讼的程序简单，处理问题比较迅速及时，费用也较为低廉。

(6) 仲裁机构或仲裁员审理案件，必须以争议双方同意的仲裁协议为依据，这就排除争议双方去法院诉讼的可能，排除了法院对有关争议的管辖权，同时也使仲裁机关和仲裁员获得了有关争议案件的管辖权。

(7) 仲裁结果具有法律效力，是终局性的，对双方都有约束力。

（二）仲裁协议的形式及作用

仲裁协议是双方当事人达成的、自愿将其已发生或将来可能发生的争议交付仲裁机构解决的书面表示，是申请仲裁的必备材料。

1. 仲裁协议的两种形式

(1) 仲裁条款（arbitration clause）是双方当事人在争议发生之前订立的，通常作为合同中的一项条款出现，表示自愿把将来可能发生的争议交付仲裁机构解决的书面文件。

(2) 仲裁协议（submission）是双方当事人在争议发生以后订立的，表示自愿把已经发生的争议提交仲裁解决的协议。

这两种形式的仲裁协议，其法律效力是相同的。

2. 仲裁协议的作用

一旦订立了仲裁协议，则意味着：

(1) 约束双方当事人只能以仲裁方式解决其争议，且不得向法院起诉。

(2) 排除法院对有关案件的管辖权。如果一方违背仲裁协议，自行向法院起诉，另一方可根据仲裁协议要求法院不予受理，并将争议案件退交仲裁庭裁断。

(3) 使仲裁机构取得对争议案件的管辖权。

上述3项作用的中心是第二条，即排除法院对争议案件的管辖权。因此，双方当事人不愿将争议提交法院审理时，就应在争议发生前在合同中规定出仲裁条款，以免未来发生争议后，由于达不成仲裁协议而不得不诉诸法庭。这反映出在买卖合同中订立仲裁条款的重要性。

（三）合同仲裁条款的主要内容

仲裁条款的内容应当明确合理，不能过于简单，其具体内容一般应包括仲裁地点、仲裁机构、仲裁程序、仲裁裁决的效力、仲裁费的负担等。

1. 仲裁地点的规定

在仲裁条款中，确定在哪国仲裁，一般就适用该国的仲裁法律。

我国进出口贸易合同中的仲裁地点，视贸易对象和情况的不同，一般采用以下 3 种规定方法之一。

（1）力争规定在我国仲裁。

（2）有时规定在被告所在国仲裁。

（3）规定在双方同意的第三国仲裁。

2. 仲裁机构的选择

仲裁机构有两种形式。一种是由双方当事人在仲裁协议中规定一个常设的仲裁机构。我国主要的常设仲裁机构是设在北京的中国国际经济贸易仲裁委员会及其分别设在深圳和上海的分会。另一种是由双方当事人指定仲裁员所组成的临时仲裁庭，当争议处理完毕后即自动解散。

3. 仲裁程序法的适用

《中国国际经济贸易仲裁委员会仲裁规则》规定：

（1）本规则统一适用于仲裁委员会及其分会。在分会进行仲裁时，本规则规定由仲裁委员会主任和仲裁委员会秘书局或秘书长分别履行的职责，可以由仲裁委员会主任授权的副主任和仲裁委员会分会秘书处或秘书长分别履行，但关于仲裁员是否回避的决定权除外。

（2）凡当事人同意将争议提交仲裁委员会仲裁的，均视为同意按照本规则进行仲裁。当事人约定适用其他仲裁规则，或约定对本规则有关内容进行变更的，从其约定，但其约定无法实施或与仲裁地强制性法律规定相抵触者除外。

（3）凡当事人约定按照本规则进行仲裁但未约定仲裁机构的，均视为同意将争议提交仲裁委员会仲裁。

（4）当事人约定适用仲裁委员会制定的行业仲裁规则或专业仲裁规则且其争议属于该规则适用范围的，从其约定；否则，适用本规则。

4. 仲裁裁决的效力

在我国，进出口合同的仲裁条款，一般都规定仲裁裁决是终局的，对双方当事人均有约束力。任何一方当事人不得向法院起诉要求变更。

5. 仲裁费用的负担

仲裁费用多规定由败诉方承担，也有的规定为由仲裁庭酌情决定。

（四）仲裁程序

所谓仲裁程序是指双方当事人将所发生的争议根据仲裁协议的规定提交仲裁时应办理的各项手续。仲裁程序一般包括：申请仲裁、组织仲裁庭与指定仲裁员、审理仲裁案件、作出裁决、执行仲裁裁决、支付仲裁费用等。

1. 提出仲裁申请

提出仲裁申请是仲裁程序开始的首要手续，各国法律对申请书的规定并不一致。

2. 组织仲裁庭与指定仲裁员

关于仲裁员人数和选定办法，各国法律规定不同，多数国家规定为三人制，但英、美等国一般为一人独任制，少数国家也允许二人制或采用双数制。在临时仲裁中，独任仲裁员都是由双方当事人在仲裁协议中指定的。三人仲裁员则是由双方当事人各指定一名，再由这两名仲裁员指定第三名首席仲裁员。如当事人不指定，也可委托仲裁委员会主席指定。首席仲裁员由仲裁委员会主席在仲裁员名册中另行指定。由当事人双方分别指定一名仲裁员，目的在于使争议案件能得到公平合理的裁决，而被指定的仲裁员并非是指定一方的代理人。被指定的仲裁员，如果与案件有利害关系，应当自行向仲裁委员会请求回避。回避的决定由仲裁委员会作出，仲裁员回避或因其他原因不能履行其职责时，则应按照原指定仲裁员的程序，重新指定。当事人所指定的仲裁员，并不代表当事人的利益。

3. 审理案件

仲裁庭审理案件的形式有两种：一是不开庭审理，一般是经当事人申请，或由仲裁庭征得当事人同意，只以书面文件进行审理并裁决；二是开庭审理，这种审理按照仲裁规则的规定，采取不公开审理，双方当事人要求进行公开审理时，由仲裁庭作出决定。

4. 作出裁决

裁决作出后，审理案件的程序即告终结，因而这种裁决被称为最终裁决。根据我国仲裁规则规定，除最终裁决外，仲裁庭认为有必要接受当事人提议，在仲裁过程中，可就案件的任何问题作出中间裁决或者部分裁决。中间裁决是指对审理清楚的争议所作的暂时性裁决，以利于对案件的进一步审理；部分裁决是指仲裁庭对整个争议中的某些问题已经审理清楚，而先行作出的部分终局性裁决。这种裁决是构成最终裁决的组成部分。

仲裁裁决必须于案件审理终结之日起 45 天内以书面形式作出，仲裁裁决除由于调解达成和解而做出的裁决书外，还应说明裁决所依据的理由，并写明裁决是终局的和作出裁决书的日期与地点，要有仲裁员的署名。

当事人对于仲裁裁决书，应依照其中所规定的期限自动履行。裁决书未规定期限的，应立即履行。一方当事人不履行的，另一方当事人可以根据中国法律的规定，向中国法院申请执行，或根据有关国际公约或中国缔结或参加的其他国际条约的规定办理。

四、不可抗力

（一）不可抗力的含义

国际贸易公约及各国的法律、法规，对不可抗力有不同的叫法和解释。

1. 英美法称“合同落空”

英美法称不可抗力为“合同落空”（frustration of contract），其意思是说合同签订以后，不是由于双方当事人自身的过失，而是由于事后发生了双方当事人意想不到的根本性的不同情况，致使订约的目的受到挫折，因而未能履行合同义务，当事人可以据此免除责任。

2．大陆法称“情势变迁”或“契约失效”

大陆法称不可抗力为“情势变迁”或“契约失效”，其意思是说，不属于当事人的原因，而是发生了当事人预想不到的变化，致使合同不可能履行，或对原来的法律效力需作相应的变更。

3．不可抗力的含义

不可抗力又称人力不可抗拒。它是指在货物买卖合同签订以后，不是由于订约者任何一方当事人的过失或疏忽，而是由于发生了当事人既不能预见和预防，又无法避免和克服的意外事故，以致不能履行或不能如期履行合同，遭受意外事故的一方，可以免除履行合同的责任或延期履行合同。

综上所述，国际贸易中不同法律、法规对不可抗力的确切含义在解释上并不统一，叫法上也不一致，但其原则大体相同，主要包括以下几点：①意外事故必须发生在合同签订以后；②不是因为合同当事人双方自身的过失或疏忽而导致的；③意外事故是当事人双方所不能控制的，无能为力的。

（二）不可抗力事件的范围

不可抗力的事故范围较广，通常可分为两种情况。

（1）由于自然力量引起的，如水灾、火灾、冰灾、暴风雨、大雪、地震等。

（2）由于社会力量引起的，如战争、罢工、政府禁令等。

其中对自然力引起的灾害，国际上的解释比较一致；对社会原因引起的意外事故，在解释上经常发生分歧。这一方面是由于社会现象比较复杂，解释起来有一定困难，另一方面由于不可抗力是一项免责条款，买卖双方通常主要是卖方都可以援引它来解释自身所负的合同义务，这种援引多数情况下是扩大不可抗力范围，以减少自己的合同责任。有的卖方除把各种自然灾害列入外，还把生产过程的意外事故，战争预兆、罢工、怠工、货物集运中的事故，以及航、陆运机构的怠慢，未按预定日期出航等，统统归入不可抗力的范围。因此在交易中应认真分析，区别不同情况，作出不同处理，防止盲目接受。对于一些含义不清或根本不属于不可抗力的范围的事件，如战争预兆、航运公司怠慢等解释上容易引起分歧，没有确定标准概念的事件，则不应列入；至于一些属于政治性的事件，如罢工等，可由买卖双方在事件发生时根据具体情况，另行协商解决。

不可抗力是合同中的一项条款，也是一项法律原则。对此，在国际贸易中不同的法律、法规等各有自己的规定。1980 年《联合国国际货物销售合同公约》在其免责一节中作了如下规定：“如果他（指当事人）能证明此种不履行义务是由于某种非他所能控制的障碍，而且对于这种障碍没有理由预期他在订立合同时能考虑到或能避免或能克服它或它的后果。”该公约指明了一方当事人不能履行义务，是由于发生了他不能控制的障碍，而且这种障碍在订约时是无法预见、避免或克服的，可予以免责。

（三）合同中的不可抗力条款

国际货物买卖合同中不可抗力条款的内容虽然不尽相同，主要包括不可抗力事件的范围、不可抗力事件的处理原则和方法、事件发生后通知对方的期限和通知方式以及出具事件证明的机构等；但归纳起来一般有以下几点。

1. 不可抗力事故的范围

关于不可抗力事件的范围，应在买卖合同中订明，通常有下列3种规定办法。

(1) 概括规定。即在合同中不具体规定不可抗力事件的范围，只作概括的规定。

【例 4.6】　如果由于不可抗力的原因导致卖方不能履行合同规定的义务时，卖方不负责任，但卖方应立即电报通知买方，并须向买方提交证明发生此类事件的有效证明书。

If the fulfillment of the contract is prevented due to force majeure, the seller shall not be liable. However, the seller shall notify the buyer by cable and furnish the sufficient certificate attesting such event or events.

分析：上述规定只笼统地指出“由于不可抗力的原因”，至于不可抗力的具体内容和范围如何，并未予以说明，难以作为解决问题的证据，也容易被对方曲解、利用；同时由于这种规定过分空泛，缺乏确定含义，一旦发生争议而诉诸司法机构时，该机构也仅能凭当事人的意见进行解释，任意性较大，不利于问题的正确解决。

(2) 具体规定。即在合同中明确规定不可抗力事件的范围，凡在合同中没有订明的，均不能作为不可抗力事件加以援引。

【例 4.7】　如果由于战争、洪水、火灾、地震、雪灾、暴风的原因致使卖方不能按时履行义务时，卖方可以推迟这些义务的履行时间，或者撤销部分或全部合同。

If the shipment of the contracted goods is delayed by reason of war, flood, fire, earthquake, heavy snow and storm, the seller can delay to fulfill, Or revoke part or the whole contract.

分析：上述规定方法，虽然对于不可抗力事故的范围作出具体规定，但是由于不可抗力事故很多，合同中难以一览无余，一旦遇到未列明的事故时，仍有可能发生争执。

(3) 综合规定。即采用概括和列举综合并用的方式。在我国进出口合同中，一般都采取这种规定办法。

【例 4.8】　如果因战争或其他人力不可控制的原因，买卖双方不能在规定的时间内履行合同，如此种行为或原因，在合同有效期后继续三个月，则本合同的未交货部分即视为取消，买卖双方的任何一方，不负任何责任。

If the fulfillment of the contract is prevented by reason of war or other causes of force majeure, which exists for three months after the expiring the contract, the non-shipment of this contract is considered to be void, for which neither the seller nor the buyer shall be liable.

分析：上述规定方法，既列明了双方当事人已经取得共识的各种不可抗力事故，又加列上“其他不可抗力原因”这一句，如果将来发生合同未列明的意外事故，便于双方当事人共同确定是否作为不可抗力事故。因此这种规定方法既明确具体，又有一定的灵活性，比较科学实用。在我国的业务实践中，多采用这一种。

2. 不可抗力事件的处理

发生不可抗力事件后，应按约定的处理原则和办法及时进行处理。不可抗力的后果有两种：一是解除合同；一是延期履行合同。究竟如何处理，应视事件的原因、性质、规模及其对履行合同所产生的实际影响程度而定。

3. 不可抗力事件的通知期限、方式

按照国际惯例，当发生不可抗力事故影响合同履行时，当事人必须及时通知对方，对方亦应于接到通知后及时答复，如有异议也应及时提出。尽管如此，买卖双方为明确责任起见，一般在不可抗力条款中还规定一方发生事故后通知对方的期限和方式，例如“一方遭受不可抗力事故后，应以电报通知对方，并应在15天内以航空挂号信提供事故的详情及影响合同履行程度的证明文件。”

4. 不可抗力事件的证明

在国际贸易中，当一方援引不可抗力条款要求免责时，必须向对方提交有关机构出具的证明文件，作为发生不可抗力的证明。在国外，一般由当地的商会或合法的公证机构出具。在我国，由中国国际贸易促进委员会或其设在口岸的贸促分会出具。

（四）援引不可抗力条款应注意的事项

（1）任何一方遭受不可抗力事故后，应及时通知对方并提供证明文件。出证机构应按合同规定办理，如合同无规定，在我国，一般由中国对外贸易促进委员会作出证明，在外国，一般由当地的商会或合法的公证机构作出证明。

（2）一方接到对方不可抗力事故通知和证明后，无论同意与否均应及时作出答复，否则按有些国家的法律将被视作默认。

（3）必须认真分析所发生的事故是否属于不可抗力的范围。如发生的事故不属于列举范围，一般就不能按不可抗力事故处理。如合同中有“双方同意的其他人力不可抗拒事故”的规定，可由双方协商，如一方不同意，也不能按不可抗力事故处理。

（4）对于已成立的不可抗力事故，在处理上应按合同规定办理。如合同中无规定，应本着实事求是的精神，根据影响履约的程度，双方协商解决。

任务实施

任务一　审证、改证

一、任务目标

1. 掌握各种支付方式的特点和程序
2. 重点掌握信用证的特点和程序
3. 掌握信用证的内容及其具体条款
4. 掌握依据合同审核信用证的方法

二、案例引入

世嘉贸易公司与大洋贸易公司于2009年10月30日签订贸易合同出口一批自行车，对方如

期开来了信用证，请以世嘉贸易公司业务员的身份对信用证进行审核，如果有不符处，请和申请人沟通进行修改。

1. 合同内容

具体英文合同正文内容如下：

SALES CONTRACT

The Buyers agree to buy and the Sellers agree to sell the following goods on terms and conditions as set forth below:

(1) Name of Commodity, Specifications and Packing	(2) Quantity /Bicycle	(3) Unit Price	(4) Total Value
Bicycle White A100 AT100 7CTN. Bicycle Black A100AT101 7CTN. Bicycle Blue A200 AT200 6CTN. Bicycle Red A200AT201 6CTN.	399 399 342 342	USD85 USD85 USD84 USD84 CIF AMSTERDAM	USD33915 USD33915 USD28728 USD28728
	Total: 1482		USD125286

(5) Time of Shipment: To be effected within 2 months from receipt of the relevant L/C

(6) Port of loading: SHANGHAI CHINA

(7) Port of Destination: AMSTERDAM NETHERLANDS

(8) Insurance: To be covered by the seller for 110% of the invoice value against W. P. A, Risk of Rust and War Risks.

(9) Terms of Payment: By confirmed, irrevocable, transferable letter of credit at sight in favour of seller, allowing partial shipment and transshipment. The covering Letter of Credit must reach the Sellers before November 2009 and is to remain valid in China until the 15th day after the aforesaid time of shipment, failing which the Sellers reserve the right to cancel this Sales Contract without further notice and to claim from the Buyers for losses resulting therefrom.

(10) Inspection: The Inspection Certificate of Quality / Quantity / Weight / Packing / Sanitation issued by AQSIQ of China shall be regarded as evidence of the Sellers' delivery.

(11) Shipping Marks: Shipping marks being designed by seller.

OTHER TERMS:

Sellers: Shijia Trading CO. LTD.　　Buyers: Dayang Trading CO. LTD.

×××　　×××

2. 信用证

大洋贸易公司于 2009 年 11 月 4 日通过荷兰银行开来信用证

FROM: ABN AMRO BANK, AMSTERDAM

TO: BANK OF CHINA SUZHOU BRANCH

SEQUENCE OF TOTAL:	27:	1/1
FORM OF DOCUMENTARY CREDIT:	40A:	IRREVOCABLE
DOCUMENTARY CREDIT NUMBER:	20:	372623
DATE OF ISSUE:	31C:	091104
DATE AND PLACE OF EXPIRY:	31:	DATE 100204 PLACE CHINA
APPLICANT:	50:	DAYANG TRADING CO., LTD
BENEFICIARY:	59:	SHJIA TRADING CO., LTD
CURRENCY CODE, AMOUNT:	32B:	CNY 125286
PERCENTAGE CREDIT AMOUNT TOLERANCE	39A:	10/10
AVAILABLE WITH/BY:	41D:	ANY BANK IN CHINA BY NEGOTIATION
DRAFTS AT:	42C:	SIGHT FOR 100 PCT INVOICE VALUE
DRAWEE:	42A:	ABN AMRO BANK
PARTIAL SHIPMENTS:	43:	NOT ALLOWED
TRANSHIPMENT:	43T:	NOT ALLOWED
LOADING IN CHARGE:	44A:	SHANGHAI PORT CHINA
FOR TRANSPORTATION TO:	44B:	AMSTERDAM NETHERLANDS
LATEST DATE OF SHIPMENT:	44C:	100104
DESCRIPTION OF GOODS AND/OR SERVICES:	45A:	BICYCLE WHITE A100 AT100 399 BICYCLES USD85 BICYCLE BLACK A100 AT101 399 BICYCLES USD85 BICYCLE BLUE A200 AT200 342 BICYCLES USD84 BICYCLES RED A200 AT201 399 BICYCLES USD85 CIF AMSTERDAM

SEQUENCE OF TOTAL:	27:	1/1
DOCUMENTS REQUIRED:	46A:	1. SIGNED COMMERCIAL INVOICE, 5 FOLD 2. FULL SET OF CLEAN ON BOARD ORIGINAL MARINE BILL OF LADING, MADE OUT TO ORDER OF SHIPPER, BLANK ENDORSED MARKED FREIGHT PREPAID AND NOTIFY THE APPLICANT. 3. CERTIFICATE OF P. R. CHINA ORIGIN AS PER GSP FORM A. ISSUED AND MANUALLY SIGNED BY AN AUTHORITY ALSO MANUALLY SIGNED BY EXPORTER, BEARING A REFERENCE NUMBER. 4. PACKING LIST, 5 FOLD. 5. INSURANCE CERTIFICATE OR POLICY FOR THE INVOICE VALUE PLUS 10 PERCENT, BLANK ENDORSED, COVERING W. P. A, RISK OF RUST AND WAR RISKS. AS PER O. M. C. C. OF P. I. C. C. CLAUSES DD. 1981, 01, 01 FROM SELLER'S WAREHOUSE TO BUYER'S WAREHOUSE. CLAIMS PAYABLE IN DESTINATION.
ADDITIONAL CONDITIONS:	47A:	UPON RECEIPT OF DOCUMENTS STRICTLY COMPLYING WITH CREDIT TERM, WE SHALL REMIT FUNDS
CHARGES:	71B:	BANKING CHARGES, EXCEPT CHARGES OF ISSUING BANK, ARE FOR ACCOUNT OF BENEFICIARY. IF DOCUMENTS ARE PRESENTED WITH DISCREPANCY WE SHALL DEDUCT COUNTER VALUE OF USD50. 00
PERIOD FOR PRESENTATION:	48:	21 DAYS
CONFIRMATION INSTRUCTIONS:	49:	WITHOUT
SEND. TO REC. INFO.:	72:	CREDIT IS SUBJECT TO U. C. P. 2006

3. 审核结果

经审核，大洋贸易公司开来的信用证与合同内容不符，将影响出口方安全收汇，故应就以下内容与开证申请人和开证行沟通并作出修改。审核结果如下：

(1) 受益人名称写错；

(2) 信用证中使用的货币与合同不符；

(3) 关于是否允许分批装运与合同规定不符；

(4) 关于是否允许转船与合同规定不符；
(5) Bicycle Red A200 AT201 这种自行车的数量和单价与合同不符。

三、任务完成

(一) 工具准备

(1) 每个小组在模块三任务 2 中签订的贸易合同；
(2) 买方开立的信用证。

(二) 完成步骤

(1) 将学生分组，每组 6～8 人，分组并设定角色；
(2) 小组成员对我公司的几笔业务的结算方式进行分析，并能够合理选用支付方式；
(3) 在合同中假定使用信用证支付的情况下，对买方开来的信用证进行审核；
(4) 对依据合同审核出的信用证中不符合合同规定的部分进行修改，撰写改证函。

(三) 检查标准

检查标准如表 4-6 所示。

表 4-6 检查标准

检查标准	分值	实际得分
对支付工具的使用方法运用得当	20	
对本公司的业务分析准确，条理清楚，运用知识恰当准确	20	
对信用证的流程讲述清楚，并对信用证的综合业务分析得当	20	
信用证分析准确	20	
能够根据合同对信用证进行审核，并能修改	20	

任务二 备 货

一、任务目标

1. 掌握国际贸易合同中的品质、数量、包装条款

2. 掌握备货的要点
3. 掌握发票的填制

二、案例引入

世嘉贸易公司与大洋贸易公司于 2009 年 10 月 30 日签订贸易合同出口一批自行车，请根据合同内容和修改之后信用证填制发票。

（1）具体贸易合同见在模块三任务 2 中签订的合同。

（2）经审核修改和合同相符的信用证如下。

FROM：ABN AMRO BANK，AMSTERDAM

TO：BANK OF CHINA SUZHOU BRANCH

SEQUENCE OF TOTAL：	27：	1/1
FORM OF DOCUMENTARY CREDIT：	40A：	IRREVOCABLE
DOCUMENTARY CREDIT NUMBER：	20：	372623
DATE OF ISSUE：	31C：	091104
DATE AND PLACE OF EXPIRY：	31：	DATE 100204 PLACE CHINA
APPLICANT：	50：	DAYANG TRADING CO.，LTD
BENEFICIARY：	59：	SHIJIA TRADING CO.，LTD
CURRENCY CODE，AMOUNT：	32B：	USD 125286
PERCENTAGE CREDIT AMOUNT TOLERANCE	39A：	10/10
AVAILABLE WITH/BY：	41D：	ANY BANK IN CHINA BY NEGOTIATION
DRAFTS AT：	42C：	SIGHT FOR 100 PCT INVOICE VALUE
DRAWEE：	42A：	ABN AMRO BANK
PARTIAL SHIPMENTS：	43：	ALLOWED
TRANSHIPMENT：	43T：	ALLOWED

SEQUENCE OF TOTAL:	27:	1/1
LOADING IN CHARGE:	44A:	SHANGHAI PORT CHINA
FOR TRANSPORTATION TO:	44B:	AMSTERDAM NETHERLANDS
LATEST DATE OF SHIPMENT:	44C:	100104
DESCRIPTION OF GOODS AND/OR SERVICES:	45A:	BICYCLE WHITE A100 AT100 399 BICYCLES USD85 BICYCLE BLACK A100 AT101 399 BICYCLES USD85 BICYCLE BLUE A200 AT200 342 BICYCLES USD84 BICYCLES RED A200 AT201 342 BICYCLES USD84 CIF AMSTERDAM
DOCUMENTS REQUIRED:	46A:	1. SIGNED COMMERCIAL INVOICE, 5 FOLD 2. FULL SET OF CLEAN ON BOARD ORIGINAL MARINE BILL OF LADING, MADE OUT TO ORDER OF SHIPPER, BLANK ENDORSED MARKED FREIGHT PREPAID AND NOTIFY THE APPLICANT. 3. CERTIFICATE OF P. R. CHINA ORIGIN AS PER GSP FORM A. ISSUED AND MANUALLY SIGNED BY AN AUTHORITY ALSO MANUALLY SIGNED BY EXPORTER, BEARING A REFERENCE NUMBER. 4. PACKING LIST, 5 FOLD. 5. INSURANCE CERTIFICATE OR POLICY FOR THE INVOICE VALUE PLUS 10 PERCENT, BLANK ENDORSED, COVERING W. P. A, RISK OF RUST AND WAR RISKS. AS PER O. M. C. C. OF P. I. C. C. CLAUSES DD. 1981, 01, 01 FROM SELLER'S WAREHOUSE TO BUYER'S WAREHOUSE. CLAIMS PAYABLE IN DESTINATION.
ADDITIONAL CONDITIONS:	47A:	UPON RECEIPT OF DOCUMENTS STRICTLY COMPLYING WITH CREDIT TERM, WE SHALL REMIT FUNDS

SEQUENCE OF TOTAL：	27：	1/1
CHARGES：	71B：	BANKING CHARGES，EXCEPT CHARGES OF ISSUING BANK，ARE FOR ACCOUNT OF BENEFICIARY. IF DOCUMENTS ARE PRESENTED WITH DISCREPANCY WE SHALL DEDUCT COUNTER VALUE OF USD50．00
PERIOD FOR PRESENTATION：	48：	21 DAYS
CONFIRMATION INSTRUCTIONS：	49：	WITHOUT
SEND. TO REC. INFO.：	72：	CREDIT IS SUBJECT TO U. C. P. 2006

（3）根据合同和信用证自制唛头后填制的发票如下：

世嘉贸易公司

TAICANG SHIJIA TRADING CO.，LTD　TEL：(0512) 82588666　FAX：(0512) 82588999

COMMERCIAL INVOICE

To：	DAYANG TRADINGCO. LTD		Invoice No.：	851358
			Invoice Date：	2009－11－20
			S/C No.：	BG091109
			S/C Date：	2009－10－30
From：	SHANGHAI，CHINA	To：	AMSTERDAM，NETHERLANDS	
Letter of Credit No.：	372623	Date：	091120	

Marks and Numbers	Number and kind of package Description of goods	Quantity	Unit Price	Amount
DANYANG BG091109 AMSTER-DAM C/NO. 1/26	Bicycle white A100 AT100 7CTN. Bicycle Black A100 AT101 7CTN. Bicycle Blue A200 AT200 6CTN. Bicycle Red A200 AT201 6CTN.	399 Bicycle 399 Bicycle 342 Bicycle 342 Bicycle	USD85 USD85 USD84 USD84	USD33915 USD33915 USD28728 USD28728
TOTAL：			1482	USD125286
SAY TOTAL：	U. S. DOLLARS ONE HUNDRED AND TWENTY FIVE THOUSAND AND TWO HUNDRED AND EIGHTY SIX ONLY.			

SHIJIA TRADING CO.，LTD　×××

三、任务完成

（一）工具准备

（1）在模块三任务 2 中签订的贸易合同；
（2）在模块四任务 1 中审核修改合格的信用证。

（二）完成步骤

（1）将学生分组，每组 6～8 人，分组并设定角色；
（2）小组成员根据本组在模块三任务 2 中签订的贸易合同和模块四中审核修改合格的信用证等相关资料进行模拟备货；
（3）小组成员根据本组在模块三任务 2 中签订的贸易合同和模块四中审核修改合格的信用证等相关资料自制唛头；
（4）小组成员根据本组在模块三任务 2 中签订的贸易合同和模块四中审核修改合格的信用证等相关资料填制发票。

（三）检查标准

检查标准如表 4-7 所示。

表 4-7　检查标准

检查标准	分　值	实际得分
对合同中的品质、数量、包装条款和信用证中的商品描述理解准确	20	
备货要点掌握准确	20	
自制唛头符合国际管理的要求	20	
填制发票规范、准确	40	

任务三 货物托运

一、任务目标

1. 掌握各种运输方式的特点
2. 掌握办理运输的程序
3. 掌握托运委托单的填写要求
4. 掌握海运提单的特点和内容

二、案例引入

世嘉贸易公司与大洋贸易公司于 2009 年 10 月 30 日签订贸易合同出口一批自行车，履行出口贸易合同，在备妥货物后填制托运委托书并进行货物托运，最终取得提单。具体贸易合同见在模块三任务 2 中签订的合同，经审核修改和合同相符的信用证见模块四任务 2 中信用证内容。

（1）按信用证或合同内有关装运条款填写“托运委托书”并提供全套单证，作为订舱的依据。托运单如下：

发货人	信用证号码	372623		
SHIJIA TRADING CO. LTD. 1 # JINAN ROAD TAICANG CHINA TEL：(0512) 82588666 FAX：(0512) 82588999 ZIP CODE：215400	开证银行	NERHERLAND BANK		
	合同号码	BG091109	成交金额	USD 125286
	装运口岸	SHANGHAI，CHINA	目的港	AMSTERDAM，NETHERLANDS
收货人	转船运输	ALLOWED	分批装运	NOT ALLOWED
TO THE ORDER OF SHIPPER	信用证有效期	100204	装船期限	LATEST SHIPMENT 100104
	运费	FREIGHT PREPAID	成交条件	CIF AMSTERDAM
	公司联系人	Jason	电话/传真	(+03) 7708808
通知人	公司开户行		银行账号	
DANYANG TRADING CO. LTD #362 52 STREET，NETHERLANDS，AMSTERDAM TEL：(+03) 7708808 FAX：(+03) 7701111 E-MAIL：Jason@neo. com	特别要求			

标记唛码	货号规格	包装件数	毛重	净重	数量	单价	总价
DANYANG BG091109 AMSTERDAM C/NO. 1/26	Bicycle white A100 AT100	7CTNS	6384KGS	5985KGS	399 Bicycle	USD85	USD33915
	Bicycle Black A100 AT101	7CTNS	6384KGS	5985KGS	399 Bicycle	USD85	USD33915
	Bicycle Blue A200 AT200	6CTNS	5472KGS	5130KGS	342 Bicycle	USD84	USD28728
	Bicycle Red A 200 AT201	6CTNS	5472KGS	5130KGS	342 Bicycle	USD84	USD28728
	总件数	总毛重	总净重	总尺码		总金额	
	1482 Bicycle	23712KGS	22230KGS	17500CBM		USD125286	
备注	SAY TOTAL：TWENTY SIX CARTONS ONLY.						

（2）换取提单：货物装船完毕，由船长或大副签发“大副收据”或“场站收据”，载明收到货物的详细情况。托运人凭上述收据向有关船公司换取提单如下：

<table>
<tr><td>1. Shipper Insert Name, Address and Phone B/L No.

SHIJIA TRADING CO. LTD.
TAICANG JIANGSU CHINA
TEL：(0512) 82588666
FAX：(0512) 82588999
ZIP CODE：215400</td><td>B/L No.

中远集装箱运输有限公司
COSCO CONTAINER LINES
TLX：33057 COSCO CN
FAX：+86 (021) 6545 8984
ORIGINAL</td></tr>
<tr><td>2. Consignee Insert Name, Address and Phone

TO THE ORDER OF SHIPPER

3. Notify Party Insert Name, Address and Phone
(It is agreed that no responsibility shall attach to the Carrier or his agents for failure to notify)

DAYANG TRADING CO. LTD.
362 52 STREET, NETHERLANDS, AMSTERDAM
TEL：(+03) 7708808 FAX：(+03) 7701111
E-MAIL：jason@neo. com

4. Ocean Vessel Voy. No. | 5. Port of Loading</td><td>BILL OF LADING
RECEIVED in external apparent good order and condition except as otherwise noted. The total number of packages or unites stuffed in the container, The description of the goods and the weights shown in this Bill of Lading are furnished by the merchants, and which the carrier has no reasonable means of checking and is not a part of this Bill of Lading contract. The carrier has issued the number of Bills of Lading stated below, all of this tenor and date, one of the original Bills of Lading must be surrendered and endorsed or signed against the delivery of the shipment and whereupon any other original Bills of Lading shall be void. The merchants agree to be bound by the terms and conditions of this Bill of Lading as if each had personally signed this Bill of Lading.
SEE clause 4 on the back of this Bill of Lading (Terms continued on the back Hereof, please read carefully).
* Applicable Only When Document Used as a Combined Transport Bill of Lading.</td></tr>
</table>

HAMBURG EXPRESS D. 0101	SHNGHAI，CHINA			
6. Port of Discharge				
AMSTERDAM, NETHERLANDS				
Marks & Nos. Container / Seal No.	No. of Containers or Packages	Description of Goods (If Dangerous Goods, See Clause 20)	Gross Weight kgs	Measurement
DANYANG BG091109 AMSTERDAM C/NO. 1/26	7CTNS 7CTNS 6CTNS 6CTNS	Bicycle white A100 AT100 Bicycle Black A100 AT101 Bicycle Blue A200 AT200 Bicycle Red A200 AT201	23712KGS	17500CBM
		Description of Contents for Shipper's Use Only (Not part of This B/L Contract)		
7. Total Number of containers and/or packages (in words) TWENTY SIX CARTONS ONLY.				
Subject to Clause 7 Limitation				

8. Freight & Charges	Revenue Tons	Rate	Per	Prepaid	Collect

FREIGHT PREPAID					
Declared Value Charge					

Ex. Rate:	Prepaid at	Payable at	Place and date of issue
			SHANGHAI DEC. 01，2009
	Total Prepaid	No. of Original B (s) /L	Signed for the Carrier, COSCO CONTAINER LINES
		THREE (3)	
LADEN ON BOARD THE VESSEL			
DATE		BY	

(3) 发出“装船通知”：货物装船后，托运人即可向国外买方发出“装船通知”。

三、任务完成

(一) 工具准备

(1) 在模块三任务 2 中签订的贸易合同；

(2) 在模块四任务 1 中审核修改合格的信用证；

(3) 在模块四任务 2 中出具的商业发票。

(二) 完成步骤

(1) 将学生分组，每组 6～8 人，分组并设定角色。
(2) 小组成员根据本组的出口货物合理选择运输方式。
(3) 小组成员根据本组的合同和信用证的相关要求填写托运委托单。
(4) 小组成员模拟托运流程。
(5) 由小组中的船公司出具提单。

(三) 检查标准

检查标准如表 4-8 所示。

表 4-8 检查标准

检查标准	分值	实际得分
运输方式选择得当	10	
对信用证的单据要求条款理解准确	20	
能根据信用证的要求填制托运委托单	25	
货物托运流程正确	20	
模拟船公司出具的提单规范	25	

任务四 办理保险

一、任务目标

1. 掌握货物运输保险险别
2. 掌握投保金额和保险费的计算
3. 掌握投保单和保险单的主要内容及填写方法

二、案例引入

根据在模块三任务 2 中签订的贸易合同，在模块四任务 1 中经审核修改和合同相符的信用证，模块四任务 2 中出具的发票和模块四任务 3 中填写的托运单及提单的相关信息办理投保事宜。

(1) 小组成员根据合同中签订的保险险别，即投保水渍险和锈损险以及战争险符合商品特

性，并按合同要求计算保险金额和保险费，并模拟办理投保事宜。

（2）小组成员针对本组出口货物计算保险金额和保险费。假定平安险、水渍险和一切险的费率分别为0.6%、0.8%和1.5%，各种附加险费率为每种0.1%。

投保金额＝CIF（CIP）×（1＋投保加成）

＝USD125 286×110%

＝ USD137 815

保险费＝保险金额×保险费率

＝ USD137 815×（0.8%＋0.1%＋0.1%）

＝1 378.15

（3）小组成员根据本组的合同和信用证的相关要求填写投保单，办理货物投保。填制的投保单如下：

<table>
<tr><th colspan="4">海运出口货物投保单</th></tr>
<tr><td colspan="3">1）保险人</td><td>2）被保险人</td></tr>
<tr><td colspan="3">THE PEOPLE'S INSURANCE COMPANY OF CHINA，SHANGHAI BRANCH</td><td>SHIJIA TRADING CO. LTD</td></tr>
<tr><td>3）标记</td><td>4）包装及数量</td><td>5）保险货物项目</td><td>6）保险货物金额</td></tr>
<tr><td>DANYANG
BG091109
AMSTERDAM
C/NO. 1/26</td><td>26CTNS</td><td>Bicycle white A100 AT100
Bicycle Black A100 AT101
Bicycle Blue A200 AT200
Bicycle Red A200 AT201</td><td>USD137 815</td></tr>
<tr><td colspan="4">7）总保险金额（大写）</td></tr>
<tr><td colspan="4">SAY TOTAL U. S. DOLLARS ONE HUNDERD AND THIRTY SEVEN THOUSAND EIGHT HUNDERD AND FIFTEEN ONLY.</td></tr>
<tr><td colspan="4">8）运输工具 （船名） （航次）</td></tr>
<tr><td colspan="4">HAMBURG EXPRESS D. 0101</td></tr>
<tr><td>9）装运港</td><td>SHANGHAI，CHINA</td><td>10）目的港</td><td>AMSTERDAM，NETHERLANDS</td></tr>
<tr><td colspan="2">11）投保险别</td><td>12）货物起运日期</td><td>DEC. 01，2009</td></tr>
<tr><td colspan="4">COVERING W. P. A.，RISK OF RUST AND WAR RISK AS PER OCEAN MARINE CARGO CLAUSES (WAREHOUSE TO WAREHOUSE CLAUSE IS INCLUDED) OF PEOPLE'S INSURANCE COMPANY OF CHINA (1/1/1981).</td></tr>
<tr><td colspan="2">13）投保日期</td><td colspan="2">14）投保人签字</td></tr>
<tr><td colspan="2">27－NOV－2009</td><td colspan="2">SHIJIA TRADING CO. LTD
×××</td></tr>
</table>

三、任务完成

（一）工具准备

（1）在模块三任务2中签订的贸易合同。
（2）在模块四任务1中审核修改合格的信用证。
（3）在模块四任务2中出具的商业发票。
（4）在模块四任务3中出具的托运委托单。

（二）完成步骤

（1）将学生分组，每组6～8人，分组并设定角色。
（2）小组成员根据本组的出口货物合理选择保险险别。
（3）小组成员针对本组出口货物计算保险金额和保险费。
（4）小组成员根据本组的合同和信用证的相关要求填写投保单。
（5）办理货物投保。

（三）检查标准

检查标准如表4-9所示。

表4-9 检查标准

检查标准	分值	实际得分
根据出口货物性质合理选用保险险别	20	
对信用证的相关条款理解准确	20	
能正确核算保险金额和保险费	20	
能根据信用证的要求填制投保单	40	

任务五 结汇

一、任务目标

1. 能够准确理解信用证中相关条款对各种单据的具体要求

2. 能够根据信用证要求填制汇票
3. 能够按照信用证条款备齐符合信用证规定的所需单据进行结汇

二、案例引入

在货物装运后，卖方完成按合同完成交货义务后，汇集所有相关单据，出具汇票并随同信用证一起到银行交单议付。

（1）小组备齐本组起运货物后的相关单据（信用证、发票、提单、保险单等）。

（2）小组成员根据信用证填制汇票，由小组成员向银行交付相关单据和汇票进行结汇。填制汇票内容如下：

<table>
<tr><td>No.</td><td>81609D3030</td><td></td><td colspan="4"></td></tr>
<tr><td>For</td><td>USD125286.00</td><td></td><td colspan="4">2009－12－10，SHANGHAI</td></tr>
<tr><td></td><td>(amount in figure)</td><td></td><td colspan="4">(place and date of issue)</td></tr>
<tr><td>At</td><td>××××××</td><td colspan="5">sight of this FIRST Bill of exchange (SECOND being unpaid)</td></tr>
<tr><td>pay to</td><td colspan="4">BANK OF CHINA SUZHOU BRANCH</td><td colspan="2">or order the sum of</td></tr>
<tr><td></td><td colspan="6">U. S. DOLLARS ONE HUNDRED AND TWENTY FIVE THOUSAND AND TWO HUNDRED AND EIGHTY SIX ONLY.</td></tr>
<tr><td></td><td colspan="6">(amount in words)</td></tr>
<tr><td colspan="2">Drawn under</td><td colspan="5">ABN AMRO BANK，AMSTERDAM</td></tr>
<tr><td colspan="2">L/C No.</td><td colspan="2">372623</td><td>dated</td><td colspan="2">2009－11－04</td></tr>
<tr><td colspan="2" rowspan="2">To:</td><td colspan="3" rowspan="2">ABN AMRO BANK，AMSTERDAM QING</td><td colspan="2">For and on behalf of</td></tr>
<tr><td colspan="2">SHIJIA TRADING CO.，LTD</td></tr>
<tr><td colspan="2"></td><td colspan="3"></td><td colspan="2">(Signature) ×××</td></tr>
</table>

三、任务完成

（一）工具准备

（1）在模块三任务 2 中签订的贸易合同。
（2）在模块四任务 1 中审核修改合格的信用证。
（3）在模块四任务 2 中出具的商业发票。

（二）完成步骤

（1）将学生分组，每组 6～8 人，分组并设定角色。

(2) 各小组备齐本组出运货物后的相关单据。
(3) 小组成员根据信用证填制汇票。
(4) 由小组成员向银行交付相关单据和汇票进行结汇。

(三) 检查标准

检查标准如表 4-10 所示。

表 4-10　检查标准

检查标准	分值	实际得分
对信用证的单据要求条款理解准确	20	
汇票填写规范、准确	30	
能够备齐信用证要求的相关单据	30	
对信用证的结汇流程掌握准确	20	

模块五 进口贸易合同的履行

技能目标

具有签订和履行进口贸易合同的能力

知识目标

1. 了解进口贸易的流程
2. 了解申请开立信用证的程序
3. 掌握审单和付汇的要求

工作任务

进口业务操作

理论知识

国际货物买卖合同中，买方的基本义务是接货、付款。进口商履行合同所要做的工作，因合同中规定的价格术语、支付方式等贸易条件的不同而异。在我国的进口交易中，大多数以FOB条件成交，以信用证方式付款。这类合同的履行程序一般包括：开立信用证、租船订舱、装运、办理保险、审单付款、接货报关、检验、拨交。这些环节的工作，是由进出口公司、运输部门、商检部门、银行、保险公司、海关以及用货部门等各有关方面分工负责、紧密配合而共同完成的。

一、开立信用证

进口合同签订后，按照合同规定填写开立信用证申请书向银行办理开证手续。该开证申请书是开证银行开立信用证的依据，也是申请人和银行之间契约关系的法律证据。

（一）开证申请书的内容

信用证开证申请书主要包括两个方面的内容。第一部分是信用证的内容，包括受益人名称、地址，信用证的性质、金额、汇票内容，货物描述，运输条件，所需单据种类份数，信用证的交单期、到期日和地点，信用证通知方式等。第二部分是申请人对开证银行的声明，其内容通常固定印刷在开证申请书上，包括承认遵守《UCP500》的规定；保证向银行支付信用证项下的货款、手续费、利息及其他费用；在申请人付款赎单前，单据及货物所有权属银行所有；开证行收下不符信用证规定的单据时，申请人有权拒绝赎单等。

（二）开证注意事项

申请开立信用证一般注意以下几点。

(1) 信用证的内容应是完整的、自足的。信用证内容，例如品质、规格、数量、价格、交货期、装运条件及装运单据等，应严格以合同为依据，对于应在信用证中明确的合同中的贸易条件，必须具体列明，不能使用“按××号合同规定”等类似的表达方式。

(2) 信用证的条件必须单据化。《UCP500》规定如信用证载有某些条件，但并未规定需提交与之相符的单据，银行将视这些条件为未予规定而不予置理。因而，进口方在申请开证时，应将合同的有关规定转化成单据，而不能照搬照抄。

(3) 申请开证的时间要符合合同规定。信用证的开证时间应按合同规定办理。如合同规定由卖方确定交货期，买方应在接到卖方交货期通知后开证；如合同规定卖方获得出口许可证或提交履约保证金后开证，则买方应在收到卖方许可证的通知，或银行转知保证金已照收后开证。

在我国，中国银行为进口企业开立信用证时还有以下规定和做法。

(1) 不开立可转让信用证。一般情况下，开证行无法对第二受益人的情况进行调查，尤其是对于跨地区或国家的转让更难了解和掌握。在这种情况下，一旦信用证被转让出去，开证行就很难控制。

在实际业务中，如果存在大额货物涉及多家出口商时，我国银行可以在所开立的信用证中表明“汇票和单据若由某厂商提供可以接受”或“第三者出具的装运单据可以接受”，以标明厂商可以作为本证的受益人。

(2) 不接受由开证人或出口方指定通知行的信用证。信用证中的通知行是开证行在国外业务的延伸，两家银行合作是信用证安全运行的基础。因此，一般银行在其他国家都有其相对固定的合作银行。比如中国银行在为国内进口企业开立信用证时，就规定通知行由中国银行指定。如果国外出口方执意指定通知行，那么中国银行也接受进口企业在开证申请书上注明“该银行在中国银行选择通知行时供参考”。

(3) 不开立载有 T/T 偿付条款的信用证。T/T 偿付条款是指在该条款下，出口地的议付行在收到出口方提交的与信用证条款一致的单据后，即可直接向开证行发电索汇。在这种信用证中，出口方比一般信用证早十多天就可以取得货款，有利于其资金周转。但对于开证行来说，如果在议付后审单过程中发现不符再向议付行交涉、追讨货款时，就会面临许多困难。因此，我国银行不接受开立该条款的信用证。

信用证开出后，如卖方提出修改信用证的请求，经买方同意后，即可向银行办理改证手续。最常用的修改内容有：展延装运期和信用证有效期、变更装运港口等。

二、派船接运货物

按 FOB 价格条件进口的合同，应由买方按时派船接货，其交货地点是装运港船上。合同中一般都规定，卖方应在交货前一定的时期内将预计的装船日期通知买方，买方接到卖方通知后才办理租船订舱。目前我国进口货物的租船订舱工作统一委托外运公司办理，进口公司在接到卖方的上述通知后，便向外运公司填交进口订舱联系单，连同合同副本，委托外运公司安排船只或舱位。在办妥租船订舱手续后，应及时向卖方发出装船通知。通知内容包括船名、预计到达装运港日期及装载数量等，并要求卖方确认，只有在对方确认后才能派船前往受载。如派出船只因故未能到达受载，也应及时向对方说明原因，取得谅解，以免发生争执，造成损失。货物装船后，卖方应向买方发出已装船通知，以便买方办理投保。

因此，FOB进口合同的三个通知至关重要，即卖方的货妥通知、买方的派船通知和卖方装船后的通知。

三、投保货运险

FOB或CFR交货条件下的进口合同，保险由买方办理。进口商（或收货人）在向保险公司办理进口运输货物保险时，有两种做法：一种是预约保险方式，另一种是逐笔投保方式。

（一）预约保险

为了简化投保手续，防止漏保，我国外贸公司和经常有货物进口的企业，与保险公司订有预约保险合同。该合同对进口货物的投保险别、保险费率、赔付方法和承保货物的范围都作了具体的规定。外贸企业在接到国外卖方的装船通知后，应立即填制预约保险启运通知书或将装船通知送达保险公司，即完成了投保手续。

（二）逐笔投保

未与保险公司签订预约保险合同的企业，对进口货物需逐笔办理保险。进口企业在收到国外卖方的装船通知后，应立即填制投保单或装货通知单，内容包括货物名称、数量、保险金额、投保险别，以及船名、船期、启运日期和估计到达日期、装运港和目的港。保险公司接受承保后将签发一份保险单作为双方之间保险合同的证明文件。对于进口货物，买卖双方的风险责任以装运港海轮船舷为界。在货物装船前，物权和风险责任都属于出口商，货物装船后，买方承担货物的风险责任。故而，在货物装船前，买方不具有保险利益，即使买方在此之前已向保险公司投保，保险公司也不承担保险责任。一般情况下，保险公司对于由进口方投保货物的保险责任是从货物越过船舷（实际业务中为装船）开始，一直到货物运抵目的地仓库，或卸离海轮后60天终止。必要时，还可由投保人申请延长保险期限60天，但散装货、活牲畜和新鲜果蔬等商品的保险责任，在目的港卸离海轮时即告终止。

四、审单和付汇

在信用证支付方式下，进口方在确认对方已完成发货义务后，将凭出口方提交的符合信用证规定的单据进行付款。

在我国，一般情况下出口方提供的全套单据会通过信用证的开证行——中国银行转让给进口方，由进口方负责对单据进行全面的审核。进口方在审核单据时一定要把单据与信用证逐字逐句地进行核对。

（一）审核的单据

出口方在完成出口义务之后缮制并提交的单据就是进口方需要审核的单据。审单的内容主要包括：单据是否齐全；单据的名称、份数、内容等是否与信用证一致；各单据之间是否矛盾；各种单据签发的日期之间是否存在矛盾等。现将单据审核的要点简述如下。

1. 汇票

信用证名下汇票，应加列出票条款，说明开证行、信用证号码及开证日期。金额应与信用证规定相符，一般应为商业发票金额。如单据内含有佣金或货款部分托收，则按信用证规定的商业发票金额的百分比开列。金额的大小写应一致。国外开来的汇票，也可以只有小写。汇票付款人应为开证行或指定的付款行。若信用证未规定，应为开证行，不应以申请人为付款人。出票人应为信用证受益人，通常为出口商，收款人通常为议付银行。付款期限应与信用证规定相符。出票日期必须在信用证有效期内，不应早于商业发票日期。

2. 提单

提单必须按信用证规定的份数全套提交，如信用证未规定份数，则一份也可算全套。提单应注明承运人名称，并经承运人或其代理人、船长或其代理人签名。除非信用证特别规定，提单应为清洁已装船提单，若为备运提单，则必须加上装船注记并由船方签署。以 CFR 或 CIF 方式成交，提单上应注明运费已付。提单的日期不得迟于信用证所规定的最迟装运日期。提单上所载件数、唛头、数量、船名等应和商业发票相一致、货物描述可用总称，但不得与发票货名相抵触。

3. 商业发票

商业发票应由信用证受益人出具，无须签字，除非信用证另有规定。商品的名称、数量、单价、包装、价格条件、合同号码等描述，必须与信用证严格一致。商业发票抬头应为开证申请人。商业发票必须记载出票条款、合同号码和商业发票日期。

4. 保险单

保险单正本份数应符合信用证要求，全套正本应提交开证行。投保金额、险别应符合信用证规定。保险单上所列船名、航线、港口、起运日期应与提单一致。保险单应列明货物名称、数量、唛头等，并应与发票、提单及其他货运单据一致。

5. 产地证

产地证应由信用证指定机构签署。货物名称、品质、数量及价格等有关商品的记载应与商业发票一致。签发日期不得迟于装船日期。

6. 检验证书

检验证书应由信用证指定机构签发。检验项目及内容应符合信用证的要求，检验结果如有瑕疵者，可拒绝受理。检验日期不得迟于装运日期，但也不得距装运日期过早。

（二）审单的时间限制

根据《UCP600》第 14 条的规定：按指定行事的指定银行、保兑行（如有的话）及开证行各有从交单次日起的至多五个银行工作日的时间用以确定交单是否相符。这一期限不因在交单日当日或之后信用证截止日或最迟交单日届至而受到缩短或影响。即开证行和进口方进行的审单活动不得超过《UCP600》所规定的时间。如果超过了时间限制，则认为开证行已接受了所有单据，开证行必须无条件付款。因此，我国的进口企业在得到单据后一定要抓紧时间审单，以免超过审单期限而被动。

（三）审单的结果

在信用证支付方式下，进口方审单是一项非常重要的工作。进口方审单的目的是要保证“单单相符、单证相符”。只有做到这点，才能基本保证出口方提交的货物符合合同和信用证的需要，符合进口方的进货要求。

进口方的审单可能出现两种结果。

(1) 进口方把出口方提交的单据与信用证条款进行严格对比，发现单据正确无误后，进口方即可通知开证行对外付款。

(2) 进口方通过审单，发现单据和信用证规定存在不符。如果不符点对货物交付没有严重影响，进口方可以通知开证行暂时拒绝付款，并要求出口方进行修改；如果进口方发现不符点影响到合同履行的核心内容，如货物规格、数量、品质等重要条款与信用证不符，则进口方可拒绝付款提货，并可对由此造成的损失向对方提出索赔。

银行收到国外寄来的汇票及单据后，对照信用证的规定，核对单据的份数和内容。如内容无误，即由银行对国外付款。同时进出口公司用人民币按照国家规定的有关折算的牌价向银行买汇赎单。进出口公司凭银行出具的“付款通知书”向用货部门进行结算。如审核国外单据发现单证不符时，应作出适当处理。处理办法很多，例如停止对外付款；相符部分付款；不符部分拒付；货到检验合格后再付款；凭卖方或议付行出具担保付款；要求国外改正单据；在付款的同时，提出保留索赔权等。

五、报关、验收和拨交货物

（一）报关

进口企业可自行报关，也可委托货运代理公司或报关行代理报关。《中华人民共和国海关法》规定，进口货物收货人应当自载运该货物的运输工具申报进境之日起 14 日内向海关办理进口申报手续，超过 14 日期限来向海关申报的从第 15 日起按日征收 CIF 价格 5‰的滞报金。

进口报关需填写“进口货物报关单”，并随同交验下列单据：① 进口许可证和国家规定的其他批准文件；② 提单或运单（结关后由海关加盖放行章发还）；③ 发票；④ 装箱单；⑤ 减、免税或免验的证明；⑥ 报验单或检验证书；⑦ 产地证；⑧ 其他海关认为有必要提供的文件。

海关接受申报后，对进口货物实施查验。核对实际进口货物是否与相关单证所列相一致。查验一般在海关监管区域内的仓库、场所进行，对散装货物、大宗货物和危险品等，结合装卸环节，可在船边等现场查验。对于在海关规定到期查验有困难的，经报关人申请，海关可派人员到监管区域以外的地点查验放行。

进口货物接受查验，缴纳关税后，由海关在货运单据上签章放行，即为结关。收货人或其代理可持海关签章的货运单据提取货物。

进口公司如果因各种原因不能在报关时交验有关单证，可以向海关提交保证金或保证函，申请海关先放行货物，后补办手续。海关经审查同意后，在货运单据上签章放行，收货人提货后可以投入生产和使用，但必须及时补办报关纳税手续，在此之前，不得出售、转让或移作他用。这种方式叫担保放行。保税货物指经海关批准未办理纳税手续进境，在境内储存、加工、装配后复运出境的货物。

返销产品的中小型补偿贸易、来料来件加工装配业务，以及部分进料加工贸易其加工料、件和设备为海关报税货物，料、件自进口加工之日起至加工成品出口之日止，有关设备自进口之日起至全部偿还并按海关规定期限解除监管止，均应接受海关监管。

（二）验收货物

进口货物运达港口卸货时，港务局要进行卸货核对，如发现短缺，应及时填制“短缺报告”，交由船方签认，并根据短缺情况向船方提出保留索赔权的书面声明。卸货时如发现残损，货物应存放于海关指定仓库，待保险公司会同商检局检验后作出处理。对于法定检验的进口货物，必须向卸货地或到达地的商检机构报验，未经检验的进口货物不准投产、销售和使用。如进口货物经商检局检验，发现有残损短缺，应凭商检局出具的证书对外索赔。对于合同规定的卸货港检验的货物，或已发现残损短缺有异状的货物，或合同规定的索赔期即将期满的货物等，都需要在港口进行检验。

一旦发生索赔，有关的单证，如国外发票、装箱单、重量明细单、品质证明书、使用说明书、产品图纸等技术资料、理货残损单、溢短单、商务记录等都可以作为重要的参考依据。

（三）办理拨交手续

在办完上述手续后，如订货或用货单位在卸货港所在地，则就近转交货物；如订货或用货单位不在卸货地区，则委托货运代理将货物转运内地并转交给订货或用货单位。关于进口关税和运往内地的费用，由货运代理向进出口公司结算后，进出口公司再向订货部门结算。

六、进口索赔

进口商品常因品质、数量、包装及其他方面不符合合同规定，而需要向有关方面提出索赔。根据造成损失原因的不同，向不同的对象提出索赔。

（一）区别情况向责任方索赔

1. 向卖方索赔

凡属下列情况者，均须向卖方索赔：原装数量不足；货物品质、规格与合同规定不符；包装不良致使货物受损；未按期交货或拒不交货等。

2. 向承运人索赔

凡属下列情况者，均须向承运人索赔：到货数量少于运输单据所载数量；运输单据是清洁的，而货物有残缺情况，并且属于承运人过失所致。进口人可根据不同运输方式的有关规定，及时向承运人或其代理人发出索赔通知。

3. 向保险公司索赔

由于自然灾害、意外事故或运输中其他事故的发生，致使货物受损并且属于承保险别范围之内的；属于承运人的过失造成货物残损、遗失，而承运人不予赔偿或赔偿金额不足抵补损失的，只要属于保险公司承保范围以内的，应及时向保险公司索赔。

（二）索赔注意事项

（1）索赔依据。索赔时应提交索赔清单和有关货运单据，如发票、提单（副本）、装箱单。在向卖方索赔时，应提交商检机构出具的检验证书；向承运人索赔时，应提交理货报告和货损货差证明；向保险公司索赔时，除上述各项证明外，还应附加由保险公司出具的检验报告。

（2）索赔金额。卖方索赔金额，应按买方所受实际损失计算，包括货物损失和由此而支出的各项费用；向承运人和保险公司索赔，均按有关章程办理。

（3）索赔期限。向卖方索赔应在合同规定的索赔期限之内提出。如商检工作确有困难可能需要延长时间的，可在合同规定的索赔有效期内向对方要求延长索赔期限，或在合同规定索赔有效期内向对方提出保留索赔权。如合同未规定索赔期限，按《联合国国际货物销售合同公约》规定，买方行使索赔期限自其收到货物之日起不超过两年；向船公司索赔期限为货物到达目的港交货一年之内；向保险公司提出海运货损索赔期限，则为被保险货物在卸载港全部卸离海轮后两年。

（4）买方职责。买方在向有关责任方提出索赔时，应采取适当措施保持货物原状并妥为保管。按国际惯例，如买方不能按实际收到货物的原状归还货物，就丧失宣告合同无效或要求卖方交付替代货物的权利；按保险公司规定，被保险人必须按保险公司的要求，采取措施避免损失进一步扩大，否则不予理赔。

任务实施

任务 进口贸易合同履行

一、任务目标

1. 熟悉国际贸易中进口业务的流程及各个流程中的内容
2. 能进行外贸公司进口业务的全套流程操作

二、案例引入

世嘉国际贸易公司拟进口一批货物，请以该公司业务员的身份完成这笔进口业务的全套流程。

三、任务完成

（一）完成步骤

(1) 将学生分组，6～8个人一组，每个小组为一个业务团队。
(2) 小组成员模拟全套流程。
①交易前期准备。
②交易磋商、谈判并签订合同。
③履行合同：收取货物并支付货款。

（二）检查标准

检查标准如表5-1所示。

表5-1 检查标准

检查标准	分值	实际得分
国际贸易进口流程图绘制准确，各项工作先后顺序符合实际业务情况	30	
对进口流程讲述清楚，语言表达清晰准确，条理清晰	30	
进口业务流程操作程序正确	40	

模块六

国际贸易方式

技能目标

1. 具有分辨各种贸易方式的特点和优缺点的能力
2. 具有区分各种贸易方式下进行贸易应该注意的问题的能力
3. 具有在贸易实践中灵活运用各种贸易方式的能力
4. 具有各种贸易方式结合使用的能力

知识目标

1. 要求了解国际贸易的基本方式的基本做法、特点和优缺点
2. 掌握各种贸易方式的内容、运行过程及其适用条件
3. 掌握在实践中采用具体贸易方式时应该注意的问题

工作任务

关注上海世博会

理论知识

单元一　无固定组织形式的贸易方式

贸易方式是指国际贸易中买卖双方所采用的各种交易的具体做法。在对外贸易活动中，每一笔交易都要通过一定的贸易方式来进行。贸易方式是在买卖双方交易过程中根据不同商品、不同地区、不同对象和双方的需要形成的。

当前在国际贸易中流行着各种各样的贸易方式，可单独进行，也可交叉进行，随着国际贸易的发展，新的贸易方式不断涌现。国际贸易中常见的贸易方式按其组织形式可分为无固定组织形式的贸易方式和有固定组织形式的贸易方式。

无固定组织形式的贸易方式是指不按照固定的规章和交易条件，在非特定的地点进行交易的较为灵活的贸易方式，主要包括代理、包销、定销、寄售、补偿贸易、易货贸易、加工贸易、租赁贸易等，这种方式具有很大的灵活性，能够适应国际贸易中各种不同的需要。

一、代理

（一）代理的概念、性质及特点

1. 代理的概念

国际贸易中的代理（agency）是以委托人（principal）为一方，接受委托的代理人为另一方达成协议，规定代理人（agent）在约定的时间和地区内，以委托人的名义与资金从事业务活动，并由委托人直接负责由此而产生的后果。

2. 代理的性质

销售代理商同出口商之间不是买卖关系，故销售代理商不垫资金，不担风险且不负盈亏，他只获取佣金。

3. 代理的特点

代理方式同包销方式相比，具有下列基本特点。

（1）代理人只能在委托人的授权范围内，代理委托人从事商业活动。

（2）代理人一般不以自己的名义与第三者签订合同。

（3）代理人通常是运用委托人的资金从事业务活动。

（4）代理人不管交易当中的盈亏，只取佣金。

（5）代理人只居间介绍生意、招揽订单，但他并不承担履行合同的责任。

（二）代理的种类

1. 按职权范围分类

（1）总代理（general agency）。总代理人是委托人在指定地区的全权代表。他除了有权代表委托人从事代理协议中规定的一般商务活动外，还有权进行某些非商业性活动。另外，他还有权在当地指派若干分代理人。

（2）独家代理（sole agency）。独家代理是指代理人在约定的地区和一定期限内，单独代表委托人从事代理协议中规定的有关活动。委托人在该地区和协议期限内，不得再委派第二个代理人从事同类业务。采用独家代理方式，应注意避免违反当地管制限制性商业惯例的有关立法。

（3）一般代理（agency）。一般代理是不享有专营权的代理。在出口业务中，委托人在同一地区和同一期限内可以委派几个一般代理为他推销同类商品提供服务，根据其推销的商品的数额支付一定的佣金。委托人还可以直接与代理人所在地区的其他客户自行达成交易，这种情况下，委托人就无须向代理人支付佣金。

2. 按行业性质分

（1）销售代理。在国际贸易中，销售代理是指代表出口商或制造商为其产品在当地的销售提供各种服务的代理，包括介绍客户、收集订单、签订合同以及进行广告宣传、提供售后服务等。销售代理中有一种信用担保代理的做法：承担信用担保责任的代理人，要对他所介绍的买主的信誉负责，如果该买主不履行付款义务，则由代理人负责赔偿委托人由此而遭受的损失。

（2）购货代理。购货代理是指代理人受国外进口人的委托为其在当地采购商品提供服务。

（3）货运代理。在国际贸易中，由一些专门的机构接受卖方或买方的委托，为其办理货物托运及有关事项的做法，就是货运代理人提供的服务。货运代理人一般是以货主的委托人的身份为货主办理有关货物的报关、交接、仓储、调拨、检验、包装、转运、订舱等项业务。

（4）保险代理。保险代理一般是指保险人的代理，他根据代理合同的规定，为保险人所经营的保险业务提供服务，并从保险人那里得到佣金。

（三）代理协议

1. 代理协议的概念

代理协议也称代理合同，它是用以明确委托人和代理人之间权利与义务的法律文件。协议内容由双方当事人按照契约自由的原则，根据双方的合意加以规定。

2. 代理协议的内容

国际贸易中的代理种类繁多，代理协议的形式和内容也各不相同。业务中常见的销售代理协议主要包括以下内容。

（1）代理的商品和区域。应在代理协议中明确、具体地规定代理商品的名称、品种、花色、规格等，以及代理权行使的地区范围。

（2）代理人的权利与义务。这是代理协议的核心部分，一般应包括下述内容：

①明确代理人的权利范围，以及是否享有专营权。

②规定代理人在一定时期内应推销商品的最低销售额（按 FOB 价或 CIF 价计）。

③代理人应在代理权行使的范围内，保护委托人的合法权益。

④代理人应承担市场调研和广告宣传的义务。

（3）委托人的权利与义务。委托人的权利主要体现为对客户的订单有权接受，也有权拒绝。委托人有义务维护代理人的合法权益，保证按协议规定的条件向代理人支付佣金。

（4）佣金的支付。

佣金的支付一般包括下述内容。

①代理人有权索取佣金的时间。

②佣金率。

③计算佣金的基础。

④支付佣金方法。

除上述基本内容外，还可以在协议中规定不可抗力条款、仲裁条款以及协议的期限和终止办法等条款。这些条款的规定办法与包销协议的做法大致相同。

（四）我国的外贸代理制

在我国的实际业务中，外贸代理有三种不同情况。

（1）国内享有外贸经营权的企业之间的代理，代理人以被代理人（委托人）的名义对外签订进出口合同。

（2）国内享有外贸经营权的企业之间的代理，代理人以自己的名义对外签订进出口合同。

(3) 享有外贸经营权的企业受国内不享有外贸经营权的企业的委托，以自己的名义对外签订进出口合同。

二、包销

(一) 包销的含义及包销协议

1. 包销的含义

包销 (exclusive sales) 即出口商与国外客户达成的书面协议，由前者给予后者某一种商品或某一类商品在约定地区和一定期限内独家经营的权利，后者向前者承包一定商品，在一定期限和地区内销售。

2. 包销业务中当事人之间的关系

包销业务中的两个当事人（供货人和包销人）之间是一种买卖关系，即供货人是卖方，包销人是买方。

3. 包销协议

采用包销方式，出口人与包销商之间的权利与义务是由包销协议 (exclusive sales agreement) 所确定的。包销协议包括下列主要内容。

(1) 包销货物的名称，包括包销货物的品种、规格、型号、牌号、货号等。

(2) 包销协议双方的关系，包销协议中要明确包销商与出口企业（供货人）之间的关系是本人与本人的关系 (principal to principal)，即属买卖关系。

(3) 包销商品的范围可以是供货人经营的全部商品，也可以是其中的一部分，视包销商经营能力、资信情况而定。

(4) 包销地区是指包销商行使销售的地理范围，通常有下列约定方法。

①确定一个国家或几个国家。

②确定一个国家中的几个城市。

③确定一个城市。

确定包销地区的大小，应考虑下列因素。

①包销的规模及能力。

②包销商所能控制的销售网络。

③包销商品的性质及种类。

④市场的差异程度。

⑤包销地区的地形位置。

(5) 包销期限可规定为一年或若干年，往往还规定延期及终止条款。

(6) 包销专营权是指包销商行使专卖和专买的权利，这是包销协议的重要内容。专营权包括专卖和专买权。前者是委托人（出口人）将指定商品在规定的地区和期限内给予包销商独家销售的权利。出口人负有不向该区域内的客户直接售货的义务。后者是包销商承担向出口人购买该项商品，而不得向第三者购买的义务。

(7) 包销数量或金额既是指包销商承购货物的数量或金额，也是出口商（供货人）供货的

数量或金额，它对双方有同等的约束力。包销数额一般采用规定最低承购额的做法。确定实际承购数额有各种不同的做法，一般以实际装运数为准。

(8) 作价办法的一种做法是在规定的期限内，一次作价，即无论协议内包销商品价格上涨、下落与否，以协议规定价格为准。另一种做法是在规定的包销期限内分批作价。由于国际商品市场的价格变化多端，因此采用分批作价较为普遍。

(9) 广告、宣传、市场报导和商标保护。包销协议的当事双方是买卖关系，因此委托人(出口人)不实际涉足包销地区的销售业务，但他十分关心开拓海外市场。为宣传其产品所用的商标，委托人常要求包销商负责为他的商品刊登一定的广告。例如，有些包销协议规定：买方负责和出资在其包销地区为卖方的机器设备举办展览，招揽订单，在当地报刊上登载广告。有些协议规定：包销商应访问有希望达成交易的客户或卖方要求包销尽量提供市场报导等。

(二) 包销方式的优缺点

1. 优点

(1) 包销商享有包销商品的独家经营权，可增强其经营信心，充分调动其推销积极性。遇有同类产品竞争时，包销商为了切身利益，就会采取措施，设法巩固和发展已有的市场占有率，从而有利于出口商利用包销商的销售渠道，稳定地扩大销售。

(2) 避免了出口商在同一地区内因多头出口销售而可能产生的降价竞争，有利于稳定出口商品价格。

(3) 由于包销商有提供市场信息的义务，有利于出口商随时了解消费者的反应，从而不断完善产品的质量、性能，生产出适销对路的产品。此外，还可通过包销商或要求包销商向消费者提供售前服务、售后服务，以提高消费者购买我国外贸企业出口商品的信心。

(4) 有利于出口商有计划地安排生产、组织货源和办理出运工作，做到按市场需求均衡供货。

2. 缺点

如果出口人不适当地运用包销方式，可能使出口商的经营活动受到不利的影响或者出现包而不销的情况。此外，包销商还可能利用其垄断地位，操纵价格和控制市场。

(三) 采用包销方式应注意的问题

1. 慎重选择包销商

在选择包销商时，为了确定包销商是否可靠，可先采用“独家发盘”方式，即某项商品在一定地区，只向一家客户发盘。

2. 适当规定包销商品的范围、地区及时间

通常情况下，包销商品的范围不宜太大，包销地区范围不宜太广，对包销时间的规定，应视客户情况而定，不宜过长，也不宜过短。

3. 在协议中应规定中止或索赔条款

【例 6.1】 电脑包销案例

2010 年 4 月 13 日，北京国家会议中心格外热闹，英特尔信息技术峰会（IDF）现场宾客云

集，共同见证了业界三大巨头的联手——以“精诚合作，共赢 2010”为主题的国美海尔新酷睿电脑全国主推月活动的正式启动。国美、英特尔、海尔携手发布了国美包销 10 万台海尔新酷睿电脑的计划。

三、寄售

（一）寄售的概念和性质

1. 寄售的概念

寄售（consignment）是一种委托代售的贸易方式，它是指寄售人（consignor）先将货物运往国外寄售地，委托当地代销人（consignee）按照寄售协议规定的条件，替寄售人进行销售，在货物出售后，由代销人向寄售人结算货款的一种贸易做法。

2. 寄售的性质

寄售协议属于信托合同性质。

（二）寄售方式的特点及利弊

1. 寄售业务的特点

(1) 寄售人与代销人之间是委托与受托的关系。代销人只为寄售人提供服务并收取佣金，其责任只限于在货物抵达后照管货物，尽力推销，并依照寄售人的指示处置货物，不承担寄售货物的任何风险与费用。

(2) 寄售是先发货后成交，是一种凭实物进行的现货买卖。

(3) 风险及费用的划分不同于正常出口。在寄售方式下，只有当货物在寄售地出卖时，风险才由寄售人转移给买方。风险转移之前的各种费用一般都由寄售人负担。

2. 寄售方式的优点

寄售方式对于寄售人、代销人和买方都有明显的优点。

(1) 对寄售人来说，寄售有利于开拓市场和扩大销路。

(2) 代销人在寄售方式中不需垫付资金，也不承担风险，有利于调动客户的积极性。

(3) 寄售是凭实物进行的现货买卖，大大节省了交易时间，减少了风险和费用，为买主提供了便利。

3. 寄售方式的缺点

(1) 不利于资金周转，收汇不是很安全。寄售方式下，货物售出前的一切费用均由委托人负担，而货款要等货物售出后才能收回，不利于资金周转。一旦代销人违反协议，也会给寄售人带来意料不到的损失等。

(2) 要承担较大的风险。寄售人要承担货物出售之前的一切风险，包括运输途中和到达目的地后的货物损失和灭失的风险、货价下跌和不能售出的风险，以及代销人资信不佳而导致的损失等。

（三）寄售协议的主要内容

1. 协议双方的关系条款

协议双方的关系条款具体阐明了代销人是以代理人的身份办理寄售业务。

2. 关于寄售商品的价格条款

关于寄售商品的价格条款主要规定寄售商品的作价办法，通常有以下3种。

(1) 规定最低售价。

(2) 随行就市。

(3) 销售前征得寄售人意见。

3. 佣金条款

寄售协议中有关支付佣金的问题与代理协议规定相似。

4. 协议双方当事人的义务条款

(1) 代销人的义务主要包括：

① 提供储存寄售商品的仓库，雇佣工作人员，取得进口商品的许可证。

②努力保证货物在仓库存放期间，品质和数量完好无损。

③代垫寄售商品在经营、仓储期内所产生的有关费用。

④代垫费用，对寄售商品办理保险。

⑤制作宣传广告、展示商品或提供售后服务。

⑥及时向委托人进行市场报导。

(2) 委托人的义务主要包括：

①按质、按量、按期提供寄售商品。

②偿付代销人在寄售过程中所代垫的费用。

（四）采用寄售方式应注意的事项

寄售方式下，出口人要承担较大的风险与费用，因此，在采用寄售方式时必须注意以下几个问题。

1. 选好寄售地点

通常应选择商品输出与外汇转移较方便和赋税、费用较低的地区作为寄售地点。

2. 审慎选择代销商

应选择资信良好、经营推销能力较强的客户作为代销商。

3. 恰当选择寄售商品

通常应以寄售地有销路而又难凭样成交的商品或新小商品作为寄售商品。

4. 适当掌握寄售商品的数量

应按销售情况和市场容量的大小来确定寄售商品的多少。

5. 注意安全收汇

为保证安全收汇，应规定由代销商提供担保。

6. 订好寄售协议

在寄售协议中，应对价格、货款、佣金及费用负担等事项作出明确合理的规定。

【例 6.2】日本藤泽公司寄售零库存

日本藤泽公司则将寄售法发展成为“专柜库存”。将本公司的工具室分散管理的材料和零件统一集中到一个仓库中，并设立了 NSK 专卖店，使其成为材料供应中心，从而获得如下优势。

(1) 将供应厂商的 6 000 多种材料和零件预先寄存在本公司内的专卖店中，用多少物品就付多少货款。

(2) 因为所有的工具室都取消了，生产的操作空间大大扩增，提高了库存资金的利用率和固定资产的投资回报率。

(3) 由于每月一次按量付款，库存记账、品质验收等日常事务性的许多繁杂工作都大大减少。

(4) 由于订立了 3 个月或 6 个月一次的意向采购协议，从而有效地简化了购买手续。

四、补偿贸易

(一) 补偿贸易的含义及发展

1. 补偿贸易的含义

补偿贸易 (compensation trade) 又称产品返销，指交易的一方在对方提供信用的基础上，进口设备技术，然后以该设备技术所生产的产品，分期抵付进口设备技术的价款及利息。

2. 补偿贸易的发展

早期的补偿贸易主要用于兴建大型工业企业。如当时前苏联从日本引进价值 8.6 亿美元的采矿设备，以 1 亿吨煤偿还；波兰从美国进口价值 4 亿美元的化工设备和技术，以相关工业产品返销抵偿。后期的补偿贸易趋向多样化，不但有大型成套设备，也有中小型项目。

20 世纪 80 年代，波兰向西方出口的电子和机械产品中，属于补偿贸易返销的占40%～50%。

我国在 20 世纪 80 年代，曾广泛采用补偿贸易方式引进国外先进技术设备，但规模不大，多为小型项目，近年来外商以设备技术作为直接投资进入我国，故补偿贸易更趋减少。但是，随着我国经济的发展，补偿贸易在利用外资、促进销售方面的优越性不容忽视。

(二) 补偿贸易的作用

1. 补偿贸易对设备技术进口方的作用

(1) 企业通过补偿贸易引进设备技术，可解决其缺少资金进行设备更新和技术改造的难题，从而使产品得以升级换代，增强市场竞争能力 (包括国际市场和国内市场)。

(2) 设备技术进口方将产品返销，在抵偿设备技术价款的同时，也利用了设备出口方在国外的销售渠道，使产品进入国外市场，以进口设备技术来带动产品的出口，称之为“以进带出”的方法，是当代中小型补偿贸易的一大特点。

以补偿贸易方式引进的设备技术，往往并不十分先进，甚至是二手设备。但如果产品能够运销且市场前景良好，设备价格合理，则对发展中国家增加产品出口和国内就业机会，提高地区经济发展水平仍是有利的。

2. 补偿贸易对技术出口方的作用

(1) 出口方在提供信贷的基础上，扩大设备和技术的出口。

(2) 出口方出于转移产业的需要，通过补偿贸易方式将产业转移至发展中国家，既获得了转让设备和技术的价款，又从返销商品的销售中获取利润，可谓是一举两得。

(三) 采用补偿贸易方式应注意的问题

设备技术的先进性是补偿贸易双方的主要矛盾。为了加强对先进技术和设备的控制，发达国家的有关企业在产业转移中，面对市场的激烈竞争采取了不同的方式。常见的是直接投资，只是利用东道国的土地、劳动力以及原料、动力资源，而把生产技术和设备的所有权、使用权全部控制在自己手中，但由于补偿贸易对设备技术出口方有着双重利润的吸引力，使得进口方也有了争取引进先进设备技术的机会。

1. 引进设备技术的先进性、适用性及其保障措施

对引进的设备技术，必须就其质量保证和技术合作方式作出明确规定，技术上至少应该是领先于国内水平，并在国际上也较为先进的，并且设备供应方应对涉及工业产权的问题作出保证。

2. 选择合适的客户对象和合适的补偿产品

补偿贸易应当选择信用好、融资能力强、有稳定的销售渠道的客户对象。补偿产品应兼顾双方利益，畅销产品和滞销产品搭配，防止补偿产品冲击本国同类产品的正常出口。

3. 偿还期限和结算方式

偿还期限和返销商品的数量和价格直接相关。必须对返销商品的作价原则、定价标准和方法作出规定，并应通过约定返销商品的数量或金额，安排偿还期限。补偿贸易虽然是以产品抵偿设备，但并非直接的易货贸易，双方仍要通过货币进行计价支付。设备进口方必须掌握先收后付的原则，选择适当的结算方式。通常采用的方式有：对开信用证、托收、汇付（结合银行保函）等。

采用补偿贸易方式，引进先进的技术设备，同时“以进带出”。利用设备供方的销售能力，进入国外市场，是利用外资的一种有效途径。当前国际经济合作发展迅速，产业转移的范围已突破了劳动密集型产业，而延伸至技术密集型和资本密集型产业。我国企业如能抓住这一契机，充分利用自身的优势，使得补偿贸易方式在利益分配、市场控制和自主经营上的独特优势为我所用。

五、易货贸易

(一) 易货贸易的含义及特点

1. 易货贸易的含义

易货贸易是指在换货的基础上，把等值的出口货物和进口货物直接结合起来的贸易方式。

传统的易货贸易，一般是买卖双方各以等值的货物进行交换，不涉及货币的支付，也没有第三者介入，易货双方签订一份包括相互交换抵偿货物的合同，把有关事项加以确定。在国际贸易中，使用较多的是通过对开信用证的方式进行易货，即由交易双方先订易货合同，规定各自的出口商品均按约定价格以信用证方式付款。先开立的信用证以收到、认可对方开出的等值或接近等值的信用证为生效条件。另外，国家间签订的换货清算协定实际上也是扩大了的易贷方式。根据协定规定，任何一方的进口或出口，由双方政府的指定银行将货值记账，在一定时期内互相抵冲结算，其差额有的规定结转下一年度，有的规定以现汇支付超过约定摆动额部分的差额。

2. 易货贸易的特点

易贷贸易是一次性的交易行为，只有进口人与出口人两个当事人，不涉及其他的第三者；双方只签订一个进出口合同，包括双方交易的货物；双方交换的货物均须明确地载明在合同上。

3. 易货贸易的形式

易货在国际贸易实践中主要表现为下列两种形式。

(1) 直接易货又称为一般易货。从严格的法律意义上来讲，易货就是指以货换货。这种直接易货形式，往往要求进口和出口同时成交，一笔交易一般只签订一个包括双方交付相互抵偿货物的合同，而且不涉及第三方。它是最普遍也是目前应用最广泛的易货形式。对于需要通过运输运送货物的交易方来说，由于这种易货形式一般要求进出口同时进行，因此，应用中存在困难。于是在实际业务中，就产生了一些变通的做法，最常见的即为通过对开信用证的方式进行易货贸易。在采用对开信用证进行易货时，交易双方先签订换货合同，双方商定彼此承诺在一定时间购买对方一定数量的货物，各自出口的商品按约定的货币计价，总金额一致或基本一致，货款通过开立对开信用证的方式进行结算，即双方都以对方为受益人，开立金额相等或基本相等的信用证。由于交货时间的差异，双方开立信用证的时间也就有先有后，先进口开证的一方为了使对方也履行开证义务，一般都在信用证内规定该证以对方按规定开出信用证为生效条件，或规定该证的金额只能用来作为对方开立回头证之用，以此控制对方。

(2) 综合易货多用于两国之间根据记账或支付（清算）协定而进行的交易。由两国政府根据签订的支付协定，在双方银行互设账户，双方政府各自提出在一定时期（通常为一年）提供给对方的商品种类、进出口金额基本相等，经双方协商同意后签订易货协定书，然后根据协定书的有关规定，由各自的对外贸易专业公司签订具体的进出口合同，分别交货。商品出口后，由双方银行凭装运单证进行结汇并在对方国家在本行开立的账户进行记账，然后由银行按约定的期限结算。应注意的是，一定时期终了时，双方账户如果出现余额，只要不超过约定的幅度，即通常所说的“摆动额”，原则上顺差方不得要求对方用自己外汇支付，而只能以货物抵冲，即通过调整交货速度，或由逆差方增交货物予以平衡。

【例 6.3】埃及大力推行易货贸易

自 2002 年下半年以来，埃及政府在对外贸易活动中一直寻求与其贸易伙伴开展易货贸易，很多埃及企业也希望通过易货方式进行贸易和项目合作。如上半年埃及政府提出，希望与俄罗斯、乌克兰、澳大利亚等国以易货贸易方式进口小麦，埃及则以柑橘、磷酸盐、冶金制品等作为易货物品；棉花进出口商协会、埃广播电视联盟均表示，希望通过易货贸易方式（或以埃镑结算）进行贸易和项目合作。2002 年 6 月，埃及易货俱乐部（Bartercard Egypt）在开罗正式创立，并作为会员加入总部位于澳大利亚的国际易货俱乐部（Bartercard International）（1992 年成立，专为中小企业服务）。

【例 6.4】苍南人“易货贸易”做成亿元生意

运出去的是苍南编织袋，换回来的则是东北绿色大米。温州中亚饲料发展公司总经理林孝辅告诉记者，2009 年他用 1.8 亿条编织袋换回了 5 万吨东北大米，价值达上亿元。

萌生“易货贸易”的念头，是由于货款难讨。2001 年 5 月，一直都在东北向粮农推销编织袋的林孝辅心想，反正货款难讨，不如折抵成大米算了。于是，他尝试着运了 1 千多吨的大米回到苍南销售，结果仅 10 来天就被抢购一空。这样一来就一发不可收拾，用编织袋换大米，成了温州中亚饲料公司新的销售方式，即在家乡设立东北大米销售点，以自家生产的编织袋运到东北，折抵价格后换回优质的绿色大米。这一换不但编织袋销售不用愁，还赚了大米的差价，每年多换出了 10%的利润。

此后，该公司又在黑龙江建三江农垦区承包了 5 千亩（1 亩＝666.7 平方米）土地，作为绿色大米基地，并创办大米加工厂，注册了“绿尝青”品牌，年产销量达到 2 500 吨，大米也运回到温州和苍南两个经销点销售。

六、加工贸易

（一）加工贸易的含义及特点

1. 加工贸易的含义

加工贸易是一国通过各种不同的方式，进口原料、材料或零件，利用本国的生产能力和技术，加工成成品后再出口，从而获得以外汇体现的附加价值。这种跨越国界的生产加工和销售，成为加工贸易的显著特征。加工贸易与国际投资及国际贸易紧密相连，体现了商品和资本交换的国际化。

2. 加工贸易的特点

加工贸易的特点主要体现在与一般贸易的区别上。

(1) 从参与贸易的货物来看，一般贸易货物主要是来自本国的要素资源，符合本国的原产地规则；而加工贸易的货物主要来自国外的要素资源，不符合本国的原产地规则，而只是在其国内进行加工和装配。

(2) 从参与贸易的企业收益来源来看，从事一般贸易的企业获得的收益主要来自生产成本或收购成本与国际市场价格之间的差价；而从事加工贸易的企业实质上只收取了加工费。

(3) 从纳税方面看，一般贸易的进口要缴纳进口环节税，出口时在征收增值税后退还部分税款；加工贸易进口料件不征收进口环节税，而实行海关监管保税，出口时也不再征收增值税。

（二）加工贸易的形式

加工贸易是以加工为特征的再出口业务，其形式多种多样，常见的加工贸易有以下几种。

1. 进料加工

(1) 进料加工是指国内有进出口经营权的单位用外汇购买进口的原料、材料、辅料、元器件、零部件、配套件和包装物料（以下简述料件），加工或装配成成品或半成品后再外销出口的贸易形式。这种做法在我国又称为“以进养出”。

(2) 进料加工的业务特征如下。

①进料加工的料件多为本国不能生产或生产能力有限的品种，动用外汇购买进口的目的是加工或装配成适合外销的成品，再进行出口，并以此创汇。

②进料加工业务从料件采购、生产到产品销售均由加工方经营，盈亏自负；

③进料加工业务的料件是进口的，因而经营者拥有所有权。但实际处置仍受到进出口国家管制制度及海关通关制度的限制，原则上在未经批准并办理进口手续的情况下必须加工成成品返销出口。

(3) 进料加工的具体做法如下。

①先签进口原料的合同，加工出成品后再寻找市场和买主。这种做法的好处是进料时可选择适当时机，低价时购进，而且，一签订出口合同就可交货，交货期短。但采取这种做法时，要随时了解国外市场动向，以保证产品能适销对路，避免产品积压。

②先签订出口合同，再根据国外买方的订货要求从国外购进原料加工生产，这种做法包括来样进料加工。其优点是产品销路有保障，但要注意所需的原料来源必须落实，否则会影响成品质量或导致无法按时交货。

③对口合同方式，即与对方签订进口原料合同的同时签订出口成品的合同。两个合同相互独立，分别结算。这样做原料来源和成品销路均有保证，但适用面较窄，所以，有时原料提供者与成品购买者可以是不同的人。

2. 来料加工

(1) 来料加工是指外商提供全部或部分原材料、零部件、元器件、配套件，加工方企业按外商的要求加工出成品。

(2) 来料加工的业务特征如下。

①加工装配业务虽有料件进口和成品出口，但实质上是一笔交易，故必须同时签订进出口协议。交易对加工方来说，目的在于赚取加工费。同时通过加工装配实践，借以提高生产技术、产品质量和管理水平。

②因加工装配业务是代外商完成产品的产制，故我国外贸企业无须具备购买料件的外汇资金，也不负责料件的采购。

③加工方对料件及加工后的成品并无所有权。因此，如果管理不善使料件损毁，或在加工装配时超出规定损耗，加工方都将承担经济责任。

④加工方不需负责成品在境外的销售，只收取约定的加工费，与外商经营盈亏无关。

(3) 来料加工与进料加工的区别如下。

① 来料加工是国外厂商提供原材料，由加工方按其要求进行加工，成品全部交还对方，我国外贸企业按规定收取加工费；进料加工是加工方自营进口，生产出产品可能全部出口，也可能部分出口，还可能实行“进口替代”。

②来料加工的原材料进口与成品出口是连在一起的一笔业务，原材料的供应人往往是成品的接受人；而进料加工的进口原材料与出口成品无联系，是单进单出的两笔进出口业务。

③ 来料加工的双方，一般是委托加工关系，部分来料加工虽然包括加工方提供部分原材料，在一定程度上存在买卖关系，但一般加工方为了保证产品及时出口，都同对方签订承购全部产

品的协议；进料加工的出口，加工方与对方完全是买卖关系。

3. 协作生产

协作生产是指一方提供部分配件或主要部件，而由另一方利用本国生产的其他配件组装成一件产品出口。商标可由双方协商确定，既可用加工方的，也可用对方的。所供配件的价款可在货款中扣除。协作生产的产品一般规定由对方销售全部或一部分，也可规定由第三方销售。

（三）采用加工贸易应注意的问题

1. 注意国外商标的合法性

为了避免因第三者控告侵权造成被动，可以在加工装配协议中规定："乙方（委托方）提供的商标保证具有合法性，如果有第三者控告加工装配产品的商标侵权，概由乙方与第三者交涉，与甲方（我方）无关，同时应承担由此给甲方造成的损失。"

2. 来料来件加工装配要按有关法律办事

加工装配业务法律性较强，有关来料来件一定要按我国政策规定办理，并按有关法律办事。

3. 防止外商拒绝返销现象的出现

对国外厂商只来料、来件，不购买成品，或借故产品质量不合格等拒绝返销的现象，可以采取由国外厂商出具银行保证函，或者采取"先收后付"的方法来加以防范。

4. 加工装配收入，要在银行单独开立账户，单独结汇

单独结算加工装配收入，有利于考核企业经营活动成果。有关开立账户、支付方式、结汇办法和信贷管理等方面问题，应按国家有关规定办理。

5. 加工装配的成品一定要保证全部返销国外，除国家政策允许，否则不能在国内销售

6. 选择加工装配项目要适当

不能与我国正常向返销国家出口的货物品种相冲突，更不能以加工装配的产品顶替正常销售的配额。

七、租赁贸易

（一）租赁贸易的含义

租赁贸易是由租赁方（出租人）在一定时期内使用，并收取租金，但设备仍归出租人所有的贸易方式，又称租赁信贷。租赁贸易是信贷和贸易相结合的一种贸易方式，通常由租赁公司居间，与承租人签订租赁契约，又与设备所有人订立买卖合同，资金由租赁公司提供。它是承租人获得设备的一种独特的筹资方式。

租赁贸易的形式按租赁的目的划分有融资租赁和经营租赁；按交易程序划分有直接租赁、杠杆租赁和回租。

租赁对象主要是资本货物，包括机电设备、运输设备、建筑机械、医疗器械、飞机船舶，直至各种大型成套设备和设施等。

在租赁贸易中，除非承租人自身有足够好的信誉，经租赁公司评估后，在一定额度内实现

租赁，通常租赁公司要求承租人提供经济担保人（如银行、投资信托公司、保险公司等）出具的保函。

租赁贸易是在信贷基础上进行的。出租人向承租人提供所需设备，承租人则按租赁合同向出租人定期支付租金，设备的所有权属于出租人，承租人取得的是使用权。租赁期一般较长，是一种以融物的形式实现中长期资金融通的贸易方式。

（二）租赁贸易的种类

1. 融资租赁

融资租赁（financial lease）的标的物主要是租赁公司出资购买的用户选定的设备。租赁期较长，接近设备的使用期。租赁期内由用户自行维修保养，租赁期满，设备归用户所有，或者由用户支付残值后拥有设备。

设备在整个使用期内只租给一个用户，租赁公司按设备成本利息加上费用，分摊成租金向承租人收取，故而融资租赁又称为全支付租赁或一次性租赁。这是最基本的租赁形式。

2. 经营租赁

经营租赁（operating lease）的租赁期限较短，设备在使用的有效期内，不仅仅租给一个用户，每个用户所缴付的租金只相当于设备投资的一部分，故又称为不完全支付租赁。在租赁期内，由出租人提供设备维修保养服务，以期保持设备的良好状态供再次出租。对承租人来说，这种租赁方式和提供的服务，使他获得了始终保持正常运转的高新技术设备，但租金比较高。

经营租赁的标的物是通用设备。当承租人只需短期使用某种通用设备时，往往采用这种租赁方式。

经营租赁的出租人通常是生产制造商兼营的租赁公司或者专业租赁公司。

3. 转租租赁

我国在以租赁方式引进国外设备时，往往由我国的租赁公司作为承租人向国外租赁公司租用设备，然后再将该设备转租给国内用户。经营转租业务的租赁公司，一方面为用户企业提供了信用担保，即以自己的名义承担了支付租金的责任；另一方面又为用户承办涉外租赁合同进行洽谈和签订，并负责各项进口手续和费用。

我国租赁公司除办理转租赁外，也作为中介机构为国内用户企业介绍国外租赁公司，由用户企业与国外公司直接签约。我国租赁公司开立保函，为国内承租人定期支付租金作保。

4. 回租租赁

承租人向出租人租赁原来属于自己的设施。一般做法是先由承租人和出租人签订租赁协议，然后再签订买卖合同，由出租人购进标的物，将其租给承租人，即原物主。这种租赁方式主要用于不动产，由于承租人缺少资金而出售不动产以筹措所需资金。

回租租赁均为融资租赁，标的物的售价将分摊在各期租金中。故在回租租赁业务中，标的物的售价往往并不反映真正的市场价，而更多取决于承租人所需资金的数额，但不可能超过其真正的市场价。

（三）租赁贸易的作用

租赁贸易实质上是出租人向承租人提供信贷的一种交易方式。从利用外资、引进设备的角

度看，它与一般的中长期信贷和延期付款有相似之处，但对供需双方来说，有其特有的优越性。

1. 对承租人而言

企业利用中长期信贷或延期付款方式购入设备将记录在企业的资产负债表内，而租赁的设备不作为企业的负债记录，不影响企业的举债能力，即使企业能以自有资金购入设备。若改用租赁方式，则可增强流动资金的周转能力，改善企业的资产质量。承租人支付的租金可列入生产或经营成本，从而降低了企业应纳税收入的数额。承租人可按自身需要选择生产厂商和所需设备，确定技术指标，而租赁公司作为市场中的大买家，往往拥有优越的谈判地位，能以相对优惠的价格购进设备，从而降低承租人支付的租金。

以租赁方式引进设备，承租人只需和租赁公司达成协议，而落实资金和采购设备均由租赁公司负责，故而业务环节减少，设备到位所需时间较短。承租人可以分享租赁公司所享受的减免税优惠以及所具有的资金运作优势，从而降低租金支出。承租人所支付的租金，包括设备价款、利息和租赁手续费。租金在租赁期内一般固定不变，而中长期贷款的利率往往是浮动的，有上升的趋势。

国际市场是买方市场，承租人作为用户具有一定的优势，充分利用这一优势，在一定条件下，比起直接获得国外出口信贷更具现实性，也更为经济，比起外商直接投资，在收益分配和经营控制上更有利于设备引进方。

2. 对出租人而言

出租人购买设备进行租赁业务，作为设备所有人可享受投资减税待遇，以及折旧或按政策加速折旧的优惠。

若金融租赁公司作为出租人，租赁贸易就是一种金融业务，由此扩大了资金投放市场。由于拥有设备所有权和应收租金的承诺，贷款风险较小。专业租赁公司作为出租人，一般只需支付所购设备款项的 20%～40%，其余部分则以设备所有权和租金受让权作为抵押，由银行等金融机构提供贷款，但出租人仍享有全部减税利益。

一些大型制造公司往往附设租赁公司，通过以租代销扩大出口业务。特别对于一些售价高、相对陈旧老化的设备，租赁是一种行之有效的促销方式。

（四）租金和租期

构成租金的主要项目包括租赁标的物的购置成本、租赁期间的利息和费用、经营开支、税收和利润。其中利息是最关键的一个项目。它和租期有关，租期愈长，相应的利率就愈高，也和租赁公司的资金来源以及所享受的减免税收有关。

融资租赁是一次性租赁，故租期最长，可与设备使用的有效期一致，但如果承租人有足够的支付能力，在不造成企业负担过重的情况下，缩短租期，有利于减少利息负担。

（五）国际租赁贸易的一般做法

下面以融资租赁为例说明国际租赁贸易的一般做法。

（1）委托租赁。用户企业将已选定的租赁物品向租赁公司提示，并填写租赁委托书。租赁委托书中应包括企业资产负债状况及经营指标。如有必要，应表明可以提供的担保。

（2）洽购标的物。由用户企业或租赁公司或双方联合，与租赁标的物的制造厂或供应商磋

商购买标的物的贸易条件。

(3) 签订租赁合同。当购买标的物的贸易条件已商定，租赁公司即出具租赁费估价单，然后双方就租期、租金、租赁标的物的交接验收、维修保养以及保险等条件达成一致，并签署租赁合同。

(4) 签订购货合同。租赁公司与制造商就事先谈妥的贸易条件，正式签订购货合同。

(5) 交货验收。制造商按合同规定直接向用户企业交货。我国企业以租赁方式引进设备，其手续等同于一般进口贸易。用户企业验收合格，以承租人身份向租赁公司出具验收收据。

(6) 支付租金和履行合同义务。承租人应按合同规定定期支付租金，并履行合同中规定的其他义务。租赁公司亦应按合同规定承担保险和维修责任。在融资租赁中，一般由用户自行维修。

(7) 期满留购。融资租赁期满后，通常标的物所有权即归承租人所有。租赁合同也可规定由用户支付一定数额的设备残值后，才拥有所有权。

(六) 国际租赁贸易的局限性

(1) 租金高昂，即比用现汇或外汇贷款购买的代价高，从而提高了产品的生产成本。通常情况下，高出的幅度约12%～17%。

(2) 在租赁期间，承租人只有使用权，设备的所有权仍属于出租者。因此，承租人不能将租赁物进行技术改造、抵押或者出售。

(3) 租赁设备在租用期满后的残值，仍属于出租人所有。如果采用经营租赁方式，而承租人在确定设备使用期间内的租金时，没有经过仔细的调查研究，没有核算租用设备的使用寿命及其利用率，将会造成一笔很大的损失。

(4) 长期按规定支付租金，而设备利用不充分，生产成本就会增加。

单元二　有固定组织形式的贸易方式

有固定组织形式的贸易方式是按照一定的规章和交易条件，在特定地点进行交易的贸易方式，主要有商品交易所、国际拍卖、招标与投标、国际博览会等。在国际贸易中，对某些商品特别是大宗商品的买卖，通常采用有固定组织形式的贸易方式。

一、商品交易所

(一) 商品交易所的含义

商品交易所 (commodity exchange) 也称商品期货交易市场，是一种有组织的商品市场，是大宗商品进行现货及期货买卖的交易场所。商品交易所的交易通常只能通过特定的人员在规定的时间和地点进行交易。特定人员主要指交易所的会员，只有会员才能进入交易所大厅进行买卖，会员要缴纳会费，交易时不再缴纳其他费用。交易达成后，买卖双方要各按交易额的5%～10%缴纳约押金，待交割期完成，交易所会如数退回押金。

我国的商品期货交易所包括上海期货交易所、大连商品交易所和郑州商品交易所。

全球范围内比较著名的从事商品期货交易的交易所有：芝加哥商品交易所、芝加哥商业交易所、纽约期货交易所、纽约商品期货交易所和伦敦金属交易所等。

（二）商品交易所的交易方式

商品交易所的交易分现货交易和期货交易两种。

1. 现货交易

现货交易又称实务交易，成交之后以实际商品即期交割，与一般正常贸易的做法差别不大，交易的目的是买卖实物。根据商品实际交付日期的不同，现货交易又分为即期现货交易和远期现货交易。但现货交易不是交易所的主要业务，所占比重不大。

2. 期货交易

期货交易（futures transaction）是众多的买主和卖主在商品交易所内按照一定的规则，用喊叫并借助手势进行讨价还价，通过激烈竞争达成交易的一种贸易方式。

期货交易不同于商品中的现货交易。众所周知，在现货交易的情况下，买卖双方可以以任何方式，在任何地点和时间达成实物交易。卖方必须交付实际货物，买方必须支付货款。而期货交易则是在一定时间，在特定期货市场上，即在商品交易所内，按照交易所预先制订的“标准期货合同”进行的期货买卖。成交后买卖双方并不移交商品的所有权。

（1）期货交易的特点如下。

①以标准合同作为交易的客体。代所谓标准合同就是合同的内容和条款统一化了的合同格式。在这种合同中，价格和交货期需由买卖双方协商确定，另外其他条款（包括品质、数量、交货地点、检验方法、支付方式和时间以及解决纠纷的办法等）都是统一拟订的。

②双向交易。期货市场中可以先买后卖，也可以先卖后买，投资方式灵活。

③不必担心履约问题。所有期货交易都通过期货交易所进行结算，且交易所成为任何一个买者或卖者的交易对方，为每笔交易作担保，所以交易者不必担心交易的履约问题。

④市场透明。交易信息完全公开，且交易采取公开竞价方式进行，使交易者可在平等的条件下公开竞争。

⑤组织严密，效率高。期货交易是一种规范化的交易，有固定的交易程序和规则，一环扣一环，环环高效运作，一笔交易通常在几秒钟内即可完成。

（2）期货交易的种类，具体如下。

期货交易，根据交易者的目的，有两种不同性质的种类：一种是利用期货合同作为赌博的筹码，买进卖出，从价格涨落的差额中追逐利润的纯投机活动；一种是真正从事实物交易的人做套期保值。前一种在商业习惯上称为买空卖空，它是投机者根据自己对市场前景的判断而进行的赌博性投机活动。所谓买空，又称多头，是指投机者估计价格要涨，买进期货；一旦期货涨价，再卖出期货，从中赚取差价。后一种在商业习惯上称“套期保值”，又称为海琴。

(3) 期货交易过程可以概括为开仓、持仓、平仓或实物交割。

开仓是指交易者新买入或新卖出一定数量的期货合约，例如，交易者可卖出10手大豆期货合约，如果这一笔交易是交易者的第一次买卖时，就被称为开仓交易。在期货市场上，买入或卖出一份期货合约相当于签署了一份远期交割合同。开仓之后尚没有平仓的合约，叫未平仓合约或者平仓头寸，也叫持仓。开仓时，买入期货合约后所持有的头寸叫多头头寸，简称多头；卖出期货合约后所持有的头寸叫空头头寸，简称空头。

如果交易者将这份期货合约保留到最后交易日结束，他就必须通过实物交割来了结这笔期货交易，然而，进行实物交割的是少数，大约99%的市场参与者都在最后交易日结束之前择机将买入的期货合约卖出，或将卖出的期货合约买回，即通过笔数相等、方向相反的期货交易来对冲原有的期货合约，以此了结期货交易，解除到期进行实物交割的义务。举例而言，如果交易者卖出大豆2010年5月合约10手，那么，交易者就应在2010年5月到期前，买进10手同一个合约来对冲平仓，这样，一开一平，一个交易过程就结束了。这就像财务做账一样，同一笔资金进出一次账就做平了。这种买回已卖出合约，或卖出已买入合约的行为就叫平仓。交易者开仓之后可以选择两种方式了结期货合约：要么择机平仓，要么保留至最后交易日并进行实物交割。

期货交易者在买卖期货合约时，可能赢利，也可能发生亏损。那么，从交易者自己的角度看，什么样的交易是赢利的？什么样的交易是亏损的？请看一个例子，比如，交易者选择了1手大豆合约的买卖。交易者以2 188元/吨的价格卖出第二年5月份交割的1手大豆合约。这时，交易者所处的交易部位就是被称为空头的部位，现在可以说交易者是一位卖空者或者说交易者卖空1手大豆合约。

当交易者成为空头时，交易者有两种选择。一种是一直到合约的期满都保持空头部位，交割时，交易者在现货市场买入10吨大豆并提交给合约的买方。如果交易者能以低于2 188元/吨的价格买入大豆，那么交割后交易者就能赢利；反之，交易者以高于2 188元/吨的价格买入就会亏本。比如交易者付出2 238元/吨购买用于交割的大豆，那么，交易者将损失500元（不计交易、交割手续费）。

交易者作为空头的另一种选择是，当大豆期货的价格对自己有利时，进行对冲平仓。也就是说，如果交易者是卖方（空头），就能买入同样一种合约成为买方而平仓。交易者从现货市场买入大豆抵补空头地位并将它提交给合约的买方，其实质是一样的。如果交易者既是空头又是多头，两者相互抵消，交易者便可撤离期货市场了。如果交易者以2 188元/吨做空头，然后，又以2 058元/吨做多头，把原来持有的卖出合约买回来，那么交易者可赚1 300元（不计交易手续费）。

二、国际拍卖

（一）拍卖的含义及特点

1. 拍卖的含义

拍卖（auction）是由专营拍卖行接受货主的委托，在一定的地点和时间，按照规定的章程和规则，以公开叫价竞购的方法，最后拍卖人把货物给出价最高的买主的一种现货交易方式。

通过拍卖进行交易的商品大都是品质易标准化的，或是难以久存的，或是习惯上采用拍卖方式进行的商品，如茶叶、烟叶、兔毛、皮毛、木材等。某些商品，如水貂皮、澳洲羊毛，大部分的交易是通过国际拍卖方式进行的。

拍卖一般是由从事拍卖业务的专门组织，在一定的拍卖中心市场、在一定的时间内按照当地特有法律和规章程序进行的。

2. 国际货物拍卖业务的特点

(1) 拍卖是一种公开竞买的现货交易，拍卖采用事先看货，当场叫价，落槌成交的做法。拍卖开始前，买方可以查看货物，做到心中有数，拍卖开始后，买方当场出价，公开竞买，由拍卖主持人代表货主选择交易对象，成交后，买主即可付款提货。

(2) 拍卖是在一定的机构内有组织地进行的，拍卖一般都是在拍卖中心拍卖行的统一组织下进行的，也可由货主临时组织拍卖会进行拍卖。

(3) 拍卖具有自己独特的法律和规章，拍卖不同于一般的进出口交易，这不仅体现在交易磋商的程序和方式上，也表现在合同的成立和履行等问题上，许多国家的买卖法中对拍卖业务有专门的特殊规定，此外，各拍卖行还订有自己的章程和规则，供拍卖时采用。

（二）拍卖的形式

1. 增价拍卖

增价拍卖也称买方叫价拍卖。这是最常用的一种拍卖方式。拍卖时，由拍卖人（auctioneer）提出一批货物，宣布预定的最低价格，估价后由竞买者（bidder）相继叫价，竞相加价，有时规定每次加价的金额额度，直到拍卖人认为无人再出更高的价。

2. 减价拍卖

减价拍卖又称荷兰式拍卖（dutch auction），是由拍卖人先宣布最高价，无人接受就逐渐降低叫价，直到有竞买者认为已降到可以接受的价格，并以规定的方式表示接受时为止。

3. 密封递价拍卖

密封递价（sealed bids，closes bids）拍卖又称招标式拍卖。采用这种方法时，先由拍卖人公布每批商品的具体情况和拍卖条件等，然后由各竞买方在规定时间内将自己的出价密封递交拍卖人，以供拍卖人进行审查比较，决定将该货物卖给哪一个竞买者。这种方法不是公开竞买，拍卖人有时要考虑除价格以外的其他因素。有些国家的政府或海关在处理库存物资或没收货物时往往采用这种拍卖方法。

（三）拍卖的一般程序

拍卖业务的一般程序可分为三个阶段。

1. 准备阶段

货主把货物运到拍卖地点，委托拍卖行进行挑选和分批，再由拍卖行编印目录并招揽买主。

参加拍卖的买主可以在规定的时间内到仓库查看货物，了解商品品质，拟定自己的出价标准，做好拍卖前的准备工作。

拍卖行一般还提供各种书面资料，进行宣传以扩大影响。

2. 正式拍卖

正式拍卖是在规定的时间和地点，按照拍卖目录规定的次序逐笔喊价成交。

拍卖过程中，买主每一次叫价，都相当于一项发盘，当另一竞买者报出更高价格时，该发盘即行失效。拍卖主持人以击槌的方式代表卖主表示接受后，交易即告达成。

3. 成交与交货

拍卖成交后，买主即在成交确认书上签字，拍卖行分别向委托人和买主收取一定比例的佣金，佣金一般不超过成交价的5%。买主通常以现汇支付货款，并在规定的期限内按仓库交货条件到指定仓库提货。

由于拍卖前买主可事先看货，所以，事后的索赔现象较少。但如果货物确有瑕疵，或拍卖人、委托人不能保证其真伪，必须事先声明，否则，拍卖人要负担保责任。

（四）拍卖的注意事项

1. 拍卖过程中的公平竞争问题

卖主可以根据自己的销售意图决定是否采取保留价格的做法；拍卖主持人要有足够的业务知识，有义务遵照他与货主之间达成的协议，谨慎行事；竞买者不得私下串通，压低价格等。

2. 拍卖后的索赔和仲裁问题

由于拍卖前允许买主查验货物，使买主对所要购买货物的实际品质心中有数，按质论价，一般拍卖后很少发生索赔现象。但是如果凭借一般的查验手段，不能发现货物的质量问题，允许买方提出索赔。

在拍卖进行过程中，如果发生争议，一般由拍卖主持人决定，但如果当事人一方不同意主持人的意见，可到场外进行协商，协商不成的，可将争议提交仲裁。

【例 6.6】兽首兔首拍卖案

2009 年 2 月 25 日，厦门藏家蔡铭超先生在法国巴黎佳士得拍卖会上以 2 800 万欧元竞得圆明园鼠首和兔首，但是在事后表示不会为已经拍得的鼠首、兔首付款。对于这一行为，支持者誉蔡铭超“将军”佳士得是壮举，是赤子爱国之心，其行为是“国际交锋的行为艺术”。反对者斥其为“让中国人失信”，认为蔡铭超的“玩笑”破坏了游戏规则，用“流拍”的方式抵制或者破坏拍卖的事例并不罕见，只是不能以丧失国人信誉的代价来抗争。

【例 6.7】石家庄三鹿集团拍卖案

2009 年 3 月 4 日上午，因销售含“三聚氰胺”奶粉而导致破产的石家庄三鹿集团股份有限公司破产拍卖会在河北省石家庄市中级人民法院审判庭举行。北京三元集团有限责任公司与河北三元食品有限公司组成的联合竞拍体以 6.165 亿元人民币的价格竞拍成功。以此为开端，历时 3 个月共 7 场拍卖会总成交 8.7 亿元。

石家庄三鹿集团股份有限公司破产拍卖会只是个缩影，拍卖行业将一如既往地做社会公平与正义背后的坚定维护者。

三、招标与投标

（一）招标与投标的含义及特点

1. 招标与投标的含义

招标和投标是一种贸易方式的两个方面，本书所涉及的招标和投标专指商品的买卖，适用于政府机关或一些大型企事业单位采购大宗物资的情况，与国际工程承包所采用的招标和投标有所区别。

（1）招标。招标（invitation to tender）是指招标人（购货人）发出招标通知，说明拟采购的商品名称、规格、数量及其他条件，邀请投标人（供货人）在规定的时间、地点按照一定的程序进行投标供货，并与条件最优越的投标人达成交易的行为。

（2）投标。投标（submission of tender）是指投标人（供货人）应招标人的邀请，按照招标的要求和条件，在规定的时间内向招标人递价，争取中标，达成交易的行为。

2. 招标与投标方式的特点

招标、投标与一般进出口贸易的做法有所不同，主要由以下几个特点。

（1）不经过磋商。招标与投标不经过磋商，只按照招标人发出的招标通告所规定的招标条件由多家卖主投标，最后由招标人从中选择对其最有利的条件成交。而一般进出口贸易是买卖双方通过函电或谈判进行磋商，达成交易，签订合同。

（2）没有讨价还价的余地。招标与投标是由招标人邀请递价，投标人应邀递价，中标与否、是否有竞争性、能否被招标人接受，取决于投标人所报出的条件，一般没有讨价还价的余地。而一般进出口贸易通常多由卖方主动报价，买卖双方经多次讨价还价，最后按双方同意的价格成交。

（3）招标投标方式竞争激烈。招标与投标是一家竞买、多家竞卖的贸易方式，一般在规定的时间和地点公开进行。由于国内外多家卖主同时参加投标，投标人之间的竞争十分激烈，往往都报出尽可能优惠的条件，以争取中标，故招标人可以争取到比较有利的条件，而一般进出口贸易不具有这样的特点。

（二）国际上采用的几种招标方式

国际招标是指招标人邀请国内外企业，根据招标条件提出报价，参加投标竞争，招标人从中择优选定中标人，以达成交易，签订合同。

目前，国际上采用的招标方式主要有以下几类。

1. 国际竞争性招标

国际竞争性招标（ICB，international competitive bidding）是指招标人邀请几个乃至几十个国内外企业参加投标竞争，从中选择对其最有利的投标人达成交易。国际竞争性招标有两种做法。

（1）公开招标（open bidding）是一种无限竞争性招标（unlimited competitive bidding）。采

用这种做法时，招标人要在国内外主要报刊上刊登招标广告，凡对该项招标内容有兴趣的人有均等机会购买招标资料进行投标。

(2) 选择性招标（selected bidding）又称邀请招标，它是有限竞争性招标（limited competitive bidding）。采用这种做法时，招标人不在报刊上刊登广告，而是根据自己具体的业务关系和情报资料由招标人对客商进行邀请，资格预审后，再由他们进行投标。

2. 谈判招标

谈判招标（negotiated bidding）又称议标，它是非公开的，是一种非竞争性的招标。这种招标由招标人物色几家客商直接进行合同谈判，谈判成功，交易达成。

3. 两段招标

两段招标（two-stage bidding）指无限竞争招标和有限竞争招标的综合方式，采用此类方式时，则是先公开招标，再用选择性招标分两段进行。

（三）招标、投标业务的基本程序

招标、投标业务的基本程序包括招标前的准备工作、投标、开标、评标、决标及中标签约等几个环节。

1. 招标前的准备工作

(1) 编制招标文件。招标文件是采购物资和设备或招标承建工程项目的法律文件，是投标人准备投标文件和投标的依据，也是评标的依据，用于评标的标准必须是招标文件中规定的标准，招标文件还是签订合同时遵循的文件，招标文件的大部分内容通常都要列入合同的文本中。

(2) 发布招标公告。发布招标公告可以分两步走。首先，刊登一般采购公告。内容应包括：国际竞争性招标方式采购的货物或工程的标的及用途、发行资格预审文件或招标的时间、招标单位等。其次，刊登招标通告。内容应包括：招标或预审单位，通告目的（资格预审），资金来源，交货或施工时间，货源国要求，发行招标或预审文件的单位的名称及地址、文件的售价，接受资格申请文件或投标文件的日期、时间、地点、投标担保金额和开标日期、地点等。

(3) 资格预审。资格预审的内容涉及面广，通常可归纳为以下 5 个方面：投标人概况、经验与信誉、财务能力、人员能力、施工设备。

2. 投标

(1) 研究招标书。投标人在接到招标通告以后，应搜集和了解招标人及其所在地的有关情况，研究招标书中提出的贸易项目或商品，是否投标适合本公司经营。同时，投标人还应就商品的报价，做好充分的准备。因为投标实际上是一项有效期较长的发盘，在决定中标人前不得撤销投标，所以在决定价格时要考虑到物价上涨、币值变动及各种费用变化的因素。

(2) 编制投标书。投标人研究了招标书并决定参加投标后，应按照招标书的规定和要求，认真编制和填报投标书。编制投标书是投标过程中一项十分严肃的工作，随意填写标书，往往会造成不良后果，会给自身的信用带来影响，并造成经济损失。

(3) 提供银行保函或缴纳投标保证金。为了防止投标人投标后撤标或中标后不签订合同，招标人往往要求投标人投标时提供银行出具的保函或提供一定比例或金额的投标保证金（或称投标押金）。如果投标人中途撤标或中标后拒不签订合同，投标人支付的保证金由招标人没收。

没有中标的投标人的保证金在开标、中标后应全额退还。

(4) 递送投标书。投标文件编制完毕，经审核校对无误，应用密封件挂号寄给招标人，邮寄时间要充分保证能在投标截止前寄达。为了保密或能按时送达，投标人一般采用专人送标书的办法。这样，送标书的人还可以直接参加开标活动，并借机了解和搜集其他投标人的情况。

3. 开标、评标

(1) 开标。开标有两种形式：一种是公开开标，指在投标人代表参加的情况下，在招标通告规定的时间、地点开标，当众宣读投标人名称、投标价格；另一种是不公开开标，指由招标人自行选定中标人，投标人不得派代表参加开标。

(2) 评标。开标后，招标人对各个投标书中提出的条件进行评审、比较，选择最有利者为中标人的过程称为评标。

①审查投标文件。

②评标的方法有三种：打分法、投票表决法和集体评议法。

③投标人的资格复审。

如果招标人认为在所有投标人中不能选定中标人，可以宣布招标失败，拒绝所有投标，并重新招标。

凡是出现下列情况之一者，招标人即可拒绝全部投标：所有标价与国际市场的平均水平相差太大；所有投标内容与投标文件不符；参加投标的厂商太少，缺乏竞争性。

4. 中标签约

投标人中标后，就成为被招标人选中的交易对象，中标人就必须依约与招标人签订合同。由于合同的标的不同，所采用的合同形式各有不同。

(四) 使用招标、投标方式应注意的问题

(1) 认真审阅招标文件，避免遗漏。按照国际投标的一般做法，投标文件是中标签订合同的一部分。由于对招标单的内容不完全清楚，很难中标，即使中标也会给未来履约带来麻烦，或可能造成经济损失。

(2) 在招标通告中规定须通过代理人进行投标时，必须事先在招标人所在国家选定代理人，并与其签订代理协议，订明我国外贸企业投标的具体条件、代理报酬和不中标时应支付的手续费。

(3) 投标前，要了解招标国家对招标的规定和习惯做法，同时，还要落实货源。通过投标方式成交的货物，往往数量比较大，交货时间比较集中，如不能按时履约，将会造成不良影响，并须承担招标人因此而造成的经济损失。

四、国际博览会

世界博览会又称世界集市，是指在一定地点举办的由一国或多国联合组办、邀请各国商人参加交易的贸易形式。它不仅为买卖双方提供了交易方便，而且越来越多地成为产品介绍、广告宣传，以及介绍新工艺，进行技术交流的重要方式。主办国除将本国产品带到博览会展出外，也邀请其他国家的厂商参加展出并推销其商品，从而促进国际贸易的发展。国际博览会种类很

多，但主要分为综合性和专业性两种：前者是各类商品均可参加展出与交易，后者只限于某些商品的展出与交易。国际博览会拥有共同的国际组织，叫国际博览会联盟，于1952年成立，总部设在巴黎。

世界博览会可分为两种形式。

（1）综合性世界博览会，又称水平型博览会，即各种商品均可参展并洽谈交易的博览会。这种博览会的规模较大，产品齐全，且会期较长。

（2）专业性世界博览会，又称垂直型博览会，是指仅限于某类专业性产品参加展览和交易的博览会，规模较小，会期较短。

【例6.8】 2010年上海世博会会徽

中国2010年上海世界博览会（Expo 2010），是第41届世界博览会，于2010年5月1日至10月31日期间，在中国上海市举行。此次世博会也是由中国举办的首届世界博览会。上海世博会以“城市，让生活更美好”（Better City，Better Life）为主题，总投资达450亿人民币，创造了世界博览会史上最大规模纪录。

国际市场上的各种贸易方式，是在资本主义生产方式产生、发展、国际贸易不断扩大的过程中，适应不同的政治、经济需要而逐渐形成的，20世纪60年代以后，特别是20世纪80年代以来，由于许多发展中国家对外支付能力明显下降，贸易保护主义重新抬头，一些灵活的贸易方式如补偿贸易、易货贸易、来料加工、来件装配等的应用日益普遍。各种贸易方式具有各自不同的特点和利弊，应根据具体情况选择可行性较强，风险较小，收益较大的贸易方式。近年来，我国为了扩大对外开放，针对不同国家和地区、不同的交易对象、不同的商品，灵活地采用了国际上各种通行的贸易方式。

任务实施

任务　关注上海世博会

一、任务目标

1. 熟悉各种贸易方式的特点
2. 掌握在实践中采用具体贸易方式时应该注意的问题

二、案例引入

世博会是城市活动的顶级表现形式，在一般的学术领域，世博会是当做城市事件来界定的，但它又不同于单纯的政治性活动（如APEC）、经济性活动（如广交会、商品博览会）、各类大型文化活动（如旅游节、电视节、美食节等）、综合性的体育类赛事（如奥运会、亚运会），相对于后几类城市事件而言，世博会不仅综合了政治、经济、文化特征，而且具有持续时间最长，聚集人流最多，投入量大等特点，而且是对人类社会所取得的经济、社会、文化、科技等领域的最高成果的展示，对于举办城市而言是名副其实的盛会。自 1851 年英国伦敦举办的首届世博会开始，每一届世博会，无论是哪种形式、何种规模，都对举办城市的城市建设和城市形象产生了巨大的影响，成为城市形象塑造和传递的重要平台。

2010 年上海世博会是上海传递城市形象的强大的“扩音器”，从历史上每次世博会的举办来看，世博会都会成为该城市迅速发展的催化剂，上海世博会的举办将会引发 7 000 万的旅游人数，将会产生近 3 000 小时的媒体报道，这些数量庞大的游客群体和报道将在世博会期间极大地推动上海的城市形象传递，通过媒体在世界范围内形成一个核心的议题，改变、影响、提升、强化、放大着人们对上海的印象。

请从国际贸易的角度分析上海世博会对我国尤其是上海的影响。

三、任务完成

（一）完成步骤

（1）将学生分组，6～8 个人一组，每个小组为一个业务团队。
（2）小组分析讨论。

（二）检查标准

检查标准见表 6-1。

表 6-1 检查标准

检查标准	分值	实际得分
论点鲜明	40	
论据翔实，具有说服力	30	
表述清晰、准确	30	

参考文献

[1] 吴百福．进出口贸易实务教程．4版．上海：上海人民出版社，2003

[2] 郑淑媛，邹建华．实用进出口单证．北京：电子工业出版社，2005

[3] 孙国忠．国际贸易实务．2版．北京：机械工业出版社，2010

[4] 博斌，袁晓娜．国际贸易实务与案例．北京：清华大学出版社，2007

[5] 程祖伟，韩玉军．国际贸易结算与融资．北京：中国人民大学出版社，2004

[6] 徐荣贞．国际金融与结算．北京：中国金融出版社，2005

[7] 陈建华，戴海珊．国家贸易实务．2版．大连：大连理工大学出版社，2008

[8] 杨频，仇国荣．国际贸易实务．北京：北京工业大学出版社，2006